전남 기독교 이야기 2

전남 북부(광주) 권

세움북스는 기독교 가치관으로 교회와 성도를 건강하게 세우는 바른 책을 만들어 갑니다.

전남 기독교 이야기 2

전남 북부(광주) 권

초판 1쇄 인쇄 2020년 4월 20일
초판 1쇄 발행 2020년 4월 25일

지은이 | 김양호
펴낸이 | 강인구

펴낸곳 | 세움북스
등　록 | 제2014-000144호
주　소 | 서울시 종로구 삼일대로 428(낙원동) 낙원상가 5층 500호
전　화 | 02-3144-3500
팩　스 | 02-6008-5712
이메일 | cdgn@daum.net

디자인 | 참디자인

ISBN 979-11-87025-62-7 (03230)

이야기
한국교회사
시리즈
04

전남
기독교
이야기
2

전남
북부(광주)
圈

김양호 지음

세움북스

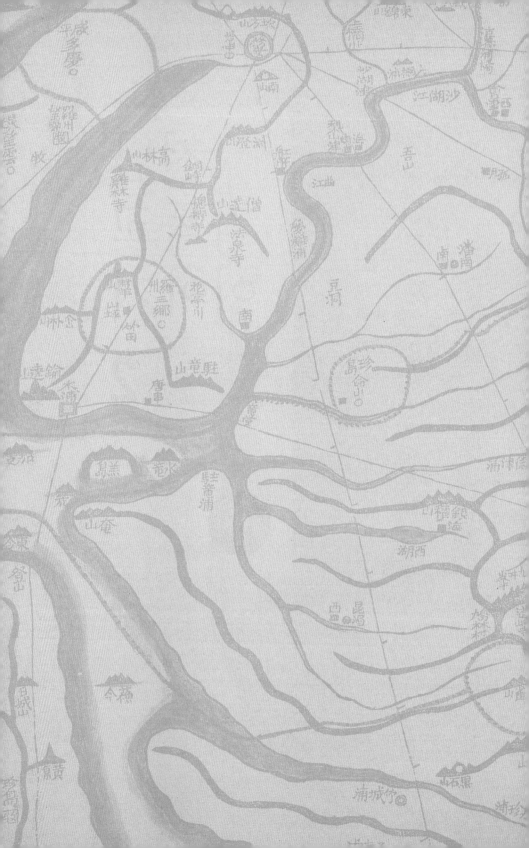

Contents

차례

Preface   머리글   8

제1장 광주

광주 1	느덜이 절나 여잘 알어	12
광주 2	조선의 여성과 어린이를 사랑하다	19
광주 3	광주의 바보, 그리고 성자	29
광주 4	플라타너스 그늘에서 아메리카노 어때	37
광주 5	푸른 눈의 목격자들	45
광주 6	광주 스테이션	50
광주 7	그 무엇으로 그를 수식하고 말하랴	59
광주 8	빠트릴 수 없는 또 한 사람	67
광주 9	당신이 도르가입니다	75
광주 10	뒷골목 그늘에도 한 줌 햇살을	82
광주 11	옥에 갇힌 자를 돌보며	88
광주 12	이북에서 내려와 광주와 결혼하였습니다	93
광주 13	새로운 부르심 앞에서	100
광주 14	양림동 기독교 여행	106
광주 15	무덤이 열리고 자던 성도가 일어나리라	112

제2장 나주

나주 1   나주에 복음을 전하려   126
나주 2   은혜의 생명 펼치는 형제 공동체   132
나주 3   가물어 메마른 땅에 성령의 단비를   138
나주 4   나주에서 시작한 사랑의 혁명   146
나주 5   신사참배 단호히 거부하다   153

제3장 영광

영광 1   순교자의 신앙따라   162
영광 2   성도의 죽음을 귀히 여겨   169
영광 3   신령한 땅에 하늘 은혜 더하여   175
영광 4   사람의 생명을 북돋아 주는 은혜   182
영광 5   칠산바다 위에서 부르는 하늘 노래   188

제4장 장성

장성 1   장성의 첫 교회들   196
장성 2   민족의 운명과 함께하였던 교회   203
장성 3   하늘 부름받은 떠돌이 인생   209
장성 4   농촌을 살리고 마을을 바꾸고   216
장성 5   십자가 군병들아 주를 위해   222

제5장 담양

담양 1	교육을 바꿔 행복한 학교를	230
담양 2	우리를 주님께 바칩니다	235
담양 3	미리산 자락에서 피어 오른 용사들	242
담양 4	금일시장에서 호만세(呼萬歲)	249
담양 5	하나님을 노래하며 세상을 섬기며	256

제6장 화순

화순 1	호남 기독교 영성을 일구다	264
화순 2	예수사랑의 화신	271
화순 3	성신께서 죽은 교회를 다시 살려	278
화순 4	높은 산 깊은 골에 복음이 들어오다	283
화순 5	믿음의 유산, 저 땅끝까지	290

Appendix 부록

부록 1	조선예수교장로회사기 전남 북부(1898~1923) 편	296
부록 2	조선예수교장로회사기 13장 전남노회 편	310

Bibliography 참고문헌   350

Preface

머리글

1892년 미국 남장로교 선교사들이 조선에 들어오고 호남 지역을 선교 구역으로 맡아 사역하였다. 군산, 전주 등 전라북도 지역 선교를 먼저 하였고, 전남 지역 선교는 목포를 시작으로 1898년부터 본격화하였다. 전라남도에 복음이 들어오고 교회가 세워진 지 이제 120여년의 세월이 지나고 있다. 선교사들의 헌신으로 이 지역에 수많은 교회가 세워지고 헤아릴 수 없는 남도의 민중들이 복음을 듣고 구원을 얻었다. 더불어 학교를 통해 교육 기회를 얻었고 병원을 통해 질병이 치료되는 숱한 역사들이 이어왔다.

그 멋지고 아름다운 충성과 역사 이야기들을 수집하고 조사하여 이를 정리하고자 전남기독교이야기 시리즈를 구상하였다. 광주광역시와 전라남도 22개 시, 군을 지역별로 나누었다. 선교 스테이션이 목포, 광주, 순천에 각기 있었고 이들 거점을 중심으로 교회 역사가 진행되어 왔기에 이를 기준으로 3권으로 분류 기획하였다.

첫 번째 권은 목포를 중심으로 한 전남 서남부 지역 10개 시군의 이야기로 이미 2019년 5월에 내었다. 2020년 4월 내는 이 책은 두 번째 권에 해당하는 것으로 광주를 중심으로 한 전남 북부지역 나주, 영광, 장성, 담양, 화순 등 모두 6개 시군의 이야기이다. 세 번째 권은 순천을 중심으로 한 전남 동부지역 7개 시군의 이야기이며 2020년 12월쯤 출간할 예정이다.

이 책에 실린 글은 학술적이지도 않고, 객관적, 논리적이지도 않다. 역사적 가치와 중요도가 배려되어 구성된 것도 아니다. 지극히 주관적이고 자유롭게 써 나간 이야기체 글이지만, 그럼에도 각 지역별로 의미 깊고 감동적인 인물들의 스토리와 역사들을 나름 수집하고 사실 확인해 가며 유의미하게 밝히고 드러내려 애썼다.

역사를 들추고 써내는 일은 주위 사람들의 도움과 협력없인 거의 불가능하다. 저자의 미숙함과 불완전함을 대신 채워주고 격려하는 동료들의 사랑이 컸음을 밝힌다. 목포의 송태후 장로, 이윤선 교수, 양승일 목사, 광주의 이준호 목사, 권점용 목사, 이필성 집사, 홍인화 권사, 순천의 서종옥 장로, 그리고 40년 믿음 안에서 우애 나누는 이승록 선교사 등 여러 사람에게 감사를 드린다.

2020년 봄
김 양 호

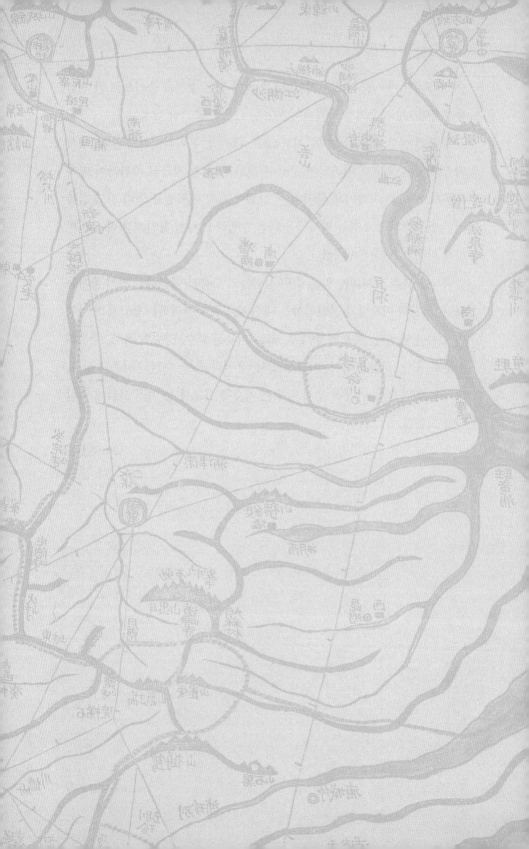

제1장

—

광주

광주 1
느덜이 절나 여잘 알어

　일본이 아시아 침략 전쟁을 대대적으로 벌이던 1940년대, 일제 식민지였던 조선의 대다수 지식인들은 일제에 부일 협력하는 게 다반사였다. 남자뿐만 아니라 여성 지도자들도 동원되었다. 조선의 어린 청소년들을 학도병으로 징집하기 위해 조선의 여성지도자들을 앞세웠던 일도 컸다. 그 일을 위해 만든 어용조직, 1943년 11월 결성된 조선교화단체연합회의 권설대다. 당시의 지역별 책임자는 이랬다.

　　함북-허화백, 함남-모윤숙, 평북-김활란, 평남-박인덕, 황해- 배상명,
　　경기-이숙종, 강원-손정국, 충북-황신덕, 충남-송금선, 전북-김윤정

　전국 8도에 걸쳐 각 지역을 대표하는 여성들이다. 모윤숙, 김활란 등 익히 알만한 이들로부터 당대의 조선 여성 지도자라는 이들이 총망라되었는데, 경상도와 함께 전남을 대표하는 여성 이름이 빠져 있는 게 독특하다. 전남을 대표할 만한 소위 신지식인 여성이 없었단 말인가? 그렇지 않다. 어느 지역 못지않게 전남 일대도 교회가 성장하고 성도들의 부흥이 있었으

며, 그 가운데 기독교 신앙과 근현대 교육을 받은 여성들은 제법 많았다. 그런데 왜 전남 조직책 여성은 없을까? 그 시대 교회 다니고 교육 받은 여성 일꾼들이 거의 예외 없이 전국에 걸쳐 일제에 순응하고 부역하며 어용 지도자 역할을 맡았던 현실인데, 전남에서는 그런 조직책 여성이 없었다는 것은 예사로운 일이 아니다. 한 마디로 아무도 그 어용 노릇에 나서는 여성이 없었다는 얘기다. 전남의 여성 지도자들은 일제의 주구 노릇에 결코 따르지 않았던 것이다.

왜, 전남의 여성들은 없는가!

당시의 다른 유사 어용 조직인 '임전보국단'이나 '권설대' 등을 통해 전국적으로 유각경, 김활란, 이숙종, 임영신, 고황경, 노천명, 모윤숙 등 문인들과 사회지도층 여성들이 부일 행각벌였다. 부역하며 어용 노릇하면 부귀영화가 따르고 권세영달을 누렸다. 그 달콤한 유혹을 억제키 힘들었을 테고, 만약 거절한다면 숱한 고초와 쓰린 댓가가 따르는 일이었다.

조선임전보국단은 1941년 12월 27일 부민관 대강당에서 '결전부인대회'를 연다. 모윤숙은 이 대회에서 '여성도 전사다'라는 제목으로 반미 주제의 연설을 했다. "이번에 영, 미국의 죄상을 듣고 알고 보니까 참으로 황인종으로서는 견디지 못할 괘씸하고 분한 일이 여간 많지 않았다. 이 사탄의 정체에 같이 춤추는 여자가 한 분 동양에 있으니 그 분은 바로 저 장개석의 부인 송미령이다. 그러나 우리는 남보다 자신을 돌아보고 우리 가슴에 대화혼의 무형한 총검을 가져야겠다. 미, 영을 격멸할 자는 아세아요, 대일

본제국이요, 국가의 뒤에서 밀고 나가는 원동력은 아내요, 어머니이다. 우
리들 여성의 머리 속에 대화혼이 없고 보면 이 위대한 승리의 역사는 이루
어질 수 없는 것이다. 가문에서 쫓겨나더라도 나라에서 쫓겨나지 않는 아
내, 며느리가 되자." 이 대회에서는 박순천, 박인덕과 함께 김활란도 연설
을 한다. 그는 '여성의 무장'이라는 연설에서 "이제 성전은 정말로 내려진
것이다. 희생의 투구를 쓰고 적성의 갑옷을 입고 긴장과 자각으로써 허리
띠를 매고 제 1선 장병과 보조를 같이하여 미, 영을 격퇴하여 버리자."고
주장한다. 이 조선임전보국단 부인대는 1943년 11월 '조선교화단체협의
회'의 이름으로 전국 39개 도시에 학병격려대연설회를 위해 '부인계몽독려
반'을 보낸다. 이때 모윤숙은 함흥, 원산, 북청 지역을 맡고, 이숙종은 인
천, 개성, 수원, 배성명은 해주, 사리원, 안악, 김활란은 신의주, 정주, 선
천 지역을 각각 맡아 떠난다(한겨레신문, 1992년 1월 26일).

서울을 비롯한 전국에서 방귀 뀌며 거들먹거리는 여성 지도자치고 부역
에 나서지 아니하고 친일행각 안한 자 찾기 어려운데, 남도 지방의 기독여
성들에게선 아무리 눈을 씻고 찾을래야 부역 행한 자 찾기 어려울 정도로
남다른 신앙의 지조와 민족애 세운 삶의 기개가 분명하다. 부역과 어용 거
부하며 일신의 영달을 멀리하고 숱한 고난과 고통을 마다 않으며 거부와
저항의 길을 걸었다.
　전남의 당대 리더라 할 수 있는 김필례나 조카 김마리아, 제자 김아라 그
리고 양응도, 황애덕, 박현숙, 김정현, 등등 숱한 광주 전남의 여성리더들
은 YWCA와 근우회 조직, 그리고 교회 여전도회 이끌며 기독교 복음 전파
와 함께 민족 사회 문제 현실에 개입할 때 일제에는 고개 수그리지 않았다.

그 대신 곤욕과 핍박을 다 받았고 기꺼이 투옥과 옥사까지도 감수했다. 호남 최초의 신지식인 여의사 현덕신, 당대 최고의 소설가 목포의 박화성 등도 일제에 빌붙어 부귀영화, 권세영달의 길을 가지 않고 오히려 항일 독립운동에 헌신하며 철저히 반일 민족정신을 세우느라 가진 고역과 고난, 감옥행과 옥사를 감수했다.

신사참배 뭉개 버린 전국여전도회

1938년은 한국 기독교 역사에 가장 부끄러운 시기였다. 장로교와 감리교 등 조선의 모든 기독교단들이 총회에서 신사참배를 결의하고 참배하였으며 각 노회와 지역 교회들마다 유일신 신앙을 팽개치고 우상에 굴복하는 일들이 일사천리로 진행되었다. 그러나 목사와 장로 등 남성 기독교 지도자들의 행태와는 달리 여성들의 조직인 여전도회는 달랐다.

1941년 평양 서문밖교회에서 열린 전국여전도회 총회는 갑자기 산회가 선포되고 순식간에 임원들은 뿔뿔이 흩어졌다. 신사참배 가결과 국민의례 등이 예정되어 있었고 일본 경찰들이 잠입하여 감시하던 상황에서 벌어진 일이었다. 여전도회가 정상적으로 운영되지 못하는 한이 있어도 결코 우상숭배에 굴하지 않겠다는 비상결단이었으며 순발력있게 집행한 일이었다. 이때 이를 앞에서 주도한 이가 광주의 김마리아였다.

나는 독립운동가이며, 여전도회전국연합회 회장인 김마리아입니다. 나는 평범한 삶을 포기하고 '대한의 독립과 결혼'했던 사람입니다. 1941년 일제의 탄압이 극에 달하던 시기에 여전도회원들이 총회를 위해 평양 서문밖예배당에 모여있을 때 일입니다. 일본 경찰은 총회 중에 단체로 신사참배를 하라고 요구하더군요. 실행위원들은 긴급회의를 열었습니다. 우리는 총회를 못하는 한이 있어도 신앙의 배신행위인 신사참배를 할 수는 없다고 결정했습니다. 그날 회장이 없어서 부회장이던 내가 산회를 선언했습니다. "이번 대회를 부득이 이것으로 산회합니다. 한영신 권사님께서 기도하시겠습니다." "범죄와 불신앙을 강요하는 저들에게 벌을 내리사 제 잘못을 깨닫게 하소서." 한영신 권사의 기도에 총회 장소는 울음바다가 되었습니다. 산회 후에도 많은 회원들이 자리에 남아 기력이 다할 때까지 기도하다가 헤어졌습니다. 여전도회는 그렇게 신앙과 민족을 지켰습니다(김마리아).

여성들로 조직된 여전도회는 특히 광주의 기독여성들이 초기부터 주도적이었고 열심이었다. 광주에서 오랫동안 충성한 서서평 선교사가 본업인 간호 업무외에도 미국 부인전도회의 모델을 조선에 이입하여 교회마다 부인전도회를 만들고 지역마다 연합회를 구성하였다. 1922년 10개의 지역교회 서클로 형성된 전남여전도회가 발족했으며, 이렇게 모인 각 지역의 여전도회가 모여 1928년 전국여전도회가 출범하였었다. 그 산파의 중심에는 서서평 선교사를 비롯한 전남의 기독여성들이 있었고 이후에도 지속적으로 지역과 전국의 기독여성운동에 앞장서 왔다.

1941년 전국여전도회가 신사참배를 뭉개버리고 산회를 이끈 중심에 전남의 여성들이 유별난 것은 그냥 이루어진 일이 아니었다. 부회장 김마리아, 자신이 대한의 독립과 결혼했다고 할 만큼 평생을 독신으로 지낸 그녀는 조선의 독립과 여성운동에 헌신하였다. 어릴 때 부모를 따라 광주에서 지내며 신앙을 익히고 배운 그녀는 일본 동경유학시절 2.8 독립운동에 참여한 것을 시작으로 국내에서 대한애국부인회 활동, 상해 임시정부에서의 독립활동, 그리고 국내에서도 광주의 수피아여학교 교사로서 교육과 교회 여성 운동등을 벌이던 중 전국여전도회 부회장을 1941년에 맡고 있었다. 이미 남성들이 주도한 총회와 노회 등에서 전국적으로 신사참배에 굴복하고 있는 현실을 안타까워하던 김마리아는 자신이 참여한 여전도회에도 위협과 유혹이 밀려들 당시 다른 임원들과 함께 마음을 모아 이를 거부하는 일에 앞장선 것이다.

선한 본보기, 배우고 따라야

김마리아의 용기와 투지넘치는 신앙 행태는 그녀의 고모로서 항상 좋은 본보기였던 김필례에게서 배운 것이기도 했다. 김필례는 수피아여학교 교사로 재직하던 당시 신사참배를 거부하며 학교를 폐교한 이후 일본 경찰에 갖은 고문과 수치를 당하였다. 6.25 동란 중 미국 기독교 대회 참여하였다가 전남 도지사였던 남편 최영욱이 공산군에 학살을 당했다는 비보를 들었다. 슬픔과 고통중에도 김필례는 미국 교회와 지도자들에게 조선 전쟁의 고통과 어려움을 호소하며 상당한 구호물자들을 모아 조선에 보내는 일에 힘을 기울였다. 그녀는 정신여학교를 통한 교육운동과 함께 전국 여전도회를 이끌고 더불어 YWCA를 통한 여성 운동에 헌신하였다.

나주에서 독실한 기독교 집안에서 자라고 성장한 조아라 역시 광주에서 불우한 청소년과 여성들을 위한 헌신과 열정에 평생을 기울였다. 한국의 민주화 운동과 사회정의를 이루는 일로 신앙을 굽히지 않고 충성하였던 광주의 어머니였다.

목포의 여류작가 박화성은 일제의 조선어 말살정책과 일본어 사용 강요하자 아예 절필하고 낙향하여 후배 양성에 힘썼다. 다수의 문인들이 친일 신문에 글을 쓰며 곡학아세(曲學阿世) 벌일 때 박화성은 궁핍과 주변부로 밀릴지언정 부끄러운 글쓰기를 하지 않았던 것이다.

일제에 굴복하고 부역하길 한사코 거절하였던 전라도의 기독 신여성들, 전국의 다른 여타 지역에 비해 왜 유독 이 지역의 여성들이 유별난 신앙과 삶의 형태를 보이는가! 여러 이유가 있겠지만, 기독교 신앙의 뿌리가 남다른 미 남장로교 교회와 선교사들의 영향이 클 것이다.

일제 말기 신사참배 강요에 특히 예민하게 반응한 곳이 전라도와 전라도의 기독교 그리고 여성들이었다. 미 남장로교 선교사들이 운영하고 있던 5개 선교부의 남녀학교가 전국에서 가장 먼저 폐교를 강행하며 신사참배 거부한 것이 좋은 예다. 학교를 그만두는 한이 있어도 학생들을 그 일에 참여시킬 수 없다는 강경한 입장. 정치 종교 문제에 대해선 항상 단호하게 일정한 거리를 두는 남장로교 신학과 교회의 영향이다. 선교사들부터가 그랬고 그들의 지도와 영향을 입은 전라도 지역교회와 신자들 역시 기독교 신앙에 대한 근본적이고 강경한 가치와 태도가 깊이 뿌리내려 있다. 전라도 기독여성들에게도 자연스레 심겨진 신앙과 민족에 대한 태도요 삶의 원칙이었다.

세상이 많이 바뀌고 총칼보다 이제는 돈과 명예가 우리의 신앙과 절개를 위협하는 시대에 있다. 오늘 우리는 누구에게서 선한 본보기 배우고 받아 하나님 앞에 바른 신앙 바른 삶으로 살아야 하려나! 남도 선배 여성들의 올곧은 행실과 삶이 오늘 우리 후배들에게 존경과 귀감이 되어 교회가 새로워지고 복음의 등불이 선명해지길 소원해 본다.

광주 2
조선의 여성과 어린이를 사랑하다

한국 기독교 역사가 어느덧 140여년을 앞두고 있다. 구한말, 소위 개화기 시대에 조선에 들어온 기독교 복음과 선교는 생명의 역사와 함께 시대와 사회를 철저히 바꿔 나갔다. 가히 격변의 뒤바뀜이었다. 오랜 봉건의 습성과 유교 기반의 가부장적 사회 문화는 성경을 기초로 한 기독교에 의해 혁명적 변화를 이루어갔다.

춘원 이광수는 '기독교가 조선에 끼친 유익'이라는 글을 통해 구체적으로 8가지를 지적한다. 조선인에게 서양 사정을 알린 것, 도덕의 진흥, 교육의 보급, 여자의 지위 높임, 조혼의 폐단을 엄히 금지함, 언문(한글)의 보급, 사상의 자극, 개개인의 의식 자각 등이다.

이 가운데 여성의 지위 향상이나 조혼의 폐단을 금지하게 한 일 등은 특별히 여성과 관련이 깊다. 남존여비 사상에 갇혀 전혀 인격적 대우를 받지 못하던 여성을 인격적 존재로 인정하고 남녀가 평등함을 가르치며 여자에게도 교육 받을 권리와 재혼할 수 있음을 일깨워 주고 제도의 변화를 가져오게 한 것은 야소교(기독교) 때문이라고 했다. 10대 초반의 어린 나이에 결혼을 하도록 강요하는 폐습을 지적하고 금지하도록 이끈 것도, 오직 야소

교회뿐이었다고 지적했다(이광수, "야소교의 조선에 준 은혜").

이처럼 1세기 전 조선 여성들의 인권이 부각되었으며, 여성들의 자각과 존재를 일깨운 것은 전적으로 기독교 선교에서 비롯하였으며, 여기에는 선교사들의 전적인 열심과 헌신이 깊다. 같은 선교사라도 여성 선교사들이 더 마음을 담고 이를 위한 사역에 힘썼다.

광주를 중심으로 사역했던 서서평 선교사는 단연 탁월했다. 그에 대한 삶과 사역은 여러 분야에 걸쳐 최근 몇 년 사이에 확연히 드러났다. 양창삼 교수가 쓴 평전 "조선을 섬긴 행복"과 양국주 선교사가 쓴 에세이 "바보야, 성공이 아니라 섬김이야"라는 두 책은 서서평을 한국교회에 새롭게 알리는 큰 계기였다. 그리고 전주 한일장신대학교의 임희모 교수가 이끄는 서서평 연구회는 수 년째 여러 연구와 발표, 책자를 통해 꾸준히 그녀의 삶을 조명하고 있다. 이들의 연구를 바탕으로 하여 여러 학술 논문과 책은 물론 연극이나 뮤지컬, 음악이나 에니메이션 등 여러 매체를 통한 다양한 시도들이 있었고, 2017년 다큐 영화 '서서평'이 전국 영화관 스크린에 올려진 덕에 한국교회와 대중들에게 보다 널리 알려졌다.

서서평에 대한 빛나는 일대기가 여러 각도에서 조명되고 알려져 있는 바, 동 시대에 함께 활동했던 선교사들이 남긴 문학 작품을 통해서도 또한 엿볼 수 있으리라. 소위 '선교문학'을 이루는 몇 작품에서도 구한말 조선의 여성과 어린이들의 현실과 함께 이들에 대한 서서평 선교사의 아름다운 사역의 모습을 찾아볼 수 있다.

같은 사람인데 이름이 없다니

소위 '선교문학'이란 넓은 의미로는 선교사들이 남긴 여러 보고서나 편지, 일기 등을 모두 가리킬 수 있을 터이고, 좁은 의미로는 소설 등의 보다 문학성을 지닌 글을 말한다. 선교 현장에서 일어나는 사실적인 글은 거의 모든 선교사들이 예외 없이 자신을 파송한 모국의 선교단체나 교회에 보내어졌다. 다른 한편으로 어떤 선교사들은 자신이 본 선교지의 현실과 사역에서 일어난 일들을 때론 소설 형식을 빌렸지만, 사실상 실화에 가까운 이야기로 남기기도 했다.

조선에 와서 소설을 통한 선교문학, 특별히 여성의 문제를 그린 작가는 엘라수 와그너(Ellasue C. Wagner)다. 그녀는 "한국의 어제와 오늘, 1904~1930"(Korea, The Old And The New, 1930), "김서방"(Kim Su Bang, 1909), "복점이"(Pokjumie, 1915), "조선의 신부, 금옥이"(Kumokie A Bride of old Korea, 1922) 등을 통해 당대의 불평등한 남녀 위계질서와 조혼 등의 결혼제도, 그리고 축첩 등에 따른 남성들의 횡포와 여성들의 어두운 현실을 고발하였다. 그 외 미네르바 구타펠(Minerva Guthapfel)의 "조선의 소녀 옥분이"(The Happiest Girl in Korea, 1911)도 있고, 미 남장로교 소속 선교사로서 광주에서 사역한 스와인하트(Lois Hawks. Swinehart) 부인의 "동양의 제인"(Jane in the Orient, 1924), "조선의 아이 사랑이"(Sarangie, 1926) 등이 있다.

"조선의 아이 사랑이"는 서서평을 모델로 하여 쓴 것이다. 제목과 달리 사실상 소설의 주인공인 미국 여 선교사 '서부인'은 서서평이다. 작가 스와인하트 부인은 소설의 실제 인물 서서평과 같은 시대, 같은 공간에서 함께 지내며 동료로서 사역하고 그녀의 삶과 사역을 지켜 본 증인으로서, 서서평의 사역을 소설화 한 것이다.

특히 스와인하트와 서서평, 두 서부인은 1928년 8월 제주 모슬포교회에서 여러 날 사경회를 하는 동안, 참으로 깊이 있는 대화와 교제를 나눴다. 서서평은 자기의 어린 시절부터 지금까지의 굴곡진 인생 여정을 거의 처음이자 마지막으로 유일하게 스와인하트 부인에게 고백했으며, 스와인하트는 이를 기초로 1937년 "영광의 삶"(Glorious Living)이라는 책을 별도로 펴내기도 했다.

사람인데 실상 거의 사람으로 인정받지 못한 조선의 여성과 어린이, 특별히 조선시대 성리학을 중심한 유교 사상과 제도가 뿌리내리면서 심해졌다. 남성 중심의 가부장제 아래 남녀간 차별을 공고히 하며, 여성은 그저 자녀를 낳고 양육하며 집안의 궂은일이나 하는 존재로 취급했다. 남존여비의 질서아래 삼종지도의 덕목을 강요당하고, 행여라도 칠거지악에 해당하는 상황에 닥치면 아무런 인권보장도 못받은 채, 일방적이고 불평등하며 억울하기 그지없는 댓가를 치루어야 했다.

여성은 극히 소수를 제외하곤 글자를 배우거나 이렇다 할 교육으로부터 철저히 배제되었고, 어떠한 생각이나 주장, 자기 의사를 드러내지도 못했으며, 집 밖의 어떠한 사회 활동에 참여할 수도 없었다. 이씨 조선 시대, 특히 조선 후기, 구한말에 이르면 이러한 불평등과 차별, 배제는 더 극심하였다.

만약 이를 조금이라도 어기기만 하면, 남성(남편)으로부터 구타와 폭언, 심지어 쫓겨나거나, 소박맞아서 주변 사람들과 사회로부터 멸시와 천대를 당해야 했다. 조선시대 남성들은 여성을 불평등과 열등한 노예적 존재로 대하며, 남성의 쾌락과 삶을 위한 가정의 부당한 노동자로서 대하였을 뿐이다.

여성에 대한 비인간적 이해와 대우는 거의 모든 여성들이 자기 이름이 없는 데서도 알 수 있다. 여성들은 여자 아기로 태어나는 순간, 아버지로부터 실망과 냉대를 받는다. 아버지는 보듬어 주긴 커녕, 쳐다보지도 않고, 아예 집을 나가버린다.

유서 깊은 나라 한국에서 여자 아이 사랑이가 용(龍)의 해(병진년 1916년)에 태어났다. 애 아버지는 아이를 한 번도 본 적이 없었다. 자신의 첫 애가여자 아이라는 말을 들었을 때, 노발대발하며 집을 나가 먼 촌 구석으로사라진 뒤 다시는 소식을 알려오지 않았기 때문이다(스와인하트, "조선의아이 사랑이").

그런 정도니 아버지는 아이 이름도 지어주지 않는다. 남자 아이라면 작명가를 찾아 보다 좋은 이름을 지어주려 노력하지만, 여자 아이에겐 아예존재감도 갖지 않는다. 조선의 여성들은 고유한 자기 이름은 거의 없고, 그저 아무렇게나 '큰 년', '작은 년'으로 불리거나, '계집애', 혹은 섭섭한 감정을 따라 '섭섭이'라고 불리다가, 시집을 가면 친정 마을을 따서 '목포 댁', '광주 댁', '전주 댁' 등으로 불리고, 자식을 낳으면 아들 이름을 따서 '개똥이 엄마', '쇠똥이 엄마'로 불릴 뿐이다.

이름이 분명하게 있지 않다는 것은 존재로서의 가치를 상실한 것이니, 정상적인 '사람' 취급을 못 받았다는 얘기다. 인간으로서의 기본권을 갖지못했던 게 불과 얼마 전의 우리 조선 사회였다. 조선에 들어온 외국 여성선교사들은 조선의 여성에게 복음을 전해주고 세례를 받게 해 줄때마다 '이름'을 지어줬다. 하나님의 피조물 '인간'으로서의 존재 의미를 부여한 것이다. 이는 조선 여성을 일깨우는 여러 일 가운데 가장 먼저 시작한 일이었으며, 가장 기본적인 문제부터 해결해 가는 탁월한 미션이었다. 이름이 없었던 여성들이 자기 이름을 갖는 다는 것은 생명과 인격체로서 존재감을 새롭게 인정받는 것이었다.

김춘수 시인은 그의 작품 '꽃'을 통해 대상의 존재감을 이름과 호칭의 유무에서 찾는다. 한낱 식물에 불과한 꽃도 이름이 있고 누군가 찾아 주며 불러 주고 사랑 받는다면, 꽃으로서의 존재감이 빛난다. 아무리 화사하고 아름답게 피어 진한 향기를 드러낼지라도 이름도 없고 아무도 불러주지 않는다면 헛될 뿐이다.

그런데 인격을 지닌 사람이면서도 이름도 없이 비존재처럼 지내온 이 땅의 여성들, 사람으로서의 존재감을 부여하는 것은 선교사들이 이름을 불러준 것에서부터 시작되었다. 새로운 세상이 열리기 시작한 것이다.

선교사들은 이름을 각기 불러주며 고유한 인격체로서 새롭게 태어나게 하였으며, 나아가 학교를 통해 교육의 기회를 부여하는 등으로 남성과 동등한 위치와 신분으로 나아가게 하였다. 오늘날 여성들이 법적으로나 관습적으로나 남성과 다를 바 없는 지위를 갖고 양성 평등의 사회를 이루어 나가는 데에는 지난 기독교 역사에서 선교사들의 역할이 컸다.

조선의 아이 사랑이

서서평은 원래 간호 선교사로서 광주 제중원을 중심으로 환자를 돌보는 게 주 임무였다. 그러나 그는 단지 병원에서 간호 사역만 한 게 아니었다. 작가 스와인하트는 서서평을 곁에서 지켜보고 함께 하면서, 주로 여성과 어린이에 대한 사역의 내용을 "조선의 아이, 사랑이"에 담았다. 주인공 미국 여 선교사는 서서평을 가리키는 실화소설이다.

> 말 등위의 여인은 미국인이었다. 옷 차림새, 아름다운 머릿결, 파란 눈이
> 그 사실을 한국 사람들에게 말해주고 있었다. 무당은 낯선 서양인들 얘기
> 를 자주 들었다. 이들은 조선 사람들 속에서 하느님과 그 아들 예수를 섬
> 기는 새 종교를 가르치며 살기 위해 저무는 태양 너머에서 건너온 기이한
> 외국인들이었던 것이다.
> (중략)
> "말 땜에 다쳤니?" 선교사는 물었다. 이 미국인은 선교사였던 것이다.
> (중략)
> "전 바다 건너 미국에서 온 여잡니다. 제 한국 이름은 서부인(Suh Pueen)이
> 고요. 전 전라도 방림지역에 삽니다."(스와인하트, "조선의 아이 사랑이).

자신을 미국에서 온 여자 선교사로서 전라도 광주 방림지역에서 사는 서부인이라고 한다. 당시 그곳에서 서부인이라 불리운 미국 여성 선교사는 이 책의 저자 스와인하트 부인과, 미혼 여성이었던 서서평 둘 뿐이었다. 독자들은 저자 자신의 수기로 오해하기 쉬우나, 저자는 서서평 선교사를 염두에 두고 '서부인'이라 하였다. 왜냐하면 책 속에 나오는 서부인의 삶을 저자 자신은 거의 하지 않았지만 서서평은 단연 그 일에 충성하였기 때문이다.

서서평은 광주를 중심으로 사역하는 동안 남자 아이 '요셉'과 '곽애례'를 비롯한 열 세 명의 여자 아이를 자녀로 삼았다. 열 네명의 고아들을 양자녀로 둔 것이다. 버려진 아이들을 모른 체 하지 아니하고 그들을 받아들여 한

가족을 이루고 먹고 살게 하며, 그들로 하나님의 사람으로 조선의 백성으로 살아가도록 깨우치고 가르치는 일에 열심이었다.

서서평이 고아나 불쌍한 처지에 놓인 어린아이를 입양하고 돌본 실제 삶은 고스란히 "조선의 아이 사랑이"에 드러나 있다. 불행에 처한 어린이가 도움을 청할 때 서서평은 거절하지 아니했다. 이 소설에 등장하는 여자 아이 '사랑이'와 남자 아이 '막둥이'를 보듬어 주며 사랑으로 보살피고 필요하면 학교 교육을 받을 수 있게도 한다.

> 아이는 제 엄마가 언덕을 올라오자 하던 말을 갑자기 멈췄다. 무당은 팔을 이리저리 흔들며 아이를 향해 고함을 내질렀다. "사랑아, 그 양도깨비한테서 떨어져라. 안 그러면 그년이 네 눈알을 뽑아 버린다."
> 아이는 분을 못이겨 머리를 풀어헤친 여인을 보더니 이방인을 향해 몸을 돌리며 그 자리에서 호소했다. "아줌마랑 가고 싶어." 아이는 나직하게 말했다. "난 그 양반 어른과 그 집이 무서워. 날 데려가 줘."
> 미국인은 팔을 벌렸고 아이는 그녀를 향해 뛰었다. 그녀는 아이의 검은 머리에 자신을 얼굴을 살며시 갖다 대면서 자그만 몸을 꼭 안아줬다. 두 개의 가녀린 팔이 긴장해서 딱딱하게 굳은 채 그녀의 목을 간절하게 포용하는 자세로 움켜 잡았다(스와인하트, "조선의 아이 사랑이).

서서평은 이 땅의 고아와 여성들을 위해 많은 대가를 치루었다. 선교부에서 매달 보내주는 사례금으로 출석하던 교회에 십일조를 넘어 십의 오조를 헌금하고, 나머지 돈으로도 불쌍한 이들을 위해 다 써버리는 게 일생이었다. 이일학교 학생들을 가르치는데 돈 쓰고 어려운 이웃을 돕는 데 있는 대로 헌신하다 보니, 정작 자신은 늘 빈털터리였다.

사치는 물론 취미 생활도 남의 일처럼 여기고, 오직 남 돌보는 일에 전념하였다. 선교사지만 남의 집에서 보리밥에 된장국을 겨우 얻어먹는 것으로 끼니 때우는 걸 마다 하지 아니하였으며, 끝내 영양실조로 사망에 이르고 말았다. 선교사 신분으로서 참으로 이해할 수 없을 정도로 불쌍한 여성과 아이들을 돌보며 구제하는 데 죽도록 충성한 이, 서서평 선교사이다.

조선의 전통 집안에서 태어난 '사랑이'는 어머니 뱃속에서 나올 때부터 비인격적 존재로 취급받으며 갖은 냉대를 겪는 불행한 아이였다. 기생집에 팔려갈 운명에 처한 상황에서 마주친 서양 여 선교사의 사랑에 힘입어 구출되고 그녀의 양녀가 되어 전혀 새로운 인생을 살게 되었다. 비로소 사람으로 대접받을 뿐만 아니라 선교사의 가르침을 따라 거듭난 생명이 되고 꿈도 꾸지 못하던 학교에 다니며 신식교육을 받았다. 이전과 전혀 다른 구원과 자유 속에 행복한 인생을 걷는 사랑이의 삶과 인생.

서양 선교사들의 열정 어린 헌신과 섬김 아래, 기독교를 접하면서 새롭게 된 이 땅의 수많은 여성과 어린이들의 모습이다. 서서평으로부터 은혜 입은 14명의 양자녀도 그렇고, 이일학교 학생들을 비롯한 셀 수 없는 고아, 과부, 가난하고 불쌍한 인생들이 삶이 바뀌어 새 생명을 얻고, 불행을 떠나 행복한 인생을 펼쳤을 것이다.

서서평이 죽고 난 이후 85년여 세월이 흘렀다. 일제 식민치하에서 벗어나 냉전과 군사 독재시기를 거쳐 인권과 민주주의가 개선되었고, 경제적으로도 훨씬 풍요로운 사회가 되었다. 그럼에도 여전히 상대적 박탈감과 비인권적 환경에 처한 그늘진 사람들이 많다. 지금도 선한 사마리아인, 진실한 이웃이 필요하고 서서평같은 하늘의 천사를 필요로 하는 이들이 많다.

빛의 뒤안길에서 신음하고 고통받는 이 사회와 저 땅끝 도처에 있을 또 다른 '사랑이'에게, 하늘 사랑, 따뜻한 손길 펼치는 제 2, 제 3의 서서평이 한국교회 안에 무수히 일어서야 할 것이다.

광주 3
광주의 바보, 그리고 성자

　예전 학창시절, 연말이면 어김없이 '크리스마스 씰'이 학교에 등장하고 학생들은 적은 용돈을 쪼개어 아낌없이 구매하곤 했다. 거의 반강제적으로 강매하던 분위기였지만, 생명을 위협하는 질병에 시달리며 어려움에 처한 환자들을 위하자는 동정심에 호주머니를 탈탈 털었다. 친구나 사랑하는 이들에게 보내는 성탄카드에 함께 붙여 정성과 마음을 보냈던 옛 추억이 70,80년대 성장기를 보낸 모든 이에게 있을 터이다.

　결핵 환우들의 치료를 위해 사용되었던 크리스마스 씰은 1904년 덴마크의 우체부 아이날 홀벨(Einar Hollbelle)의 아이디어로 시작되었다. 우리나라에서는 1932년에 미국 선교사 셔우드 홀에 의해 보급되었다. 1893년 11월 10일 서울에서 태어난 셔우드 홀(Sherwood Hall, 1893~1991)은 선교사 2세대로 캐나다에서 의과대학을 졸업하고 다시 조선에 돌아와 우리나라에서 최초로 결핵 환자들을 치료하기 시작하였으며 크리스마스 씰을 발행하며 결핵 환자 치료에 열심을 다하였다.

　그의 아버지 제임스 홀(William James Hall, 1860~1895)과 어머니 로제타 (Rosetta Sherwood Hall, 1865~1951)는 한국 선교 1세대 선구자들로 평양에서 의

료 사역을 벌였다. 청일전쟁으로 인해 평양 일대에 군인과 민간인들이 죽
거나 부상을 당할 때 제임스는 환자들을 치료하며 돌보다 결국 과로와 전
염병으로 자신도 사망하고 만다. 조선에 온 지 3년 만의 일이고 30대 중반
의 젊은 나이였다. 갑자기 남편을 잃은 로제타는 이제 겨우 만 2살이던 어
린 아들 셔우드 홀과 함께 일시 미국으로 돌아갔으나 1897년 다시 조선에
찾아와 남편의 유지를 잇는 선교사역을 펼쳤다.

1897년 2월 평양에 최초의 근대식 병원으로서 제임스 홀 의사를 기념하
는 기홀(紀忽)병원을 설립하고 평생을 환자 치료에 정성을 다했다. 맹인들
을 위한 맹아 학교를 비롯하여 경성의전(현 고려대 의대), 동대문 병원(현 이화
여대 의대) 등을 설립했다. 그리고 김점동(박에스더)을 미국에 데려가 의학공
부를 시켜 1900년 볼티모어 여자의과대학을 졸업하게 했다.

김점동은 우리나라에서 근대 서양식에 의한 의사 자격을 얻은 미국의 서
재필과 일본에서 공부한 김익남에 세 번째이며 우리나라 최초의 여의사다.
미국에서 의학을 마치고 귀국하여 평양 기홀병원에 근무하며 불과 10개월
만에 3,000명 이상의 환자를 치료하는 것을 비롯해 평양 여성의원 광혜여
원과 황해도와 평안도 일대를 순회하며 진료를 펼치던 김점동은 1910년 35
세의 짧은 나이에 그만 죽게되는데, 그 원인이 결핵균이었다.

로제타 홀은 물론 김점동을 어릴 때부터 이모처럼 가까이 대하며 따르
던 셔우드 홀도 충격이 컸다. 이른바 미션 키즈(Mission Kids)로 서울에서 나
고 자라며 김점동 뿐만 아니라 수많은 조선의 백성들이 결핵으로 이렇다할
치료도 받지 못하고 고통스레 죽어가는 것을 지켜본 셔우드는 훗날 의사가
되어 결핵 환우들을 위해 일하겠다는 꿈을 갖게 된다.

그는 청소년기의 다짐처럼 나중에 토론토 의과대학을 졸업한 후 조선에

다시 돌아와 해주 구세병원장으로 1926년 부임한다. 그리고 2년 후인 1928년에는 해주구세요양원을 따로 설립하여 결핵 환자 치료에 나선 게 우리나라 결핵 치료 역사의 시작이다.

광주 결핵 환우의 아버지 카딩턴

결핵(結核, Tuberculosis, TB)은 여러 종류의 결핵균에 감염되어 발병하는 매우 치명적인 전염병이다. 가슴앓이(consumption), 백사병(white death)이라고도 하는데, 결핵균은 독일의 미생물학자인 로베르트 코흐(Robert Heinrich Hermann Koch, 1843~1910년)가 발견했다. 그는 탄저균(1877년), 결핵균(1882년), 콜레라균(1885년) 등을 발견한 '세균학의 아버지'다.

결핵균은 수천 년 동안 인류에게 질병을 일으켜 왔다. 이 질환은 인체 어느 곳에나 발생할 수 있는 전염성인 동시에 감염성인 급성질환이며 만성질환이다. 심지어는 사망에 이르게 할 수도 있는 무서운 질환이다. 결핵은 85%정도가 폐에 발생하며, 혈류나 임파관을 따라 몸의 어느 기관에나 전파되어 영향을 줄 수 있다. 결핵은 환자의 기침, 콧물, 가래로부터 공기를 통해 전염된다.

결핵 환자들은 가족이 있어도 돌볼 수 없다. 전염병이라서 집에서 함께 살 수 없고, 집과 고향을 떠나야 했다. 이렇다할 치료약이 없었던 예전에는 더욱 그러했다. 결핵이란 진단과 함께 죽는 병이었는데, 가까이 있는 가족이나 친구들에게 전염까지 시킬 수는 없었기 때문이다. 요즘은 암이 가장 무서운 병이지만, 그래도 암은 전염이 안되는데, 결핵은 전염이 강하며 그렇다고 빨리 죽는 것도 아니었다.

사랑하면 사랑할수록 멀리해야 하는 결핵환자, 가족과 친구들을 멀리해야 하고 가족에게 행방도 알리지 않고 사라져야하는 짓궂은 운명이었다. 오래도록 결핵에 시달리는 환자일수록 서로의 가족을 알려주지도 않고 묻지 않는 게 오히려 배려일 정도다. 가족으로부터 스스로 버려져 외롭게 질병과 사투를 벌이며 살아가는 불쌍한 환자들, 이런 사람들을 가족처럼 아버지처럼 대해주며 치료해주고 돌봐주는 이가 카딩턴 선교사였다.

사람들은 흔히 그를 바보라 불렀다. 거의 모든 사람이 개인의 욕망과 이기심에 사로잡혀 살아가는데, 능력도 출중하고 가진 게 많아도 자신을 위하기보다 타인을 먼저 생각하고 개인보다 공동체를 배려하며 필요 이상의 열심과 에너지를 쏟으며 살아가는 이들이 간혹 있다. 착하고 진실하며 희생하는 삶을 보여준 이들에게 붙이는 일반인들의 칭송이요 존경의 역설적 별명이다. '바보'로 부르지만 '성자'라는 말과도 방불하다. 광주에서 오래도록 바보로 성자로 불리우는 사람.

허버트 카딩턴(Herburt A. Codington, 1920~2003, 고허번)도 일평생 결핵 환자들의 벗이요 의사로 지냈다. 1949년 7월 선교사로 조선에 부임해 올 때 그는 엑스레이(X-Ray) 기기를 들고 왔는데, 엑스레이 기기는 우리나라에 처음이었다. 첫 부임지 목포에서 2년여 조선어를 배우고 정착기를 보내었고, 1951년부터 광주 제중원 원장으로 본격 진료 사역을 펼쳐 1974년까지 25여년을 결핵 환자들 치료와 돕는 일에 헌신하였다. 문둥병 치료에 마음을 둬왔던 여성숙으로 결핵 치료의 길에 도전하여 그녀로 목포에서 평생 결핵 환우들의 어머니로 지내게 하였듯이 고허번은 광주에서 결핵 환우들의 아버지처럼 수고하며 충성하였다.

카딩턴이 일하던 50년대와 60년대, 광주 일대에도 거지들과 가난한 이들, 병든 환자들이 천지에 넘쳤다. 호남의 곡창이라던 전라도 일대였지만, 그 열매와 풍요는 돈 많은 지주들의 몫이었을 뿐 대다수 가난한 백성들은 풀뿌리로 겨우 연명하던 시절이다. 먹고 살기도 어려운 시대에 질병을 치료하는 건 더더욱 언감생심, 결핵이 치료 수월한 질병도 아니고 돈도 없는 가난한 환자들에게 카딩턴은 구세주와 같았다. 그의 뒤를 환자들이 거지대장 따라다니듯 찾아 들었다. 치료비를 받기는커녕 손 벌리는 이들에게 자신의 지갑을 늘 열어 주었고, 환자들을 치료하고 살리는 일에 조금도 지체 없이 자신의 전 인격을 다 동원하여 헌신하였던 의사 카딩턴, 그를 사람들이 바보라 부르고 성자로 추앙한다.

카딩턴 원장은 미국 사람이면서도 비계산적이고 비계획적인 분이다. 그러기에 사무적으론 일해 나가기가 어려운 점도 있지만, 그러한 약점을 감싸고도 남을 만큼 인간에 대한 순수한 애정을 가진 사람이다. 물론 믿음이 바탕에 깔려 있겠지만 그의 인간됨이 그 믿음에 앞서는 것 같다. 모든 것을 주고도 아까워 하지 않는다. 그보다는 가진 것이 없어서 줄 수 없음을 안타까워하는 사람이다. 그리고 그에게서 미국 사람이란 우월감을 찾아볼 수 없다. 누구나 하나님의 자녀로만 보고 이웃으로 인정할 뿐, '나는 이런 일을 하노라'하는 의식마저도 하지 않고 사는 사람이다. 환자들의 사정이 어렵다고 생각되면 약에서부터 구호양곡까지 거기에다 자기 용돈까지 주머니에서 꺼내주곤 한다. 약삭빠른 사람들이 원장의 그러한 동정심을 이용해서 이것저것 잔뜩 타가기도 하기에 한번은 "이렇게 손벌리게 해서 한국 사람들 거지 근성을 키우지 마세요"하고 대들었더니, 얼른 "예, 그 사람들 배고픕니다."한다. 그중에는 배고픈 사람도 있다는 것을 알고 있었기 때문에 나는 더 말을 하지 못하고 말았다(여성숙, "꿈의 주머니를 별에다 달아매고").

같은 시대 같은 일을 충성스레 감당했던 동료 목포의 여성숙 원장의 평가이니 카딩턴이 평소에 환자들을 어떻게 대했을지 짐작하고도 남는다. 그러나 몰려드는 환자들을 아무리 선대하고 도와줘도 카딩턴 혼자로서는 너무도 역부족이었다. 결핵 환자들은 약물 치료뿐만 아니라 잘 먹어야 하고 공기 좋은 곳에서 지내는 것이 절대적이었다. 특히 말기 환자들이 요양 할 수 있는 공간이 절실했기에 최흥종, 이현필 등에 의해 무등산에 송등원이 1958년 세워졌다. 여성숙이 목포 지역에 한산촌을 따로 만든 것과 같은 이치였다.

세상을 향한 사랑, 끝이란게 있나

카딩턴은 1920년 미국 북캐롤라이나 월밍턴에서 태어났다. 테이비슨 대학과 코넬 의과대학, 리치몬드 유니언 신학교에서 신학도 전공하였는데 목사 안수는 받지 않았다. 의사요 목사 후보생인 그는 1949년 리틀 페이지와 결혼하여 조선에 선교사로 왔다. 1974년 나이 55세에 한국의 상황이 많이 나아졌다고 생각한 그는 좀 더 어려운 지역으로 가고자 방글라데시로 제 2차 선교 도전을 펼쳤다. 방글라데시 수도 다카 빈민가 지역인 통기(Tobgi)에 진료소를 설립하였다.

필자는 1993년 1월 14일 통기 진료소를 찾아본 적이 있었다. 당시 40여 명의 한국 기독 청년들이 '사랑의 봉사단'을 조직하여 방글라데시 수도 '다카'와 북부지역의 농촌 마을 '찔마리'에서 보름 정도 단기 선교활동을 벌였었다. 그 와중에 찾은 곳이 카딩턴이 펼치는 의료 사역과 고아와 과부들에 대한 사역이 이루어지는 통기 마을이었다. 당시의 방문 사역을 기록한 일기장을 오랜만에 들춰보는 것도, 동행한 기자가 신문에 남겨놓은 기사를 다시 찾아보는 것으로도 실로 오랜 감흥에 사로 잡혔지만, 카딩턴을 그때는 몰랐던 게 필자로선 아쉽기만 하다.

> 시설과 인원을 제대로 갖춘 병원시설이 드문 방글라데시에서 통기클리닉은 지역주민들에게 유일한 의료혜택을 주는 곳이자 생활 기반이 없는 미망인 이혼녀들에게 자립의 기회를 제공해 주는 곳이기도 하다. (중략) 한국에서 오랜 기간 의료 선교사로 일하다가 한국에서는 더 이상 할 일이 없다며 훌쩍 떠난 카딩턴 박사가 겨울이면 이곳에 와 일주일에 한번씩 환자를 보고 있다(국민일보, 1993년 1월 27일).

한국에서 그리고 방글라데시에서 결핵 환자들 치료하고 돌보는 평생의 충성을 다하고 카딩턴은 2003년 7월 20일 소천하였다. 그의 50여 년 타국에서의 선교 사역은 참으로 희생과 헌신의 일생이었다. 미국인이지만 선진국 미국인이라는 자부심과 교만은 최대한 자제하고 철저히 한국과 방글라데시의 현지인으로 살려고 애썼다. 자신의 모든 기득권을 내리고 포기해야 하는 어려운 결단들을 나날이 해내었다. 그가 대가를 치루며 희생한 것은 너무도 많다.

1967년에는 늦둥이 막내를 대천 해수욕장에서 잃는 아픔을 당했다. 그리고 어머니를 닮아 빼어난 미인이었던 큰 딸 줄리도 자동차 사고로 잃었다.

간호사가 되어 방글라데시에서 부모의 뒤를 잇던 줄리가 성탄절을 기해 잠시 방문한 미국에서 음주 운전자의 차에 목숨을 잃었던 것이다.

카딩턴은 생애 동안 아홉 살의 아들과 스물여덟 살의 꽃다운 딸을 잃었다. 상실이란 모든 것을 앗아가고 힘들게 하지만 그럼에도 불구하고 그는 언제나 겸손과 하나님에 대한 신뢰를 져버리지 않았다. 그리스도 안에서는 인간의 한계와 갈등, 문제를 감사로 견디어 온 믿음만이 삶의 모든 소망을 가져다 주기 때문이다.

광주 4
플라타너스 그늘에서 아메리카노 어때

아메리카노, 커피를 안 마시는 날은 거의 없다. 아침부터 저녁까지 요즘은 많이 줄였지만, 하루 한 두 잔은 으레껏 시꺼먼 커피를 내려 머그 잔에 담아 홀짝 홀짝 거린다. 내 주변인들 뿐만 아니라 현대 한국인들이 참 즐겨 마시는 기호식품이다. 전국에 걸쳐 교회 건물과 부동산 업소가 안 깔린 곳이 없다는게 얼마전까지 통설이었는데, 지금은 발에 걸리는 게 커피숍이다.

불과 수 십 년 전까지만 해도 엄두도 못내고 상상도 못했었다. 한 끼 밥도 제대로 못 먹던 우리나라인데, 지금은 식사는 이미 해결⑦되었고, 그 비싼 커피까지 아랑곳하지 않고 흔쾌히 털며 찾는 시대이니 경제적으로 사회적으로 상당히 발전한 건 사실이다. 커피는 얼마 전에만 해도 '다방커피'니 '양촌리 커피'니 하던 믹스 커피가 대세였다. '아메리카노' 커피는 주한 미군이나 선교사 등 일부 사람들만 즐겼고 한국인 대중들은 그런 게 따로 있는 지도 몰랐고 생각도 못했다. 김현승 시인은 아마도 아메리카노를 즐기던 원조 한국인이었을게다.

탁월한 문인이나 예술가에게는 그를 존경하고 추억하는 뜻에서 그의 삶과 작품의 특징에 따라 사람들이 별호를 붙여 부른다. '차'를 즐겨 하는 까닭에 '차 다'자를 써서 '다(茶)−'를 붙인 호를 지닌 이가 우리 근현대 문인 가운데 둘 있다. '다산(茶山)'과 '다형(茶兄)' 정약용 선생은 녹차를 좋아했고, 김현승 시인은 커피를 즐겼다.

유배지 강진 다산초당 주위에는 차나무가 무성하다. 다산은 찻잎을 우려내어 인근 백련사의 혜장선사나 초의선사와 함께 마시며 우의를 즐겼다. 광주 양림동에서는 김현승 시인이 찾아오는 손님에게 쓰디 쓴(?) 원두 커피 내놓으며 담소를 나누었다. 때론 머그 잔에 담아 양림 동산을 거닐기도 하고 혹 플라타너스 나무 아래 그늘 삼아 쉬면서 음미했으리라.

꿈을 아느냐 네게 물으면,
플라타너스,
너의 머리는 어느 덧 파아란 하늘에 젖어 있다.

너는 사모할 줄 모르나
플라타너스,
너는 네게 있는 것으로 그늘을 늘인다.

먼 길에 올 제,
호올로 되어 외로울 제,
플라타너스
너는 그 길을 나와 같이 걸었다.

이제 너의 뿌리 깊이

나의 영혼을 불어 넣고 가도 좋으련만,

플라타너스,

나는 너와 함께 신이 아니다!

수고로운 우리의 길이 다하는 어느 날,

플라타너스,

너를 맞아줄 검은 흙이 먼 곳에 따로이 있느냐?

나는 오직 너를 지켜 네 이웃이 되고 싶을 뿐

그 곳은 아름다운 별과 나의 사랑하는 창이 열린 길이다.

김현승의 시 '플라타너스'를 직접 대할 수 있는 나무 한 그루가 2015년 벌목되고 말았다. 호랑가시나무 등과 함께 양림동산을 상징하고 다형 김현승 시의 배경이 되는 플라타너스를 베어 버린 것이다. 편리성과 새로운 필요성에 따라 개발과 변화의 억지에 역사라거나 문화예술 따위는 늘 뒤처지고 밀쳐지는 게 어디 한 둘이랴마는 너무도 어리석고 아쉬운 일이었다. 문화를 거론하고 스토리텔링을 말하며 역사를 기리고 문화 단지 조성한다면서 오히려 그 오랜 역사와 문화를 싹둑 잘라 버리고 없애 버리는 게 공권력의 또 다른 남용이요 폭력이다.

한국 기독교 시인, 김현승

그래서 이곳에 가면 다형이 그립고 커피가 마시고 싶지만, 이내 차 맛이 달아나고 정이 떨어지기도 한다. 역사 문화 유적지 만든답시고 양림동 골목 곳곳에 불도저 들어서고 굉음소리 일렁이고 있으면 더더욱 씁쓰레하고 불쾌한 마음이 더 앞선다.

필자는 35여 년 전 대학원 석사논문을 김현승 문학으로 하였다. 그를 알고 그의 글을 읽으면서 그가 즐겼다는 커피를 나도 그때부터 엄청 마셔 왔다. 그저 글과 책으로만 대해오던 시인을 상당한 시간이 걸려서 뒤늦게야 그와 양림동의 시간을 알고 그의 시에 나오는 플라타너스 그늘을 찾아 볼까 하였는데, 밑둥만 남긴 그루터기 앞에서 휑한 가슴과 빼앗긴 역사의 아픔만 당했을 뿐이다. 그 앞에서 커피 한 잔 마시면 쓴 맛 아닌 달디 단 삶의 풍요와 은혜 누릴까 싶었는데, 누굴 탓하랴, 너무 모르고 있었고 늦었던 거다.

아버지 김창국 목사가 목회지를 따라 여기저기 전근할 때마다 다형도 제주도에서 자라기도 하고 다시 광주에서 초등학교를 다니기도 하고 청소년기와 대학은 평양에서 중·고등과정을 다니기도 했다. 숭실전문학교 재학 중에 스승 양주동의 추천으로 문단에 데뷔했다. 모교인 광주의 숭일학교와 조선대학교, 서울 숭실대학교에서 교편생활을 하며 시를 썼다. 그의 작품은 한국 현대 문학계에 큰 몫을 담당하였고, 특별히 태어나면서부터 내재된 기독교 신앙을 바탕으로 한 작품들은 한국 기독교 시문학의 뚜렷한 족적이 되었다. '가을의 기도'는 많은 기독교 신자들만 아니라 일반인들도 즐겨 부르는 김현승의 대표 작품이다.

가을에는
기도하게 하소서.
낙엽(落葉)들이 지는 때를 기다려 내게 주신
겸허(謙虛)한 모국어(母國語)로 나를 채우소서.

가을에는

사랑하게 하소서.

오직 한 사람을 택하게 하소서.

가장 아름다운 열매를 위하여 이 비옥(肥沃)한

시간(時間)을 가꾸게 하소서.

가을에는

호올로 있게 하소서.

나의 영혼,

굽이치는 바다와

백합(百合)의 골짜기를 지나,

마른 나뭇가지 위에 다다른 까마귀같이.

광주 양림동산에 플라타너스가 베어진 것은 참 안타까우나 그를 기리는 시비는 몇 군데 마련되어 있다. 호남신학대 교정 안에는 '가을의 기도' 시비가, 교정 바깥 길가 최흥종 기념관 맞은 편에는 '절대고독' 시비가, 무등산 산장 입구에는 '눈물'이라는 시비가 있다. 그리고 서울 숭실대학교에도 김현승 시비가 있다. 서양 선교사와 기독교 문화가 가득한 양림동 골목 한 가운데 쯤에는 예전에 다형 다방이라는 것도 있었다. 운영상의 이유로 지금은 내용을 달리하고 있지만, 역시 예전의 역사와 문화를 들여다 볼 수 있는 사진들이 공간 안에 가득있다.

미국 남장로교 선교의 첫 열매, 김창국 소년

가을의 시인, 김현승을 만날 수 있는 옛 추억들이 곳곳에 조금은 남아있는 양림동 일대. 그가 자라고 살았던 이곳은 그의 아버지 김창국 목사가 목회하며 다졌던 공간이다. 김현승이 10살이던 1922년, 그의 아버지 김창국 목사가 이곳 광주 교회에 부임하여 함께 광주에서 지내기 시작하였다.

김창국은 미국 남장로교회 조선 선교사들이 호남에서 사역을 펼칠 때 첫 번째 열매였다. 1892년 조선에 온 7인의 선발대 선교사들이 2년간의 적응 훈련 후 1894년 경부터 호남 지역을 정탐하고 이듬해부터 군산과 전주를 중심으로 본격적으로 사역을 시작하였다. 군산에 이어 전주에서 1897년 7월 레이놀즈 선교사가 집례한 첫 세례식이 있었는데 이때 5명 중 한 사람이 김창국이었다. 당시 나이 13살, 5명가운데 최연소 소년이었고 어머니 김씨도 같이 수세하였다.

김창국은 전주 서문교회의 첫 신자요 기둥으로 자랐다. 선교사들의 신임과 도움을 받으며 전주 신흥학교 1회 졸업하고 숭실학교를 거쳐 평양장로회신학교를 1915년 제 8기로 졸업했다. 전라노회의 목사 안수를 거쳐 전주 삼례교회를 거쳐 1917년에는 제주 교회에 선교사로 파송되었다.

김씨 부인과 창국은 세례를 받았다. 창국의 어머니는 세상을 떠나는 날까지 신실한 그리스도인으로 살았다. 복음을 파종하는 초창기에 창국은 이웃 소년들을 교회로 불러 모아들여 '주일학교 교장' 노릇을 했고 이눌서 목사 부인은 이 아이들을 가르치는 일을 했다. 1898년 하위렴 목사는 데이비스(Linnie Davis) 양을 전주로 내려오게 하여 자신의 부인으로 맞이했다.

하위렴 목사 부부는 창국을 자신들이 이룬 새 가정의 사환으로 삼았다. 하위렴 목사 부인의 가르침을 통해 주님과 더욱 밀접한 교제를 갖게된 창국은 말씀의 설교자가 되고 싶다는 희망을 밖으로 드러냈다. 그는 처음에는 전주 미션학교에서 공부했고 그후에는 평양에서 공부했으며 지금은 목사로 안수받아 제주도에 파송된 선교사 중 한 사람으로 일하고 있는데 매우 감동적이고 유능한 복음설교가이다(유애나, "한국에서의 나날").

김창국 목사는 1922년 광주 금정교회에 담임으로 취임하였다. 김 목사는 재임중 1924년 10월 15일 금정교회를 분립하여 일부 성도들과 함께 오웬각에서 예배를 따로 드리며 지금의 양림교회를 시작하였다. 양림교회와 금정(광주제일)교회에서 30여년 목회하는 동안 신사참배를 강요할 때는 이를 거부하고 신앙 지키느라 수난과 옥고를 치루었다. 김창국 목사와 함께 아들인 김현승 시인도 그리고 누이동생도 함께 고초를 겪었다. 1937년 신사참배 거부로 아들 김현승은 직장을 잃었고 딸이 목숨을 잃었다. 그 충격에 양응도 여사도 다음해 생을 달리하였다. 광주 YWCA와 여성운동을 겸하던 양응도 사모는 김창국 목사의 아내이며 김현승 시인의 어머니였다.

김창국 목사의 큰 아들이며 김현승의 형인 김현정 역시 목회자였다. 1909년 현승보다 4년 먼저 태어난 그는 1937년 32회 평양신학교를 졸업하였다. 군산개복교회를 중심으로 목회하였다.

호남 최초의 수세자였던 김창국. 그가 목사가 되어 광주에서 헌신과 충성을 쌓으며 그의 자녀들 김현정, 김현승, 그리고 손자 대대에 이르도록 양림동과 한국교회에 남긴 발자국이 크다. 상대적으로 그들을 기리며 우리가 배울 수 있는 흔적은 오히려 사라져 버리고 잘 안 보인다. 김현승 시비가 몇 개 남아 있다고는 하나 플라타너스도 그의 이름 딴 다방도 없어져 버렸고, 그의 문학관도 없다. 한국 기독교 문학의 큰 획을 지녔는데 다형 기념관도 없고, 김창국 목사에 대한 관심도 상대적으로 부족하다는 건 깊이 생각해 볼 일이다.

잘려나간 플라타너스 자리에는 뭐가 들어 섰으려나. 어디서라도 향 좋고 맛깔스레 내린 커피, 머그 잔에 얻을 수 있다면 한 손에 살짝 쥐고 다형이 거닐고 김창국 목사가 심방 다니던 양림동 골목길과 동산을 찾아 볼 셈이다.

광주 5
푸른 눈의 목격자들

2017년 개봉된 영화 '택시운전사'가 있다. 서울 시내의 택시 기사(송강호 주연)는 광주로 데려 달라는 외국인 기자의 요청을 따라 광주에 갔다가 5.18을 만났다. 시민들의 민주화 의지를 꺾으며 참혹하기 그지없는 학살과 만행을 저질렀던 신군부의 행태를 고스란히 카메라에 담았던 외국인 기자는 택시 기사의 기지와 용기를 힘입어 촬영을 할 수 있었고 광주를 빠져나와 고국인 독일의 방송국에 전송하였다. 당시 한국의 한 지역에서 일어난 엄청난 일들을 독일 방송에서는 특종으로 보도하였고 다큐로 제작되어 방영되었으며 전 세계가 함께 공분할 수 있었다.

영화에 나오는 실제 인물은 김사복이라는 택시기사와 힌츠페터라는 독일 방송국의 외신기자다. 힌츠페터(Jurgen Hinzpeter)는 이미 베트남전 종군기자 등의 경력을 거쳐 5.18 당시에는 도쿄 특파원으로 있었다. 광주에서 심상찮은 전갈을 받은 그는 곧장 한국으로 날아와 김포공항에서부터 광주까지 베테랑 운전기사의 도움을 얻어 내달렸다. 상상밖의 끔찍한 현장을 목도하며 카메라를 돌렸고 충격적인 내용들을 고스란히 담아 방송국에 보낸 것이다.

독일 방송국에서 제작한 다큐 "기로에 선 한국"은 이후 독일에서 유학 중이던 카톨릭 신부들에 의해 몰래 한국에 들어왔고 성당과 학교 등에서 1980년대 내내 비밀리에 상영되었다. 역시 2017년에 개봉된 영화 "1987"에 이런 사정을 엿볼 수 있게 하는 부분이 잠깐 비친다. 박종철 고문치사 사건과 이한열 열사를 소재로 하여 한국의 민주화를 이루어냈던 1987년 당시의 이야기다. 멋진 대학생 오빠의 소개를 따라 동아리방에 들어갔더니 역시 생각지도 않게 마주하게된 광주의 참상. 바로 독일에서 제작한 필름을 여주인공은 처음 보며 충격을 받았다.

이 영화를 두 번이나 개봉관에서 보면서 벌써 30년도 더한 옛 일이 회상되었다. 필자도 그때 그 대학의 어느 작은 공간에서 숨 죽이며 보았었기 때문이었다. 1980년 봄날에 나도 광주에 있었는데, 그 날이 발생하기 전 10여 일 전쯤 서울로 갔었다. 서울역에서 민주화의 봄은 마주하였는데, 이후 광주와 목포로 내려가길 두어차례 시도했으나 이리(익산)에서, 송정리에서 각각 돌아서야 했고 멈춰야 했다. 나중에 친구들이 말해줘서 알게 되었지만, 그렇게 진하게 목도할 수 있는 필름은 처음 보았었다.

80년 5월 역사의 한 복판에서

5.18 광주 민주화 운동의 참상을 외국에 알린 이는 힌츠페터와 함께 헌트리 선교사도 있다. 광주 기독병원의 원목이었던 그는 병원에 실려 들어오는 사망자와 부상자들의 끔찍한 모습들을 사진기에 무수히 담았다. 그가 남긴 사진과 함께 그의 생생한 증언이 광주 민주화 운동에 대한 신군부의 폭력과 살상을 제대로 평가하게 하였다.

헌트리(Charles Betts Huntley, 허철선)는 1936년 미국 출생으로 1965년 9월, 부인 허마르다(Mrs. Martha L. Huntley), 딸 메리(Mary Lanier)와 함께 한국에 왔다. 1969년부터 1984년까지 기독병원 원목으로 호남신학대학교 상담학 교수로 사역했다. 부인 허마르다 선교사 역시 기자요 언론인이었기에 광주의 참상을 사진에 담고 기록으로 남기는 일에 특출한 자질을 발휘하였다. 그들의 사택 지하 암실에서 사진을 인화하였고 훗날 5.18의 진상을 알리는데 크게 기여할 수 있었다.

광주 기독병원 뒤쪽 호남신학대학교의 선교 동산으로 오르는 사이에 가로 흐르는 작은 오솔길에는 수령 400년으로 추정하는 호랑가시나무를 중심으로 양옆에 미 남장로교 선교사들의 사택이 몇 채 현존한다. 왼편 가장 위쪽에 자리한 옛 헌트리의 사택도 고스란히 남아 있는데 현재는 'The 1904' 운동(대표: 홍인화 권사)이 펼쳐지는 곳이다.

1980년 당시 광주 5.18의 역사적 현장 한가운데 있었던 허철선 선교사 부부는 큰 충격을 받았다. 그들의 증언에 의하면 "우리 병원만 보더라도 두 시간 안에 99명의 부상 환자들과 14명의 사망자들이 들어왔다. 부상자 중에는 두 다리에 총을 맞은 9살 남자 아이도 있었다."고 한다. 허철선 선교사의 사택은 5.18 당시 외신기자들과 광주 시민들의 피난처로서 역할을 담당하였다. 허철선 선교사는 금남로 시민군들의 참혹한 상황과 광주기독병원에 실려 온 시민군들을 자신의 카메라에 담았다. 이 사진들을 자신의 사택에서 인화하여 참상을 해외에 알렸다. 그당시 신군부의 감시와 조사를 받으면서도 허철선은 광주의 진상을 해외에 알리는 일을 멈추지 않았다. 1984년 광주선교부가 한국에서 철수한 후에도 광주를 향한 그의 사랑은 멈추지 않았다(홍인화 대표).

광주의 진실을 알리는 데 공헌한 헌트리 선교사에게 5월 어머니회가 감사의 마음 담아 오월어머니상 수상자로 결정한 게 2016년이었는데 당시 건강이 악화되어 한국에 올 수 없어 미루어지더니 아쉽게도 2017년 하늘 안식을 먼저 하였다. 그의 아내 허마르다 선교사가 2018년 5월 내한하여 수상하였고 남편의 유해를 그의 유언처럼 2018년 양림 선교동산에 묻었다. 2003년 송건호 언론상을 수상한 힌츠페터 기자 역시 2006년 사망했는데 유언을 따라 광주 5.18 국립묘지에 안장되었다.

위 두 사람과 함께 또 빼놓을 수 없는 한 사람 중에 피터슨 선교사도 있다. 피터슨(Arnold Peterson)은 미국 남침례교 선교사로서 역시 광주에서 사역하던 중 광주항쟁을 접했고 이를 증언하며 책을 내기도 했다. 피터슨 선교사는 1973년 한국에 파송된 역사학자로서 금남로 헬기 사격과 학살 현장 등을 학자의 시각으로 기록하여 증언했다.

1980년 광주 민주화 운동이 벌써 40년이나 되었다. 많은 시간이 흘렀지만 여전히 가짜 뉴스들이 넘치고 진실보다는 왜곡과 거짓이 여전하다. 민족과 지역의 아픔에, 민주화 과정의 고난과 밀린 숙제에 부채감을 느끼며 역사에 대한 이해와 존경을 담는 이도 많지만 또한 다른 상당수 국민들의 잘못된 시선과 오해도 계속되고 있다.

북한군 특수부대 개입설로 숱한 파문을 일으키던 지만원에 대해 대법원은 2013년 지 씨의 주장이 허위사실이고 광주 시민의 명예를 훼손했다고 판결했음에도 그의 폄훼와 억지는 도무지 멈추지 않는다. 그의 의견을 추종하고픈 불순한 집단들로 인해 우리 사회의 민주화는 보다 더 진척되지 못하고 있으며 혼란과 적대가 지속되고 있다.

영화 택시운전사의 실제 인물 김사복 씨로 어렵사리 밝혀지고 그의 아들이 나서서 지만원 씨가 주장하는 '광수'설은 거짓이라 증언하였다. 헬기 사격에 대해 신군부는 극구 부인하지만, 2018년 광주를 다시 찾은 피터슨 선교사의 아내 바바라와 헌트리의 아내 마르다는 공동으로 재차 분명하게 헬기 사격이 있었고 신군부의 만행과 학살이 있었다고 증언한다.

> 광주 5.18은 전적으로 민주화 운동이다. 광주 항쟁은 쿠데타로 집권한 전두환 세력이 민주화 요구하는 시민과 학생들의 시위를 무력으로 폭력 진압하면서 발생한 일이었다. 진압군의 헬기 기총사격을 하는 것을 남편과 함께 우리 집 2층의 발코니에서 너무도 뚜렷하게 보았다. 아이들을 지하실로 피신시켰다(바바라 피터슨).

국내 언론 방송에 대한 엄혹한 통제를 가하며 국민들에 대한 무차별 학살과 만행을 저지르고 권력을 차지했으면서도 지금까지 떵떵거리고 있는 불의한 자들, 그들에 대항하여 여러 사람들이 희생을 치르고 상대적 손해를 감수하면서도 저항하고 진실을 알렸다. 종래는 죽어서까지도 진실과 정의, 민주주의를 외치고 전하였다. 십자가를 기꺼이 지며 역사와 사회 앞에 정의를 말하던 그들의 외침과 발자국이 오늘도 광주의 5월 하늘에 푸르게 살아있다.

광주 6
광주 스테이션

미션 스테이션(Mission station)은 선교사들이 기독교를 전파하고 사역을 펼치기 위해 현지에 설치한 선교거점을 말한다. 호남 일대에서 선교한 미 남장로교 조선 선교부는 전라북도에는 군산과 전주, 전라남도에는 목포, 광주와 순천 등 5개 지역에 스테이션을 형성하고 활동하였다. 사역 형태는 전도, 교육, 의료 등 3가지 사안에 중심을 두고 하였다. 효과있는 사역을 위해 상당한 부지를 구입한 후 선교사들의 사택을 비롯하여 교회, 학교, 병원 등을 지어 놓은 공간 일대를 선교 컴파운드라고도 하였다.

예수님은 공생애 동안 사역의 3대 중심을 가르치고 전파하고 치료하는데 두었다. 선교회는 이를 모본으로 하여 교회를 세워 복음을 전하고 학교를 세워 교육하며 병원을 세워 환자들을 치료하였다. 이러한 전략은 호남 민중들에게 생명과 소망을 일깨워 주고 지역뿐만 아니라 조선의 근대화를 이끄는 원동력이 되었다. 교회를 통해 죄사함과 구원의 은총, 영생을 전하였으며, 학교를 통해서는 부녀자에 대한 교육, 민족주의 교육, 한글의 사용과 보급을 널리 이끌었고, 병원을 통한 의료사업으로 질병에 시달리는 백성들을 고쳐주고 인도주의 정신에 입각한 인권과 과학적 각성을 일으켰다.

광주는 미국 남장로교 조선선교부가 펼친 4번째 스테이션이다. 앞서 설치했던 군산과 전주, 그리고 목포는 선교부가 안착하여 왕성하게 활동을 펼치는 중이었다. 1903년 미국 남장로교 선교연례회의에서 광주에 새로 선교 기지를 구축하기로 정하고 다음해인 1904년 봄부터 목포의 김윤수가 먼저 광주에 올라와 부지를 마련하고 임시 사택도 지으며 사전 준비를 해왔던 터였다. 발가벗은 무덤들로 덮인 동산과 주변 일대를 사서 무덤들을 제거하고 나무를 심어가며 부지런히 일을 실행해 왔었다.

목포에 있던 벨과 오웬은 그해를 넘기지 않고 하얀 눈이 소복히 내리던 12월에 가족과 조사 등을 포함하여 이삿짐을 가지고 영산강을 건너 광주에 도착하였다. 그리고 12월 25일 성탄절 눈 내리는 아침에 소문을 듣고 몰려온 광주 사람들과 함께 예배 드리며 광주 스테이션의 닻을 올렸다.

이 도시에서의 첫 교회 예배는 1904년 눈 오는 크리스마스 날에 벨의 임시 거처에서 드리게 되었다. 식당의 의자를 구석으로 옮기고 의자들은 침실에 높이 쌓아 놓았다. 예배의 시작을 알리고 선교사들은 누가 나타날지 모르는 기대 속에서 기다리고 있었다. 그러자 그들은 한국 사람들이 흰 옷을 입고 긴 줄을 지어 걸어 들어오는 것을 보고 기쁘고 놀랐다. 그들은 선교사들이 가져온 큰 상자에 무엇이 들어 있는 지 보려고 왔었다. 그러나 어떻든 그들은 왔다! 여인들은 한 방에 앉고 남자들은 다른 방에 앉았다. 그리고 벨 목사는 그 사이에 서서 모든 사람이 들을 수 있도록 복음 소식을 전했다(조지 톰슨 브라운, "한국 선교 이야기").

광주 시내에서 첫 교회가 이렇게 시작되었다. 물론 시내와 좀 떨어진 당시 광주 광산 지역이나 나주와 경계하는 광주 남쪽 지역에는 이미 다른 교회들이 있었다. 유진 벨 선교사의 1903년 선교연례 보고서에 의하면 당시 평균 25명 출석하는 잉계교회와, 지원근 전도사가 상주하며 101명이나 세례 대기자가 있다할 정도로 성장해 있던 도둠교회, 그리고 우산리교회나 삼도리교회 등 광주 외곽에는 이미 몇 개의 교회가 존재하고 있던 터였다.

광주 교회를 열다

어쨌건 지금의 양림동 지역에 있던 콤파운드내 유진 벨의 임시사택에서 시작한 광주 스테이션의 광주교회는 어느덧 120여년의 역사를 내다보며 부흥과 발전을 거듭해오고 있다. 낯설기만한 목포에 처음 와서도 아내 로티를 잃는 등 어려움과 사역에 고충이 많았던 유진 벨은 광주에서 새로 마음 다지며 열심을 내었다. 광주에서 두 번째 부인도 사고로 잃고 세 번째 결혼까지 해야했을 정도였지만 1925년 사망하기까지 광주교회와 광주선교부를 이끌었다. 뒤이어 오는 후배 선교사들을 리더하는 한편, 날로 늘어나는 광주의 신자들을 지도하며 목양하는 일들까지 여러 가지로 과하고 중한 노동이요 하늘 미션이었을 게다.

오웬과 함께 그가 담당해야 하는 광주 구역의 복음 현장은 25개나 되었다. 벨과 오웬은 각자 맡은 광대한 지역을 다니며 전도하고 교회 세웠는데 날을 세워가며 매우 바쁜 일과를 거듭했다. 몸을 사리지 않고 열심을 다하느라 그만 오웬 선교사가 1909년 이른 나이에 순직하고 말았다. 1년 전 전라북도의 전킨 선교사의 죽음과 함께 초기 호남 선교사역의 큰 아픔이었다.

조사와 선교사들의 열심과 충성에 하늘의 은혜가 강하게 기름부어 광주

교회가 생명을 얻으며 급속도로 부흥 성장하였다. 불과 5년 만에 광주를 중심으로 한 전라도 일대에 77개 교회 처소, 1,500여명의 세례 교인. 5천명 넘는 성도로 증가했다. 광주교회는 1912년 첫 장로로 김윤수, 최흥종 두 사람을 장립했고, 1919년 3.1운동 때는 광주의 운동을 주도하였다. 초대 담임 유진 벨에 이어 제주도 첫 선교사 이기풍, 조선인 첫 신학자 남궁혁, 전주의 첫 수세자 김창국, 그리고 남도의 성자 최흥종 목사 등 기라성같은 지도자들이 초기의 광주교회를 연이어 담임하였다. 초창기 광주교회는 북문안(광주제일)교회로 불리었는데, 여기서 분립하여 향사리(서현)교회, 북문밖(광주중앙)교회, 양림교회 등으로 각각 세워지며 발전하였고 나환자들로 구성된 봉선리교회도 있었다.

불신자는 전도하고 신자는 교육한다

선교사들이 구한말 조선에 들어와 학교를 세워 교육을 하면서 우리나라에도 비로소 서양식 근대교육이 시작되었다. 종래의 조선 사회에는 마을에 간혹있는 '서당'정도가 유일한 교육기관이었다. 삼강오륜에 기초한 유교 교육이었는데, '천자문'과 '소학언해' 등 경전을 달달달 암기하고 한자와 한문을 익히는 게 전부였다. 학생들은 중상류층 집안의 자제는 되어야했고, 여자 아이들은 아예 생각도 못하던 시대였다.

그런데 기독교가 들어오고 선교사들이 학교를 시작하면서 이런 차별은 없어지기 시작했다. 각 스테이션에 학교를 세울 때마다 남자 학교와 함께 여자 학교도 동시에 열었다. 차별이라면 신자를 대상으로 했고 불신자를 덜 고려했다는 점일 게다. 기독교 교육이란 복음 전도하는 게 아니라고 생각해서다. 기독교 지도자 양성하는 게 목적이었기에 애시당초 예수를 믿는 다 고백하는 사람 만을 대상으로 하였다. 광주 선교부에는 1908년 숭일학교와 수피아학교를 만들었다.

벨 목사의 아내였던 마가렛 불(Margaret Bull, 1873~1919) 선교사가 설립한 수피아학교는 최흥종의 딸 최숙, 김윤수의 딸 김명은, 서병규의 딸 서영순 등 3명으로 시작했다. 읽고 쓰고 셈하기와 성경이 주 교과목이었다. 1911년 미국 애쉬빌의 스턴스(Mrs. Sterns) 여사가 세상을 떠난 동생 수피아(Jennie Speer)를 기념하여 5천불의 돈을 기증, 3층의 회색 벽돌건물을 지었는데 이를 수피아기념홀이라하였고, 학교 이름도 이때부터 수피아학교(Jennie Speer Memorial Girl's School)로 하였다. 조선의 여성과 독립운동을 열렬히 펼쳤던 김필례, 김함라, 김마리아 등이 선생으로서 남도의 신여성들을 무수히 길러내었다.

유일신 하나님 한 분만을 섬긴다는 뜻의 숭일(崇一)학교는 유진 벨이 최재익의 아들 최윤옥 한 명을 데리고 벨과 프레스톤 선교사, 그리고 남궁혁, 홍우종 등이 교사가 되어 가르쳤다. 뒤이어 교사가 된 최득의 선생은 평양의 숭실전문학교를 졸업하고 광주에 왔는데, 남학교의 이름을 숭일로 작명한 것이다.

대한제국으로부터 광주숭일고등소학교로 인가가 나자 이 학교의 창설자였던 배유지 선교사는 양림리 66번지에 종각이 있는 3층(지하 1층)으로 학교 건물을 착공하였다. 1910년 여름에 완공하고 배유지 목사의 사랑방에서 공부하던 학생들을 수용함으로써, 이 학생들은 광주에서 최초의 서양식 건물에서 공부하는 행운을 누렸다. 새 건물에서 공부하는 학생들은 완전히 서구식으로 교육을 받게 됐으며, 이러한 소문이 널리 알려지자 광주를 비롯하여 주위에 있는 청소년들이 숭일학교로 모여들었다(광주제일교회 100년사).

프레스톤이 미국 교회에서 후원을 받아와 지어진 새 학교 건물은 지역사회의 명물로 소문이 나기 시작하였다. 이에 맞춰 광주우체국은 숭일학교 건물을 넣은 기념엽서를 판매하니 그 소문이 곳곳에 퍼졌고, 학업에 열망을 품은 지방의 청소년들이 대거 찾아오기 시작했다. 숭일학교가 고등과정도 편제하였고, 지방에서 온 학생들을 위한 기숙사 시설도 신축하였으며 이로 인해 광주 지역교회는 더욱 더 성장할 수 있었다.

광주선교부는 아이들에 대한 초중등 교육기관 뿐만 아니라 고등교육과 특수교육을 위한 학교도 세워 나갔다. 쉐핑(Elisabeth Johanna Shepping, 서서평) 선교사가 1922년 여성들을 위해 시작한 전도부인 양성학교는 1926년 미국 플로리다의 니일(Lois Neel) 양이 지원하여 양림동 377번지에 3층 양옥 건물을 지어 이일학교라 하였다. 전라도 농어촌 교회의 탁월한 여성 일꾼들을 길러냈던 이일학교는 이후 전주의 한일장신대학교로 발전하였다.

세브란스 병원장을 지낸 어비슨 선교사의 아들 고든 어비슨(Gordon Wilberforce Avison, 1891~1967)은 1933년 자신의 집에서 사람들을 모아 농업실습학교를 시작했다. 1926년 선교사 2세로 농촌 지역사회를 품고있는 전라도의 광주에서 농촌 계몽운동과 농업인 기술교육을 위한 학교를 연 것이다. 최득은(최흥종 목사 장남)과 정인세 등이 교사가 되어 학생들과 함께 낮에는 노동하고 밤에는 예배와 성경을 배웠다.

어비슨은 자기의 사재를 몽땅 털었고 그래도 모자라서 자녀들 몫으로 저축했던 교육비까지 다 털어놓았다. 이 학교는 농사교육만을 실습케 하지 않고 성경을 가르쳤다. 또 열심히 기도케 하여 선지동산으로서의 중한 역할을 하고 있었다. 오랜 후에 이 학교 출신으로 교단의 총회장도 배출되었고 신학교 이사장도 나왔고 노회장도 되었으며 훌륭한 목회자도 많이 나온 것을 보면, 하나님이 축복했던 기관임을 알 수 있다(강순명).

농업실습학교가 있던 자리에 교회교역자 양성을 위한 광주성경학교가 1955년 시작되고 지금의 호남신학대학교로 발전하였다. 1967년 연 수피아 간호학교에서 발전한 기독간호대학교가, 그리고 1972년 개교한 수피아여자실업전문학교가 광주보건대학으로 각각 발전하여 오늘의 기독교 교육기관으로 후진 양성을 하고 있다.

인도주의적 자선사업

광주에 서구식 근대 병원이 생긴 건 1905년 11월 놀란 선교사로부터 시작되었다. 그때까지만 해도 조선의 질병과 환자 치료는 민간요법이나 무당의 굿거리 치료에 의존했는데, 서양의 근대 의학을 기준으로 보면 너무도 비과학적이고 비위생적이었다.

광주기독병원의 놀란 의사가 근대적이고 과학적인 처방과 위생적인 치료와 수술로 환자들을 고치고 질병의 고통을 덜어 주었으니 많은 사람들이 좋아하고 행복했다. 그러나 찾아오는 사람들과 환자들로부터 대단한 환영과 감사를 받던 놀란은 오래가지 못하고 그만 병원과 광주를 떠나고 만다. 북녘의 운산 금광에서 높은 임금을 준다하니 그만 선교직을 버리고 가버렸다.

지금도 선교 현장에서 공정무역이니 비즈니스 선교니 여러 전략과 방법들이 펼쳐지지만 적지 않은 일꾼들이 시험에 들고 유혹에 실족하고 있다. 바르게 지혜롭게 처신하며 하늘나라 일을 감당하기란 쉽지 않다. 의사를 할 수 있는 오웬이 있긴 해도 그는 이미 광주에 오면서 전업하여 전도에만 열중하던 터에 놀란이 불현 듯 사라져 버렸으니 동료들과 환자들의 실망감은 너무 컸을 듯하다.

뒤이어 1908년 찾아온 두 번째 기독병원 원장이 윌슨(Robert. M. Wilson) 선교사였다. 광주 병원은 1911년 미국인 기부자의 헌금으로 3층 벽돌건물 지어 그의 이름을 따 엘렌 라빈 그래함(Ellen-Lavine Graham) 병원이라 하였다.

1912년에는 영국의 구라협회 지원을 얻어 나환자 위한 나병원을 지었다. 3년 전인 1909년 오웬이 사망할 때 목포의 포사이드가 나주의 나환자 여성을 데려온데서부터 시작한 윌슨의 나환자 진료 사역이 더 본격화한 것이다. 광주 나병원과 나환자 교회인 봉선리교회는 1927년 여수 율천면 신풍리로 옮겨 지금의 애양병원과 애양원교회로 있다.

1923년에는 치과전문의 리비(J. Kellum. Levie, 여계남) 선교사가 광주에서 최초 치과진료를 하였다. 1930년도에는 부란도(L. C. Brand) 선교사가 결핵 환자들도 진료하기 시작했다.

광주선교부에서는 의사와 간호사 선교사를 통한 진료와 함께 인력 양성을 위한 교육과 수련병원도 운영하였다. 간호사로 광주에서 사역한 쉐핑 선교사는 조선간호협회를 창립하고 양성기관인 수피아간호학교(기독간호대학교)를 설립하였다.

미국 남장로교가 호남의 5개 선교지부(스테이션)에 교회-학교-병원을 짓고 사역한 열매들을 제대로 계산해 내기란 쉽지 않다. 예수님께서 하셨던 것처럼 교회를 통해 죽어가는 영혼들을 구원해 내고, 무지한 백성들을 일깨웠으며 육체의 질병에 시달리는 환자들을 숱하게 살려내고 소망을 주었다. 광주교회를 시작으로 120여 년이 흐른 지금 광주와 전라 일대에 수 천 교회 공동체가 생기고 수 백 아니 수천 만 사람들이 하늘 안식을 누릴 것이며, 수다한 교육 기관들이 일어나 지식과 기술을 습득하게 하였으며, 지금의 기독병원과 기타 기관들을 통해 헤아리기 어려운 사람들이 새 생명을 이어가고 있으리라. 죽음과 절망의 땅에서 하늘의 생명과 평화로 축복받은 광주, 내일도 모레도 그 하늘 영광의 빛이 더하고 더하는 광주(光州)이길.

광주 7

그 무엇으로 그를 수식하고 말하랴

광주 무등산 증심사 계곡 위쪽에 자리한 신림교회 기도원. 최흥종 목사가
이 곳에 은거하며 가난한 자들과 아이들과 함께 예배하던 작은 공동체다.
2015년 1월 폭설이 내린 후 전남여전도회(예장통합) 회장단과 함께 신림
교회와 목사님을 찾아 뵙고 함께 방문했다. 교회 옆에 딸린 단칸짜리 방에
서 목사님이 내려준 녹차 맛이 일품이었다.

산 속에 교회가 있다고? 인적 드문 곳에 으레 절이 있는 건 익숙한데, 교
회가 있다는 건 상당히 낯설다. 그것도 국립공원 안에 있다! 빛의 도시 광

주를 품고 있는 무등산. 1,187미터의 천왕봉 아래 입석대, 서석대 등 멋진 바위와 석대들이 우뚝 우뚝 서 있다. 대한민국 스물 한 번째 국립공원. 광주는 물론 화순, 담양까지 넓게 품고있는 어머니같은 산. 그중에서도 광주 동구 학운동에서 산을 오르기 시작하면 유명 사찰 증심사가 나타나고 계속해서 중머리재를 향해 조금 더 올라가 숨이 막 차오르기 시작할 정도면 조그마한 교회 건물을 마주한다.

등산로 입구에서 그래도 제법 거리가 있어 이미 인적이 뜸한 산 중턱인데 이런 곳에 십자가 걸려 있는 교회가 있다니, 전혀 뜻밖이다. 불교 사찰을 자주 볼 수 있어도 산 속에 교회라니! 그것도 여긴 국립공원 안이 아닌가. 숲속 나무들 사이에 작은 공간을 차지하고 이쁘장하면서도 소담스런 이 건물은 분명 예배하는 곳이 맞다.

최흥종 목사가 '오방'을 선포하며 시내 중심부에서 홀연히 떠나 이곳 산 중턱에 새로운 작은 공동체를 실천한 데서부터 시작되었다. 산 중턱까지 엉성한 토담과 초막으로 지내며 살아가는 이들이 많았고 병원에서 퇴원하여 이곳까지 밀려 온 결핵 환자도 많았다. 그들과 그 어린 아이들을 모아 하나님의 사랑과 복음을 전했던 교회인데, 후에 '신림교회'로 이름을 바꾸고 지금은 기도원으로 활용하고 있다.

신림교회의 〈오방수련원〉은 아주 작고 초라한 공간이지만 광주의 역사 한 부분이 깃들어 있는 아름다운 공간이다. 1937년 한국기독교가 일제에 굴하여 신사참배를 결정하자 오방 할아버님은 스스로 사망통지서를 낸 후 증심사 계곡에 〈오방정〉을 짓고 은둔 생활을 시작하셨다. 산골생활 중 찾아오는 인근 신림마을 주민들과 대화하며 예배를 드리는 일이 잦아지면서 작고 초라한 예배처가 마련되고 이러한 모임이 나중 증심사 계곡에 신림교회가 만들어지는 계기가 되었다. 이 산속의 작고 초라한 예배처에는 해방이 될 때까지 신사참배를 반대해 교회를 나온 소수 기독교 인사들이 매일 새벽에 모여 기도를 드리는 역사적인 장소가 되었다. 또한 이 예배처는 증심사 스님들과 다도를 함께 즐기며 노자를 논하는, 그래서 종교화해와 소통의 공간이기도 했다(최협).

그의 대명사가 된 '오방'은 첫째 가사에 방만(放漫), 둘째 사회에 방일(放逸), 셋째 경제에 방종(放縱), 넷째 정치에 방기(放棄), 다섯째 종교에 방랑(放浪). 갑작스레 사망통지서를 주위에 돌리고 다섯 가지를 내려 놓는다며 무등산 속으로 들어갔다. 평생의 절친이요 동역자였던 서서평 선교사를 먼저 하늘나라로 보내게 되자 그도 심경의 큰 변화와 깨달음을 지녔을 수도 있고 당시 일제에 의한 신사참배 강요가 심해진 탓도 있어서 용단을 내렸을 것이다. 속세를 떠나 산 속으로 들어간 불가의 스님들마냥 그도 세상의 복잡다단한 일로부터 떠나 하나님과만 자유하고 싶었으리라.

그가 은거지 삼아 들었던 작은 공간 '오방정'의 원래 주인은 최원순이었고 이름도 '석아정'이었다. 일본 와세다대학 재학중 2.8 독립선언 참여와 동아일보 기자 재직중 벌어진 필화사건으로 일경의 모진 고문을 당했던 최원순이 아내 현덕신 여사와 함께 요양하며 지냈던 곳이었다.

최흥종은 그곳에서 의재 허백련과 또한 각별한 교분과 우의를 나누었다. 남종화의 대가 의재 선생과 함께 1955년 삼애학원을 설립했다. 덴마크의 그룬투비를 모델로 하여 하나님사랑, 이웃사랑, 자연사랑을 기치로 청년들에게 농업전문교육을 하였다.

광주에서 얻은 첫 열매

미국 남장로교 선교부에서 군산과 전주, 목포에 이어 네 번째로 베이스 캠프를 설치한 것은 1904년 성탄절, 광주였다. 눈이 내리던 그날 유진 벨과 오웬 선교사, 그리고 김윤수 등 조력자와 함께 광주의 시민들이 꽤 모여 첫 예배를 드렸다. 그 자리에는 최흥종도 함께였다. 1년여 가까이 이곳에서 터를 잡고 일을 치르며 준비해 오던 김윤수의 전도가 있었을 것이다.

처음 몇 년 간은 그저 대수롭지 않게 양림동에 드나들며 기독교를 접했을 그가 진실로 회심과 새로운 인생을 연 것은 1909년 봄에 만난 한 사람 때문이었다. 포사이드 선교사. 평소에 열심히 전도하며 죽어라 충성하는 오웬 선교사가 갑자기 사경을 헤매게 되고 그를 치료하기 위해 급하게 목포에서 왔던 한 거구의 선교사가 생전 보지도 듣지도 못한 놀라운 일을 하였다. 그가 말에 태우고 온 환자는 초라하기 그지없는 여자였고 게다가 문둥병이 심했다.

그저 놀라운 정도가 아니라 그것은 참으로 기겁스런 일이었다. 아예 상종도 안하는 일인데, 그도 사람이고 그도 인격이 있으며 그래서 치료받아야할 권리가 있다고 했다. 그를 대해 주고 돌봐주며 고치는 게 또한 우리의 역할이고 책임이라 하였다. 같은 동포인 우리 조선인도 안하는 일을 저들은 왜 뭣 때문에 대수롭지 않게 상대해 주는가.

포사이드를 만나면서 그는 비로소 기독교의 정수를 깨우치고 자기의 삶을 달리하기 시작했다. 윌슨 의사의 조수로서 그가 치료하는 나환자들을 대하며 인생을 다시 살기 시작했다. 서서평 선교사 등 여타 사역자들의 모습을 지켜보며 그도 하늘의 사람으로 변화되었던 것이다. 선배 김윤수가 목포에서 맺은 하늘의 첫 열매라면 광주에서 남장로교 선교부가 맺은 첫 열매 중 하나는 최흥종이었다.

최흥종은 1880년 5월 광주 블로동에서 태어났다. 6살에 생모가 죽고 계모에게서 자랐으며, 19살 될 때는 아버지마저 여의는 바람에 청소년기를 우울하고 힘들게 지냈다. 21살에 결혼하여 가정을 이루었으나 방황과 무의미한 삶으로 청년기를 보내던 중 25살되는 1904년 김윤수를 만나 예수를 알게 되었다.

경찰과 농공은행 회사원으로 일하던 중 1907년 세례를 받게 되고 이름을 '영종'에서 '흥종'으로 바꿨으며 윌슨 선교사의 어학선생겸 조사가 되었다. 윌슨에게 조선어를 가르치며 자신은 조수로서 의학기술을 익히던 중 포사이드를 만났고 그는 광주교회의 신실한 일꾼으로 변해갔다. 1908년 교회 집사가 되고 1912년에는 김윤수와 함께 광주교회의 최초 장로가 되었다. 그해 최흥종은 윌슨, 서서평 선교사와 함께 봉선리 나환자 정착촌을 조성하여 나환자들 치료와 요양을 돌봤고 그들로 이루어진 교회 공동체를 이루었다.

> 1912년 광주군 봉선리교회가 설립된다. 먼저 선교회 의사 우월순이 나병(癩病)자 20여인을 산속에 집합하고 의약으로 치료할새 선교사와 제중원 사무인 최흥종과 이만준 등이 3년간 전도하여 신자를 얻어 교회가 설립하게 되니라(조선예수교장로회사기).

1912년 광주시 봉선동에 세워진 우리나라 최초 나병원과 교회. 최흥종이
기부한 1,000여평의 땅에 병원과 봉선리교회가 세워졌고, 1926년 여수
율촌으로 이전하여 지금의 애양병원과 애양원교회가 되었다.

최흥종은 평양신학교에 입학하여 목회자 수업도 병행하던 중 1919년 3.1
독립만세운동에 연루되어 1년 5개월여 옥고를 치루었다. 출옥하던 1920년
광주 YMCA 창립을 주동하였다. 1921년 평양신학교를 졸업하고 광주북문
밖교회 첫 담임목사로 취임하였다. 광주(북문안)교회가 성장하며 성도가 늘
어가자 1917년에 분리 개척하여 기도처소로 시작한 북문밖(광주중앙)교회는
최흥종 목사를 담임으로 하여 공식 교회로 발돋음하였다. 첫 목회지에 부
임한 최흥종은 마침 교회내 사택이 있어서 가족과 함께 이사하였고, 교회
공간은 낮에는 유치원을 그리고 밤에는 청년 야학을 운영하였다.

내가 북문밖 교회의 사택인 최목사님 댁의 끝방 하나에 행장을 풀게 되자
야학의 처녀 학생들과 새댁들이 제일 기뻐하고 자취도구며 거기에 필요한

모든 것들을 자기네들끼리 척척 다 준비하여서 최목사님은 그 호인다운 안면에 온화한 웃음을 가득 담고 "집주인이라도 우리가 도와줄 일은 하나도 없게 되었소. 어쨌거나 박선생은 가나오나 무척 사랑을 받는데 무슨 비결이라도 있소."하고 대견하다는 듯 내게 농을 걸기도 하였다. 최목사님은 나를 진정 자녀처럼 누이처럼 알뜰히도 보살펴 주셨고 제수가 되시는 김필례 선생과도 남매처럼 의지상통하여 제수로서보다는 서로 존경하고 신뢰하는 외우(畏友)사이로 보였다. 그만큼 인자하고 소탈하고 탈속한 전형적인 성직자인 최흥종 목사는 천형병인 나환자들에게도 은혜로운 벗이 되어서 구라사업에 헌신하다시피 전력을 다하셨다(박화성).

탈속한 전형적인 성직자

사람을 대하거나 평가함에 있어서 늘 진지하고도 묵직하였던 소설가 박화성 선생이 최흥종 목사에 대해 이리도 찬사를 늘 정도였으니, 가히 최 목사의 인격과 삶은 방황하던 젊은 날의 모습과는 전혀 딴 판이었다. 박화성은 당시 북문밖교회 부설 유치원에서 보모교사를 하며 최 목사 사택에 빌붙어 지냈다. 그녀의 눈에 최 목사는 같은 성직자라도 너무 다르게 보일 정도였으니 중년기의 최흥종, 목사요 사회사업가요 교육운동가로서의 최흥종은 광주 교회와 기독교가 낳은 최상의 예수님의 제자다.

자기에게 주어진 하나의 일도 제대로 하지 못하는 인생이 많지만, 최흥종은 참으로 다방면에서 열심과 충성을 다 하였다. 북문밖교회, 금정교회, 제주의 모슬포교회 등지에서 목회하는 한편, 나환자 돌보는 일과 사회운동 노동운동, 그리고 시베리아에 가서 선교활동까지 실로 그가 펼친 일들은 많기도 하였지만, 그 일마다 선한 영향력을 크게도 끼쳤다.

50대 중반을 넘어서던 1935년 무렵 전술하였던 대로 무등산에 은거하며 자신만의 새로운 삶을 새로이 개척했다. 일제 신사참배에 저항하며 한국교회를 염려하였고 해방이후 김구 선생 등이 건국운동에 참여하자 했어도 자신은 초연히 지내며 그저 자신을 다스리고 가난하고 병든 자들의 친구로 지내는 일에 묵묵히 정진했다. 증심사 계곡 오방정에 기거하며 무등산 자락에 결핵환자 요양을 위한 '무등원', '송등원'을 나주에는 음성 나환자들을 위한 '호혜원'을 세웠다.

최흥종 목사는 1966년 5월 14일 87세에 그가 사랑하며 따르고자 했던 주님 곁으로 갔다. 그를 예수곁으로 인도한 선배 김윤수, 그의 생을 바꿨던 선교사 포사이드와 멘토 윌슨, 그리고 평생의 절친이요 동역자였던 서서평 등과 함께 있으면서 오늘의 광주와 광주기독교를 축복하고 있지 않으려나. 축복받은 광주, 멋지고 훌륭한 하늘의 일꾼들로 오늘의 기적이 만들어졌으니 하나님께 영광과 감사드리오며 우린 귀하고 멋진 선배들의 삶을 배우고 이어 마땅히 따르며 충성해야 하리니!

광주 8

빠트릴 수 없는 또 한 사람

'호사유피 인사유명', 호랑이는 죽어서 가죽을 남기고 사람은 죽어서 이름을 남긴다 하였다. 인간의 일생은 누군가에게 이름으로 불리고 기억되길 원하는 강한 본능이 있다. 부정적이고 얼굴 찌푸리게 하는 인생이 있는가 하면 긍정적이고 존경과 사랑을 받는 인생들도 있다. 어떻게든 기억되고 회자되는 일부에 비해 전혀 떠올려지지 않고 잊혀진 인생들이 사실 대다수 아니런가.

그 이름이 기억되는 사람은 참 아름답고 괜찮은 일생을 살다 간 게다. 남보다 탁월한 능력과 공헌을 한 사람들이겠지. 그러나 아무리 잘한 인생일지라도 언제까지고 많은 사람에게 기억되고 인정받는 사람은 사실 드물다. 후세대 인간들도 유한하고 부족함이 많은 피조물에 불과하기 때문이다.

창조자 하나님의 기억과 성경의 구속사는 너무도 분명하고 영원하다. 사람은 대체로 외형적인 가치와 기준에 따라 평가하며 기억하지만, 하나님은 더하여 사람들이 덜 중요하게 여기고 덜 의미삼는 것들도 소홀히 하지 않으신다. 아주 중요하게 여기며 기억해내고 의미를 부여하니 말이다. 외모로 평가하지 않으시고 중심을 보시는 하나님, 그분의 기억과 신실하심은 성경의 특별한 기록들로 증명된다.

구약 창세기에 야곱의 일생을 길게 그려내 가는 중에 뜬금없이 단 한 줄 한 사람의 죽음이 나오는 것도 그렇다. 굳이 그 한 줄로나마 기록으로 남기는 게 무슨 의도일까? 대수롭지 않게 지나갈 수 없다. 하나님의 마음이 각별히 담겨 있는 대목이라 중히 여겨야 한다.

> 리브가의 유모 드보라가 죽으매 그를 벧엘 아래에 있는 상수리나무 밑에
> 장사하고 그 나무 이름을 알론바굿이라 불렀더라(창 35:8).

하나님은 성도의 죽음을 귀히 보신다. 한 예로 여기 드보라의 죽음을 기록한다. 출애굽기 1장에서 히브리 산파들도 이름이 나온다. '십브라'와 '부아'. 인간 사회에서는 그다지 중요하게 여겨지지 않는 이들이다. 그냥 산파들이라며 지나가는 게 사람 세상이지 굳이 이름까지 붙여가며 기억하고 기록하지 않는다. 유모 역시 마찬가지다. 그녀가 죽는데 뭘 그렇게까지 일부러 이름을 넣어 기억하며 기록으로 남길 것 없다하는 게 인간 세상이다. 그러나 성경이 이를 간과하지 않고 기록으로 남겨서 우리들로 보게 하는 것은 분명 다른 의미와 중요한 하나님나라의 비밀이 담겨있지 않겠는가.

야곱이 형 에서를 피해 멀리 하란에서 20여 년 지내다 다시 가나안으로 돌아오는 길에 함께하던 '드보라'가 죽었다. 어머니 리브가의 유모였던 그녀는 집을 떠나 외갓집에서 고생하던 야곱을 돌봐주며 오랜 세월 함께 했었고, 아마도 나이가 150정도되는 노파였으리라. 성경은 특별히 그녀의 죽음을 빼놓지 않고 이름을 붙여가며 기록한다. 그녀를 장사 지내고 그곳 나무이름을 '알론바굿'이라 하였으니 '슬프다'는 뜻이다. 드보라는 야곱에

게 어머니요 할머니같은 존재였기에 개인적으론 매우 고통스럽고 슬펐을 것이다.

꿀벌이라는 뜻처럼 드보라는 야곱에게 늘 달콤하고 행복을 부여해주는 존재였다. 위로자요 협력자였으리라. 동시에 그녀는 아브라함과 이삭과 야곱으로 이어지는 언약가문의 귀한 청지기였다. 족장 집안의 뒤에서 묵묵히 자기의 역할에 충실한 여성, 드보라. 하나님의 언약이 진행되고 성취되는 과정에서 헌신하며 일생을 보낸 이의 죽음을 하나님은 귀히 보시고 중히 기억하여 기록으로 남기셨다.

삼종지도, 그게 복이요 은혜라면

광주 기독교 역사를 끄집어 내고 여러 이야기를 알아 가면서 한 사람이 자꾸 눈에 밟혔다. 그의 이야기 써보고 여기에 담고 싶은 마음에 앞머리를 길게 늘였다. 이 사람을 알고 기억하는 이는 아주 극소수이리라. 주변에 혹 알고 지내는 사사로운 사람 말고 광주 교회사에서 공적으로 거론되는 여러 사람들 가운데 함께하는 여성이다.

120여년 되어가는 광주 기독교 역사. 얼마나 많은 믿음의 영웅들이 있는지 셀 수 없다. 유진 벨과 오웬부터 시작해서 윌슨, 서서평, 유화례, 도마리아, 카딩턴 등 선교사들과 조선인 일꾼 김윤수, 이기풍, 최흥종, 남궁혁, 김창국, 김필례, 김마리아 등등 참으로 광주는 하늘의 축복과 사람의 충성이 넘치는 곳임에 틀림없다.

그중 한 사람, 그 자체로는 평범한 조선의 여인일 뿐이다. 여자로 태어나서 평생 동양의 '삼종지도'라는 굴레 속에서 어릴 때는 아버지의 딸로 젊어서는 한 남자의 아내로 나이 들어서는 아들의 어머니로 살았다. 지금에 와서는 종속적이고 부정적이기만 한 여성에 대한 인식과 가치가 많이 고쳐지고 있지만, 편견과 상대성을 초월하여 누군가의 뒤에서 수고하며 애써 하늘의 복인 가정과 교회와 사회를 복되게 하였으면 얼마나 괜찮은 삶이랴. 누구를 무론하고 무익한 종노릇에 열심 내어서 하나님의 영광되고 다른 이들이 박수 받게 하였으면 그저 감사한 인생인 거다.

'집'과 '가정'이라는 공간과 범위 안에서 평범하기 그지없는 아내요 어머니일 뿐이고 누구처럼 커리어우먼도 아니고 사회운동과 여성운동으로 바깥활동에 열심부렸던 적이 거의 없다. 그저 집 안에서 가정을 지키며 아버지, 남편, 자녀 챙기며 섬기며 수종들었던 여인일 뿐이었다.

하지만 그의 아버지나 남편은 평범한 사람들이 아니었다. 다른 이들의 입에 늘 오르내리는 대단한 영웅들이었다. 존경하고 본받고 싶어하는 광주의 역사요 일꾼들이었다. 그 남자들의 행적과 삶은 조사하고 연구하여 밝혀내며 회자하기도 하고 기념하기도 하며 대단한 의미부여를 해오는데, 상대적으로 그들 밑에 가려 잘 이야기되지 않는 여인, 그의 이름을 좀 드러내고 싶어 일부러 여기에 내놓아 본다.

최숙이, 그녀는 1901년 광주에서 최흥종 목사의 딸로 태어났다. 한 살 위의 오빠 최득은이 있고, 아래로 5명의 동생들이 있었다. 수피아학교를 졸업하고 19살 되던 1918년 3월 강순명과 결혼하였다. 그녀의 아버지 최흥종 목사에 대한 이야기는 전편에서 상세히 다루었으니 여기선 남편 강순명 목사 이야기를 좀 해야겠다.

청빈, 금욕으로 세워진 남도 영성가들

강순명은 1898년 3월 24일 광주 방림동에서 가난한 농부의 둘째 아들로 태어났다. 먼저 기독교를 접했던 어머니의 영향으로 어릴때부터 신앙을 갖게 되었다. 숭일학교 보통과를 졸업하고 이발소를 차려 운영하던 중 최숙이와 결혼하였다. 아내와 함께 1921년 일본으로 유학을 갔는데 1923년 9월 도쿄대지진을 만났다. 지진의 공포와 조선인에 대한 일본 자경단의 만행에 두려움을 느끼고 위기 속에서 화를 면하게 되고 귀국하였다. 이때 하나님께 드린 절체절명의 기도와 고백속에 그는 진정한 중생의 체험을 하게 되었고, 완전히 다른 변화의 삶을 시작했다.

1928년 배은희 목사와 함께 독신전도단 운동을 전개했다. 3년 정도는 부부와의 관계도 끊고 독신으로 농촌에 들어가 사역했다. 주일이면 교회 설교자가 되고, 주중에는 여성과 아이들을 교육하며 또 협동조합 운동 등 농촌경제 회복하는 일에 열심을 냈다.

전도단원들은 전라도 농촌지역에 파송되었는데 강순명은 제주도 모슬포 교회에서 활동하였다. 무보수로 봉사하며 농촌을 깨우고 신앙을 일구웠는데 일제 당국의 방해와 기성교회 목사들의 오해와 비난이 심해 그다지 오래도록 성과 있게 일을 벌이진 못했다.

결국 광주로 다시 돌아와 어비슨 선교사가 벌이는 농업학교와 운동을 새로 벌였다. 이때 만난 이들이 이준묵과 이현필. 후에 해남의 성자로, 맨발의 성자로 불리우는 삶을 살았던 평생의 동역자들이었다. 청빈하고 금욕적인 수도자의 삶을 추구하며 가난하고 질병속에 고통받는 이들에 대한 봉사와 실천을 다하는 영성가의 삶. 이세종과 최흥종에 이어지는 강순명, 이현필, 이준묵이라는 호남 기독교 영맥의 줄기가 이렇게 형성되었다.

강순명은 1938년 전남노회에서 목사 안수 받은 후 나주 남평교회 등지에서 목회하였으나 1942년 목사직을 사임하였다. 서울에서 신사참배에 반대하는 교인들을 모아 함께 예배하며 신앙을 지도하다 해방을 맞게 되고 북아현동에서 '연경원'이라는 간판을 걸고 주로 북에서 내려온 젊은이들을 모아 성경교육과 노동을 실시하였고 1952년 광주에 다시 내려와서는 노인들을 위한 공동체 시설을 만들었다.

6.25 전쟁으로 폐허가 된 우리나라. 광주에도 고아와 걸인들이 거리에 넘쳐났고 노년층에 속한 이들도 배고픔과 잠자리가 없어 고통스럽긴 마찬가지였다. 광주 천 다리 밑에서 거적떼기 하나 둘러쓰고 굶주림에 신음하며 죽어가는 노인들을 한 사람 한 사람 자기 집에 데려왔다. 장인 최흥종 목사가 나병환자들을 업고 데리고 와 치료하며 돌봤던 것처럼 말이다. 이렇게 하나 둘 노인 30여 명이 모이게 되어 시작한 게 천혜경로원이다.

> 강목사는 천혜경로원을 세우고 갈 곳 없는 노인들을 보살피기 시작했다.
> 천혜경로원을 세운 후 그의 손으로 장례를 치른 노인만도 수백 명이나 되
> 었다. 흥종은 그런 큰 사위에 대해 늘 감동하고 있었다. 이날도 흥종은 큰
> 사위를 위로하기 위해 쌀 한 가마니를 가지고 찾아가는 중이었다. 그는 큰
> 사위를 볼 때마다 자신을 보는 것 같아 마음 한 구석이 쓰리고 아팠다. 그
> 럴 때면 일찍 죽은 딸 숙이가 그리웠다(문순태, "성자의 지팡이").

6.25 전쟁기에 광주에서 강순명 목사가 노인들을 위한 시설 경로원을 세웠다면 어린 아이들을 위한 시설로는 이현필, 정인세의 동광원과 함께 박

순이 선생이 세운 충현원이 있었다. 박순이(1921~1995)는 광주 양림동에서 출생하여 어릴 때부터 자연히 선교사들과 가까이하며 기독교를 접했다. 어머니 박애신이 윌슨과 녹스 선교사 가정의 가사 도우미로 일했기에 가능한 일이었다.

목포중앙교회 유치원 교사를 하기도 했던 박순이는 선교사들이 미국으로 철수할 때 같이 가자는 제안을 거부하는 대신 윌슨이 남기고 떠난 사택에서 고아들을 돌보기 시작하였다. 아이들이 점차 불어나자 어머니 박애신의 사재를 얻어 호남신학대학교 정문 앞쪽에 부지를 마련하고 1952년 충현영아원을 설립하였다. 카딩턴, 김아각, 녹스, 유화례, 여성숙과 백영흠 목사 등의 후원을 통해 광주 고아들의 보금자리로 이어졌다.

한 사람을 소홀히 하지 않고 어떤 이 못지않게 부각시키고 소개한다 해놓았지만, 결국 그녀의 아버지가 누구고 그녀의 남편이 어떤 사람인 지만 잔뜩 이야기했다. 최흥종 목사의 딸이며 강순명 목사의 아내였던 최숙이는 일제강점기 치하에서 남편이 바깥에서 제 좋은 일은 혼자 다할 때 가정과 자녀들을 챙기며 고생만 하다가 결혼 17년 만에 하늘나라로 갔다. 아버지와 남편에 대한 이야기는 널리 회자되는데 정작 그녀에 대한 다른 이야기는 거의 없다. 자녀도 6명이나 낳았지만, 그들이 어떤 일을 벌이며 지냈는지 거의 소개가 안되고 있다.

그래, 그러면 뭐 어떠랴. 어떤 이들이 남다르고 탁월하다면 그 옆에 있는 수많은 이들은 덜 빛이 나고 덜 유명세 타는 법이다. 그래도 괜찮다. 최숙이 사모도 그 자녀들도 그리고 그녀와 동 시대에 함께 했던 수많은 이들, 그리고 그들로 인해 지금 하늘나라 은혜 입어 천국 삶을 누리는 수많은 광주와 남도의 예수 따르미들. 그늘에서 수고하며 땀 흘리며 순종하고 충성을 다할 뿐, 이름을 몰라주면 어떠랴 빛이 안 나면 어떠랴. 누군가에게 위로자가 되고 협력자가 되며 감사하고 섬기는 인생이면 족하다. 중요한건 성경에 드보라 기록되었듯 천국 생명책에 어김없이 기록되어 있으려니. 할렐루야!

광주 9
당신이 도르가입니다

2015년 1월 8일 오후, 보성에 있는 노인요양원 '밝은동산'의 프로그램 교육실. 15명 남짓한 노인들이 열심히 그림을 그리고 있다. 칠판에 그려진 아주 단순한 그림을 보고, 그대로 똑같이 각자 작은 도화지에 그리고 색칠하는 치유 프로그램이다. 일반인에겐 매우 쉬워 보이는 일이지만, 몸의 기능이 떨어지고 치매에 가까운 노인들에겐 간단치 않다.

한영순(북문교회), 김인자(월광교회), 정혜진(백석교회) 세 권사는 이들에게 다가가 그림 그리는 손을 붙잡아 도와주며, 말 동무가 되어 준다. 전남과 전국여전도회를 통해 오래도록 작은자복지선교회를 이끌고 있는 이들은, 이날도 광주에서 차로 1시간 넘게 이곳까지 찾아와 직원들을 격려하기도 하고 수용자들에겐 친구 노릇도 해주며 봉사활동을 펼친다.

작은자라는 말만 들으면 마음이 절절히 아파옴을 느낍니다. 일하기 전까지는 부끄러운 일이지만 그냥 쉽게만 느껴진 작은자였기 때문입니다. 내가 감히라는 수식어가 붙어 다녔습니다. 전남지역 회장을 하면서 마음을 아프게하는 학생들이 하나 둘이 아니었기 때문입니다. 감사라는 말을 입에 달고 살면서도 이웃을 사랑하지 못하였음이 주님 앞에 너무 부끄럽기 그지없습니다. 전남지역 안에 10개 노회가 있습니다. 각 여전도회 임원들이 3개월에 한 번씩 회의를 합니다. 아파하는 작은자들을 위해 기도하고 물질로 도와주며 한편으로는 어려운 학생들을 돌보는데 뿌듯함을 느낍니다. 양로원 어르신들 장애인들을 위해 봉사하시는 분들을 볼 때 천사가 아니면 할 수 없다는 것을 새삼 느낍니다. 또한 여전도 회원들이 미용, 빨래, 청소, 목욕, 김장 봉사 등을 통해 주님의 사랑을 느낍니다(한영순 권사).

그림 그리는 일을 도와주며 함께 말 동무해주는 여전도회원들

사회 봉사는 교회의 본질적 사명 가운데 하나다. 예수의 3대 사역, 가르치고 전파하고 치유하는 사역과 밀접하게 연관된 하나님의 선교이며, 교회의 책임 영역이다. 성경적으로나 역사적으로 교회는 처음부터 사회봉사,

혹은 사회복지 선교를 전개했다. 개인적 수준에서든 제도적 수준에서든 사회복지 선교를 소홀히 하지 않았다.

그러나 최근 한국교회는 성장 담론에 치우쳐, 사회복지 선교의 중요성과 책임을 간과하는 경향이 짙다. 산업이 발달하고 첨단 과학이 융성하면서 상대적으로 가난하고 연약한 이웃의 삶은 더욱 어려워지고, 장애인과 어린이, 노약자 등은 인간다운 삶을 보장받지 못하는 경우가 늘어가고 있다. 모든 사람들의 생명에 대한 존엄과 인권을 보호하고 모두가 행복한 삶을 누릴 수 있도록 교회가 노력하는 일은 보다 균형있고 충성된 하나님의 선교일 것이다.

교회와 사회에 봉사하는 여전도회는 존재 목적에 걸맞게 구제하며 봉사하는 일에 힘쓰고 있다. 그 대표적 결실로 힘써 사역하는 현장이 보성에 있는 '작은자의집'이다. 이곳을 책임지고 있는 송재숙 원장은 1995년부터 작은 시설을 마련하고 한 분 두 분 노인들을 받아들여 함께 지내 왔는데, 지금은 50여 명의 노인들로 불어났고, 함께하는 직원들도 십 수명에 이르렀다.

일반 노인들이 거하는 2층으로 된 '작은자의집' 시설과 바로 옆에 2008년부터 시작한 3층 건물의 중증 노인요양시설 '밝은동산'을 참으로 깨끗하게 관리하고 운영하는 게 눈에 띈다. 노인들의 표정과 건강한 모습도 너무도 밝고 예쁘다. 오랫동안 사랑의 섬김을 펼쳐 온 송 원장과 직원들의 수고와 남다른 정성을 읽게 한다. 작은 자에게 하는 사랑이라고 아무렇게나 할 수 없고 기계적으로 대할 수 없다. 오늘날 복지 이름으로 행하면서 이 분야에서도 '돈'으로 '사람'을 홀대히 하는 게 얼마나 많은 현실인가. 참으로 예수 그리스도, 주님을 대하듯이 진실로 충성하며 정성을 다하는 모습, 잠깐이지만 섬기는 사람들의 모습에서 환히 볼 수 있는 곳이다.

여전도회의 사랑과 봉사는 항상 '작은 자 정신'에 기초하고 있다. 주리고 목마른 자에게 먹을 것과 마실 것을 대접하고, 병들고 옥에 갇힌 자들을 돌아보는 충성이야말로 하나님께 칭찬받을 수 있는 그리스도인의 삶이다. 건강한 몸과 시간을 최대한 활용하여 평생을 수고해야 할 책임이 개인 신자에게 있고, 동시에 믿음의 선교공동체로서 여전도회는 함께 짐지고 열심히 섬겨야 할 몫을 지닌다.

선행과 구제하는 여전도회

전남여전도연합회는 매년 어려운 이웃을 돌아보며 구제하고 봉사하는 일에 최선을 다하고 있다. 광주시립장애인복지관을 비롯하여 맹아학교, 양로원, 금성고아원, 전남성로원, 나주부활의집, 여교역자 안식관 등등 광주와 전남 곳곳에 있는 복지시설을 찾아 위문, 작은 정성을 더하며 꾸준히 섬기고 있다.

비록 짧은 시간이지만, 먼 거리를 달려와 '작은자의집' 직원들을 격려하고 노인들과 즐거운 시간을 보낸 전남여전도회 회원들은 돌아가기 직전, 차 트렁크에서 정성담아 가져온 선물들을 한 아름 안긴다.

그들의 사랑과 정성이 흡사 도르가 부인의 모습을 연상케 한다. 욥바라는 곳에 '다비다'라는 여제자는 헬라말로 '도르가'인데, '사슴'이라는 뜻을 가지고 있다. 선행과 구제하는 일이 심히 많았던 인생, 도르가. 전남여전도회의 구제와 봉사의 사역, 또 다른 도르가의 후예들은 놀라운 사랑의 기적을 이어간다.

전남여전도회는 서서평 선교사의 주도로 광주에서부터 시작되었다. 교회에 출석하는 여성 신자들이 부분적으로 모임을 갖고 전도하는 일에 열심 내던 중 윈스브로 여사와 서서평 선교사가 보다 조직적으로 체계화하였다. 미국 교회의 부인회 회장이었던 윈스브로는 광주에 방문하여 교회를 시찰하며 미국교회 여성들의 원주회를 소개하고 서서평 등과 함께 비전을 나누고 도전하여 서서평이 본격적으로 창설하게 된 것이다. 교회마다 부인조력회를 만들고 지역마다 연합체를 구성하여 활동하면서 차츰 노회와 총회 산하 여전도회로 발전하여 오늘에 이르게 된 것이다.

1922년 광주 금정교회와 광주 지역 조력회, 1924년 목포 조력회에 이어 1925년 전남 노회 산하에 부인조력회가 공식적으로 허락이 되었다. 당시 전남부인조력회에는 37개의 하부 지역모임과 110개에 이르는 서클이 있을 정도로 성장하여 조직화되었다.

1927년 조선예수교장로회 16회 총회에서는 전국부인전도회 창설을 인준하여 다음해인 1928년 창립, 초대 회장에 캐나다 선교부 소속의 이루이시 선교사가 추대되었다. 1929년 북장로교 소속의 부애을 선교사에 이어 1930년에는 남장로교 소속의 광주 도마리아 선교사가 3대 전국부인회 회장을 맡았다. 광주와 전남 지역뿐만 아니라 전국 모임 조직과 운영도 실제적으로는 서서평 선교사가 주도하고 가장 열심이었지만, 건강상의 이유 등으로 동료 도마리아에게 회장 직을 맡겼었다.

주력특공대 전도부인 양성한 이일학교

서서평 선교사는 교회 여성들로 조직화된 전도회와 함께 이들을 훈련하여 지도자로 키우기 위한 방편으로 성경학교를 열었다. 이일학교. 1922년에 서서평이 자신의 방에서 시작하였는데, 가난하고 어렵게 지내는 여성들, 결혼에 실패한 여성 등등을 모아 문맹퇴치와 함께 성경과 생활기술을 가르쳤다. 생계를 위한 방편을 제공했을 뿐만 아니라 무엇보다 하나님나라 복음 전하는 용사들로 훈련하며 지도하였다. 이일 출신의 소위 전도부인들은 광주와 전남 시골 구석구석을 다니며 사람들에게 복음을 전하며 생명과 소망을 일으켰고 교회와 가정과 지역사회를 새롭게 일으켰다.

이일학교 출신들은 여전도회와 교회의 주력특공대였다. 로이스 니일(Lois Neel)의 헌신으로 양림동 콤파운드 내에 학교 건물이 생기자 학생들은 기숙사에서 함께 먹고 자며 공동체 생활 훈련을 하며 진실로 예수님의 제자들로 거듭날 수 있었다. 예수님의 제자 70여명이 곳곳에 파송되었던 것처럼 이일 출신들은 호남 지역 일대에 훈련된 제자들로 사역자들로 흩어져 교회를 세우고 하나님나라를 일궜다. 목사 사모부터 시작해서 전도사로 전도회 회장과 임원으로 유치원 교사로 간호사로 산파로 그들은 신여성 운동의 선두에서 활약하였다. 전라도와 제주 지역까지 두드러진 활약상을 보이는 교회 여성가운데 유독 이일 출신들이 참 많았다.

여전도회는 어떤 직책을 교단이나 지방색에 의해 나누기보다 연합정신이 살아있는 표본이라고 할 수 있는 운동체로 성장해 나갔다. 조력회는 회비를 납부할 능력에 관계없이 여자 교인이면 누구나 자동적으로 회원이 되도록 했다. 조력회는 여성도들의 영적 발전을 도모하고 전도사업과 자선사업에 관심을 가지며 국내외 전도사업, 지역사업, 종교교육, 빈민구제사업, 한센병자 돕기, 젊은층 지도 등 총회가 하는 모든 분야에 기여하도록 교육하였다(양국주, "여전도회 하나님의 나팔수).

부인조력회, 뒤이어 여전도회로 이름이 바뀌며 오늘에 이르도록 교회의 여성들이 이룬 귀한 헌신과 값진 성과는 너무도 많고 값지다. 100년의 역사를 눈 앞에 둔 전남 여전도회. 50년대 이후 분열된 장로교단으로 같은 이름을 쓰는 여전도회연합회 역시 각 교단별로 많이 분화되어 있지만, 초기 선배들의 뜻과 의지를 이어 충성 다하고 있다. 그저 작은 열심을 부릴 뿐이다. 작은자의 헌신. 제자 도르가처럼.

광주 10

뒷 골목 그늘에도 한 줌 햇살을

　광주의 황금동과 대인동 일대는 수십 년 전만 해도 불명예스런 동네였다. 지금은 도시환경 정비사업으로 새 상가 건물들이 단정하게 들어서 옛 홍등가의 흔적이 사라졌지만, 소위 윤락여성들에 의한 사창가가 있는 곳이었다.

　1900년대 초, 조선을 침략하던 일본이 정략적으로 창기를 앞세워 유곽을 형성하였고, 광주에도 공창지대를 만들었다. 광주에 철로가 놓이고 역이 생기자 주변에 술집을 비롯한 유흥 산업이 발전해 갔다. 광복 후 미 군정기에 '공창'은 없어 졌으나, 이번에는 '사창'이 그 자리를 대신 하였다. 광주 옛 역과 버스 터미널이 있던 대인동 지역에 숱한 여관이 생기고 홍등가, 혹은 적선지대로 불리는 집창촌이 이어졌다.

　이들 윤락산업의 활성화는 숱한 어린 여성들의 생명과 인권을 댓가로 삼았다. 개인의 삶과 인격이 박탈되고, 모진 삶의 그늘에 시달려야 했다. 일제때 공창이 있을 때는 서서평 등 외국 여성 선교사들 중심으로 공창 폐지 운동과 함께 윤락 여성들을 돌보는 사역이 시작되었고 50-60년대에는 유화례, 카딩턴 선교사 등이 열심을 내었다.

　1962년 정부의 윤락여성 방지 대책과 함께 전라남도는 광주YWCA 조아라 여사에게 이 일을 떠맡겼다. 이미 '호남여숙'과 '성빈여사'를 운영하면서 지역의 청소년들과 불우한 계층에 대한 사업을 힘에 부치도록 하고 있던 터였고 빚도 많이 지고 있는 상황이었다. 기존의 하는 일도 너무 무거웠기에 더하여 일을 또 벌리고 남 좋은 일만 한다는 것은 지극히 인간 밖의 일이고 상식에서 벗어난 일이었다. 받은 은혜대로 세상을 위해 사회를 위해 열심히 헌신하고 봉사한답시고 몸부림치는 삶이지만, 너무 고되고 슬프기도 하고 한편으론 뭔가 모를 분노와 화가 치밀기도 했다.

새 희망과 삶의 꿈자리, 계명여사

그럼에도 조아라는 하나님께 기도하며 양림동의 선교사들을 찾아 도움을 요청하여 보았다. 드와이트 린튼(인도아) 선교사가 옛 사택을 내어 주기로 해서 전남도청에서 내준 19만원과 여타 돈을 합쳐 전세계약을 하였다. 부족한 것은 사채를 얻어 쓰며 또 이렇게 새 일을 벌이기 시작하니 조금씩 힘도 생기고 선한 의욕도 일었다.

생각해 보면 하나님의 뜻하심을 사람이 즉시 깨닫는다는 것은 어렵기때문에 우린 순간 못한다고 바둥거리며 슬퍼하고 낙심하는 것 같다. 우리의 계명여사 사업도 사실 하나님께서 미리 예비하신 것이고 뜻하심이었다고 생각한다. 아무리 힘들고 어려운 일일지라도 선한 사업을 위해 애쓰면 결코 외면하지 않으시고 선으로 인도하시는 하나님이시며 나는 나대로 늘 그 하나님을 든든히 믿고 있었기에 남들이 무리라 하며 말리는 일도 감행하지 않았나 생각이 든다(조아라 선생).

집이 마련되자 전남도에서는 여성들을 수십 명씩 데려 놓았다. 그냥 떠맡긴 것이다. 한편으론 기가 막히고 엄두도 안났지만 할 수 있는 대로 최선으로 돌봐야 했다. 그런데 그 여성들은 들어오면 얼마 있지 않아 다시 윤락가로 돌아가곤 했다. 그때마다 포주들에게 돈을 주고 다시 데려오곤 했는데, 그 상당한 빚을 유화례 선교사가 대신 부담하기도 했다.

> 우리 나름대로 최선을 다해 돌봐야 했다. 이불 한 채도 없어 일신방직 김
> 형남 사장님께 부탁하니 솜을 100채 분을 주어 이불을 만들어 주었는데 그
> 애들은 나가고 싶어서 집을 때려 부수는 것이다. 서로 쥐어 뜯고 싸우는
> 것은 물론 벽까지 뚫어 버리는 것이다. 바깥에서는 포주와 팸프들이 나오
> 라고 악을 쓰며 난리였다. 하루에 20명도 나가고 15명도 도망가곤 하였다.
> 그러면 우리는 다시 황금동에 가서 포주들에게 돈 주고 찾아 오기도 하였
> 다. 그 돈은 주로 유화례 교장님께서 대셨다(조아라 선생).

계명여사에서는 매일 아침 예배를 드리고 한글 공부와 직업 교육이 병행되었다. 양재, 미용, 편물, 타자 기술을 익히고 여러 취미활동도 벌어졌다. 밤에도 야간학교를 열어 성경을 기초로 국어, 산수, 영어, 지리, 가사, 음악, 생리, 역사 및 일반 교양등 초중등과정의 학습이 이루어졌다. 직업 자활 과정으로 양재와 편물부를 두어 일반인들로부터 주문을 받아 수익을 얻게 하였다.

초창기 2년여 만에 모두 291명의 여성들이 시설에서 지내며 새로운 삶과 꿈을 개척했다. 의지력을 가지고 양재와 미용 등에서 실력을 키워 취업하거나 자기 집으로 귀가하기도 하였다.

1963년부터 35년여를 광주의 윤락 여성과 가출 청소년 선교에 헌신한 이는 이일학교 출신의 박현옥 전도사다. 박 전도사는 거의 매년 500여 명에게 전도하며, 100여 명의 가출 여성을 귀가 조치했고, 취업 알선과 보호, 상담, 결혼을 통해 가정을 이루게 하는 등으로 선도하였다. 1981년 전남여전도연합회총회 보고에는 가출자 84명 귀가 조치, 14명 계명여사(윤락여성 수용소) 입사, 7명 취업알선, 가출 청소년 미아 104명 선도, 그리고 29명에게 상담한 것을 볼 수 있다.

잃은 양 한 마리를 찾아

박 전도사는 이미 윤락산업의 뒷그늘에 있는 여성들을 위한 사역 뿐만 아니라, 미리 예방하기 위한 사역에도 힘을 기울였다. 집을 나와 거리를 배회 방황하는 청소년들은 언제든 위험에 처할 수 있었기 때문이다. 그녀의 하루 하루는 자신이 어디로 가고 있는 지도 모른 채 불행한 길로 치닫는 양 한 마리를 되찾는 일로 채워 졌다. "너희 생각에는 어떠하냐? 만일 어떤 사람이 양 백 마리가 있는데, 그 중의 하나가 길을 잃었으면 그 아흔아홉 마리를 산에 두고 가서 길 잃은 양을 찾지 않겠느냐(마 18:12)." 그래서 박 전도사는 조금의 쉴 여유도 태평하게 누릴 수 없었다.

무더운 여름 방학 기간, "전도사님, 좀 쉬셨어요?"라고 여쭤 보면, "내가 없는 동안에 한 아이라도 기차 타고 가버리면 어떻게 해?"라고 하시면서 여전히 광주역 앞을 지키셨다. 전도사님은 언제든 광주역 앞에서 어슬렁 거리는 아이들이 있으면, 그에게 다가가 학교가 어디고 집이 어디인 지 물어서, 전화를 걸어 학교 선생님이나 부모가 오기까지 붙들고 설득하며 복음을 전하셨다. 그 당시 가출한 아이들 대부분은 역에서 기차를 타고 서울로 가는데, 영락없이 윤락가나 유흥가로 빠지기 십상이었다. 이를 사전에 막아 귀가 시키는 일은 참으로 귀한 일이며 생명을 구하는 일이나 다름 없었다(김태완 목사).

계명여사 직업보도관 미용반 강습(광주YWCA 85년).

하나님 은혜따라 그늘진 인생 극복하고 회복하며 새로이 가정과 사회에 나왔지만 세상의 편견과 냉대는 엄혹하였기에 또한 고통의 세월이었으리라. 현대 우리 한국사회는 많은 영역에 걸쳐 혐오와 배제 너무도 강하게 도사리고 있다. 세리와 함께 유독 창녀들을 챙기시며 함께 한 자리에 앉아 식사도 하고 마시기도 하며 코이노니아 이루셨던 예수 그리스도. 오늘 그를 믿고 따르기로 한 한국교회와 성도들이 보다 포용과 선한 행실을 잇고 이어야 하지 않겠는가. 어둠의 뒷골목에 햇빛이 들어서야 하듯 습지고 음울한 현장에 따뜻한 손길 내밀며 다가서는 열심. 분발할 수 있기를!

광주 11

옥에 갇힌 자를 돌보며

2019년 광주 문흥동에 있는 옛 교도소에서 신원을 알 수 없는 다수의 유골이 발견되었다. 5.18 민주화운동 희생자로 추정된다. 80년 5월 신군부는 광주 시민의 민주화 의지를 총칼로 진압 살상하였고, 시신들을 곳곳에 암매장하였는데, 그 일부가 드러난 것으로 보인다.

당시 계엄군은 광주 외곽의 요소마다 주둔하고 있었는데 이곳 교도소 역시 마찬가지였다. 광주의 교화 시설은 1908년 대한제국 시절에 '광주감옥'이라는 이름으로 충장로 옛 학생회관 골목길에 처음 생겼다. 1912년 동구 동명동으로 옮겨서 1923년 '광주형무소', 1961년에는 '광주교도소'로 개칭하였다. 1971년 문흥동으로 교도소를 새로 짓고 이전하였었다. 이곳에서 70,80년대 많은 민주 인사들이 수감되어 고문을 당하였다. 5월 민주화운동 때 역시 숱한 시민들의 희생과 참상이 벌어졌고 묻혀 있었던 터다. 광주교도소는 2015년 삼각동으로 건물을 신축하여 옮겨갔다.

1949년 7월, 주일 오후에 나는 노라복 선교사 내외와 함께 교도소에 가서 예배를 드렸다. 노라복 선교사가 설교를 했는데, 재소자들 가운데 약 4백 명 가량이 참석했다. 그곳에는 1,500명이 수감되어 있는데, 모두 남자들

뿐이다. 여자들은 전주의 특별감호소로 보내진다. 강당은 정원이 4백 명이기 때문에 주일에 오전과 오후에 각각 한 번씩, 두 번의 예배를 드린다. 거의 모든 수감자들이 청년들이고, 중년이 된 자들은 별로 없다. 내 생각에 그곳에 있는 사람들은 공산주의자이기 때문에 구금된 것 같다. 그들 중 어떤 이들은 나쁜 친구들을 따라 다니다 유죄 판결을 받았을 것이다. 그들은 영양도 충분해 보였고 깔끔했다. 인상들이 거의 다 환한 것을 보고 자못 놀랐다. 그들 대다수는 십중팔구 러시아인들의 꼬임에 빠져 자기들이 옳은 일을 하고 있는 줄 착각하는 것이 틀림없다. 서울 인근이나 삼팔선 부근보다 이 지역 공산당원들이 더 열성적으로 활동하는 것 같다.

노라복 선교사는 그들에게 요한복음 3:16을 본문으로 하나님의 사랑에 대하여 설교를 했고, 그들은 주의 깊게 경청했다. 그곳에는 그들의 위해 사역하는 훌륭한 목사님이 계신다. 나는 그 분이 그들을 위해 큰일을 하고 계신다고 믿는다. 그들을 위시해서 도처에 독방에 수감되어 옥고를 치루고 있는 자들을 생각하면 가슴이 메어진다. 그들은 라디오도 없고, 편지도 주고 받지 못해, 바깥세상과는 아예 차단되어 지낸다(도마리아).

교도소 교화 사역은 해방이후 다시 광주를 찾아온 선교사들로부터 시작되었다. 1949년 도마리아 선교사가 노라복과 함께 교도소를 찾아 예배 드리며 재소자들을 돌보았고, 이후 유화례 선교사가 오랫동안 꾸준히 섬겼다. 1971년까지 그들에게 삶의 의지를 북돋아 주고 하나님께로 향하는 신앙을 깨우쳐 주기 위해, 거의 매주 수인들을 만나며 기도하였다. 주일마다 하는 성경공부에 1백 명 이상이 모이기도 했으며, 재소자들이 회개하고 밖에 나갔을 때 새 생활 할 수 있도록 도와 주기도 했다.

재소자 교화 선교에 힘쓰다

1970년대 이후에는 광주제일교회 황순자 권사와 함께 류차복 전도사가 교화 선교에 헌신하였다. 류차복은 1925년 6월 16일 영광 연성리에서 태어났다. 아버지 류봉기 씨는 과수원을 경영하는 부농이었는데, 1919년 영광 3.1만세 사건 참여 등 독립운동을 하였다. 류차복은 1949년 고창 출신의 정귀석과 결혼하였으며 1950년 고명딸 정혜진을 낳았다. 6.25 전쟁으로 인해 그만 남편이 행방불명이 되버렸고 류차복은 딸을 데리고 고향 영광 친정으로 돌아와 지내던 중 기독교 신앙을 접하며 영광읍교회에 출석했다.

그녀는 유화례 선교사의 후원아래 1960년 3월 이일성경학교를 23회로 졸업하였으며 목포 복음교회를 시작으로 신안 비금, 장성과 화순 지역의 교회를 맡아 전도사 사역을 시작했다. 1965년 전남여전도연합회 순회전도사로서, 광주 전남 일원의 여러 지교회를 찾아 방문하여 여전도회 중요성을 일깨우고 격려하며 조직하는 일에 4년여 헌신했다. 1970~80년대에는 광주제일교회, 담양읍교회, 대인교회 등지에서 전도사로 사역하면서 동시에 교도소 선교와 은퇴 여교역자들의 공동체인 이일 성로원 사역을 병행하였다.

류차복 전도사가 뇌졸중으로 건강에 어려움을 겪은 1994년부터는 김태완 전도사가 사역을 계승하여 수고하고 있다. 이미 1980년대 중반부터 류 전도사를 돕던 김태완은 특별히 재소자들의 가족들을 챙겨주는 일에도 열심이었다. 감옥에 갇혀 지내는 여성 재소자들은 가족들의 안위가 늘 걱정이었다. 이들의 고충을 조금이나마 챙겨주려고 류차복, 김태완 전도사는 가족들을 찾아 심방을 가기도 했다.

광주교도소 선교에 힘쓴 류차복 전도사

1997년 목사 안수를 받은 김태완(1950~)은 2009년에는 교도소 여자 사옥에 예배 처소를 세워 햇살교회를 세웠다. 그간 동역자들이 늘어 지금은 권은주 목사, 유행열 목사, 김수성 집사, 이민숙 전도사 등이 함께하고 있다. 여타 지역교회와 여전도회의 지원과 협력아래 햇살교회와 김태완 목사는 재소자를 위한 정기예배와 떡과 음료 등의 간식 봉사는 물론, 때로는 생필품 지급도 한다. 1년 2회 세례를 베풀기도 하며, 성경읽기와 쓰기 등의 훈련을 통해 삶의 변화를 보이는 재소자들도 많았다.

교도소 선교는 재소자 뿐만 아니라 교도관들에 대한 것도 있다. 빌립보 감옥의 문을 바울과 실라가 찬송으로 열자 놀라 하며 간수가 예수믿고 회심하였듯이, 교도관에 대한 선교와 섬김 또한 중요한 사역이다. 교도관을 선교의 동역자요 협력자로 세울 수 있다면, 재소자에 대한 선교 사역이 효과있으리라. 광주교도소 경비 교도대원들을 위한 예배 역시 매주 정기 열리며, 각종 절기에 맞는 친교 시간을 갖고 있다.

교화 선교는 재소자에 대한 하나님의 용서와 사랑을 발견케 해야 한다. 이 사역으로 인해 재소자로 하여금 영적 회심을 통한 자존감 회복과 건강한 모습으로 사회에 다시 나올 수 있게 해야 한다. 한 개인의 변화와 함께 가정과 사회를 회복하고 바꿔가는 중요한 선교사역이기에 교회 사역의 관심과 애정이 참으로 필요하다.

광주 12
이북에서 내려와 광주와 결혼하였습니다

　세상 대다수 사람들이 곤히 잠들어 있는 새벽 2시, 누군가가 소리를 지르며 잠을 깬다. "지금 산모가… 아이가 나올려고 해요 빨리 좀 가 주세요." 급박한 도움 요청에 얼른 자리를 박차고 옷을 입으며 왕진 가방을 챙긴다. 얼크러진 긴 머리를 다듬느라 조금 지체하더니 이내 환자의 집으로 급히 달렸다.

　그러나 안타깝게도 그만 임산부와 아이 두 생명의 목숨이 그 사이를 기다리지 못했다. 의사는 그날 일로 머리를 짧게 잘라버리고 다시는 머리를 기르지 않았다. 의사가 생명이 위급한 환자를 두고 사소한 머리 손질 하느라 지체하다, 한꺼번에 두 생명을 잃게 한 것에 대한 자책과 반성이었다.

　현덕신. 그녀는 1896년 황해도 해주에서 출생했다. 기독교 가정의 1남 2녀의 막내로 평생 특유의 단발머리 모습으로 모든 사람들에게 독특한 이미지를 남겨 주었지만, 병원에서는 환자들에게 더없이 자상한 의사였다. 가난한 부녀자와 어린이 진료에 헌신하였으며, 그와 더불어 여성들의 자립과 자각을 일깨우며 야학을 통한 문맹퇴치와 계몽운동에 앞장선 운동가였다.

　선각자였던 부친과 오빠 현석칠(감리교신학대 1회 졸업, 서울, 평양, 공주와 용정에서 목회하며 독립운동)의 영향으로 현덕신도 일찍 개화에 눈을 떴다. 서울 이화학당을 거쳐 일본 도쿄여자전문학교에서 의술을 익혔다.

1919년 2월. 일본 동경기독청년회관에서는 1919년 3.1만세운동의 첫 신호탄이 되어준 '조선청년독립단'이 발족하게 됐다. 그녀 역시 조국을 위해 일 해야겠다는 각오로 2개월 학비에 해당하는 큰 돈 40원의 자금을 지원하고, 조국 광복을 소원했던 유학생들과 뜻을 모아 사기를 북돋았다.

그녀는 학업을 마치고 귀국하였고, 동아일보 기자로 근무하던 최원순을 만나 1923년 27세에 결혼하였다. 이미 동경에서 같은 유학생으로 알고 지내던 터였다. 그러나 최원순 기자는 일제에 의한 지난 날의 고문으로 인해 지병이 심화되었고 결국 고향인 광주로 내려왔다.

무등산 증심사 계곡에 작은 집을 짓고 최원순의 호를 따 '석아정'이라 이름했다. 후에 최흥종 목사가 사용하며 '오방정'이라 했고, 의재 허백련에게도 이어져 '춘설헌'으로 현존하고 있다. 현덕신은 남편 최원순을 간병하며, 광주 동구에 개인 병원을 내고 환자들을 진료했으며, 여성운동과 노동야학 등도 펼쳤다. 이들 부부의 아들 최상옥과 며느리 위현옥은 현덕신 병원 옆에 신성유치원을 세워 운영하였고, 손자 최영훈은 화가로서 조선대학교 교수를 지냈다.

광주에서 만개한 소래 출신의 기독교 가문

김필례와 김마리아, 고모와 조카 사이인 이 두 여성은 일제와 해방이후 격동의 시기에 독립운동과 여성운동 분야에 단연 탁월한 족적을 남겼다. 개화기 이후 광주 지역은 물론 한국 사회에서 가장 훌륭한 여성 지도자로 추앙되는 운동가요 교육자였다.

김필례는 미국 컬럼비아 대학원을 나온 재원으로 광주에서 수피아학교 교사를 지내며 여성운동과 독립운동을 병행하였다. 1937년 신사참배 거부로 학교가 폐쇄되는 상황에서도 일제의 회유와 협박을 거절하고 피하느라 고초를 겪었다. 당대 소위 신여성으로 불리는 다수가 일제에 굴복하여 부역하고 어용노릇을 하던 때, 그녀는 끝까지 지조를 지키던 몇 안되는 지도자였다.

1950년 전국여전도회 회장으로서 미국여전도회 총회에 참석하던 중 6.25 소식을 들었고 남편의 죽음도 듣게 되었다. 충격과 슬픔이 많은 상황에서도 전쟁으로 인한 고국의 현실을 미국 교회와 교포들에게 호소하며 구호물자를 모아 한국으로 보내기도 했다.

큰 오빠의 막내딸로서 같은 나이였던 조카 김마리아는 수피아학교 선생 재직중 일본 동경에 유학하였고 여기서 2.8 독립운동에 참가했다. 일경에 붙잡혀 모진 고문을 당했음에도 상하이 등지를 다니며 독립운동을 펼쳤고 원산의 마르다 윌슨 신학교에서 강의하던 중 고문 후유증으로 광복을 1년 앞두고 그만 세상을 떠났다. 도산 안창호 선생은 김마리아와 같은 여성 10명만 있었다면 한국의 독립이 빨리 왔을 거라고 말했고, 춘원 이광수는 그녀를 기념하는 시 "누이야"를 써서 많은 이들에게 회자되고 있다.

광주 청년과 결혼하고 광주에서 일하며 조국의 독립운동과 교육운동 펼친 김필례, 김마리아. 그녀들의 가족은 한국의 첫 교회 황해도 소래교회 출신들이다. 그 집안은 130년 넘는 한국 기독교 역사에서 단연 첫 손 꼽히는 기독교 명가다. 소래교회의 기둥 김성담 집안의 9남매, 그리고 그 손주대대에 이어지는 수십여명은 참으로 한국 기독교사에 빛나는 보석같은 존재들이다.

서상륜 서경조 형제에 의해 전도되고 개척된 우리나라 최초 기독교 공동체 소래교회. 황해도 장연군 서해안 바닷가에 위치한 솔내 마을과 교회의 지도자는 좌수로 불리는 김성담(성섬)이었다. 그는 첫째 부인에게서 3남의 자녀(외동딸은 일찍 죽었다)가, 재혼한 부인 안성은과의 사이에 2남 4녀가 있어 모두 5남 4녀의 아홉남매가 있었다. 그 자녀들과 배우자, 초기 기독교 집안들로 맺어진 혼맥과 친인척의 고리는 참으로 귀하고 값지다. 서방 기독교 국가에서도 흔치 않을 것이다. 김성담의 9자녀들을 소개한다.

1. **첫째 아들 김윤방** : 부인 김몽은과의 사이에 세 딸을 두었다. 첫딸 김함라는 수피아학교 재직시 숭일학교 교사로 있던 동료 남궁혁과 결혼하였다. 남궁혁은 이후 미국 유학하여 한국인으로는 최초 신학박사 학위를 취득하고 귀국하여 평양신학교 교수를 지냈다. 둘째딸 김미염은 세브란스를 6회로 졸업한 방합신이 남편인데 그는 서양 근대의학이 대세로 흐르는 당시에 전통 한의학의 중요성을 강조하였다. 셋째딸은 앞에 소개한 김마리아로 미혼이었으며 수피아학교 교사 출신으로 광주를 사랑하며 조국의 독립을 위해 열정을 불살랐던 독립운동가였다.

2. **둘째 아들 김윤오** : 서우학회와 서북학회 등을 조직해 애국계몽운동을 전개했으며 부인 김경애와의 사이에 딸 세라가 있었다. 사위로 얻은 이가 동향 소래 출신이며 세브란스 의전 출신인 고명우인데 그들에게서 낳은 자녀 고황경은 서울여자대학교를 세웠다.

3. **셋째 아들 김윤렬** : 소년 시절에 일찍 사망하였다.

4. **넷째 아들 김필순** : 첫 부인이 죽자 재혼하여 얻은 안성은과의 사이에

서 낳은 아들이다. 필순은 세브란스 1회 출신으로 한성의 풍운아로 불렸다. 안창호, 김구 등과 함께 신민회를 결성했으며 만주에서 독립군 주치의를 하며 함께 독립운동을 하였다.

5. **다섯째 아들 김인순** : 경신학교 재학중 물에 빠진 친구를 구하려다 익사.

6 **첫째 딸 김구례** : 남편이 서병호이다. 소래마을에 복음을 전했던 서경조의 큰아들이었던 병호는 우리나라 최초의 유아세례자로 언더우드에게서 수세했다. 상하이에서 신한청년당을 결성하고 임시의정원 활동을 하였다.

7. **둘째 딸 김노득** : 남편이 광주 향사리(서현)교회를 1933년부터 담임한 양응수 목사였다. 양응수 목사 여동생 양응도는 남편이 김창국 목사였으며 그의 아들이 양림동의 시인 김현승 장로였다.

8. **셋째 딸 김순애** : 상해 임시정부 외무부장을 지내며 독립운동하였던 김규식 선생이 남편된다. 김순애도 독립운동에 함께 했으며 한국부인회와 대한적십자사 활동도 하였다.

9. **넷째딸 김필례** : 김성담의 막내 김필례의 남편은 전남 초대 도지사를 지낸 최영욱 박사였고 시아주버니는 광주의 성자라는 최흥종 목사였다.

간단히 적어 보았지만 김윤방의 9남매와 세 손녀딸, 그리고 직계와 방계로 이어지는 혼맥과 친인척은 실로 대단하게 여겨진다. 무엇보다 그 딸과 손녀들이 광주의 청년과 혼인하며 광주를 시댁으로 취한 사실은 예사로운 일이 아니다. 둘째 부인 안성은 성도의 각별한 인연이 비롯되었다.

오웬 선교사는 조지아나 휘팅 선교사를 아내로 맞아 1900년 결혼하였다. 미 남장로교 소속으로 목포에서 사역하던 총각과 미 북장로교 소속으로 서울에서 사역한 처녀 조지아나 휘팅의 결합이었으니 선교 현장에서의 멋진 결합, 남남북녀의 조화였다. 휘팅이 남편 사역지를 따라 목포로 내려왔고 1904년 함께 광주로 옮겨 사역하였다. 그런데 휘팅이 처녀시절 서울에 있으면서 종종 소래까지 찾아가 복음전하며 교제나눌 때 친했던 안성은 성도가 휘팅이 멀리 시집가자 자신도 따라 나서 남도에 내려와 살았다. 어머니 따라 나선 딸들과 함께 남도 광주에서 새 인생을 시작한 것이다.

딸과 손녀들이 광주에서 지내고 일하며 광주의 청년을 만나 결혼하고 함께 신앙과 조국의 독립, 사회 운동에 열심히 나서게 된 것이다. 사람이 일부러 하기에도 쉽지않은 혼맥과 가족 구성원들의 한결같은 헌신과 충성, 가히 하늘의 섭리가 크고 컸었기에 이루어진 멋지고 아름다운 이야기다.

나는 광주와 결혼하였지요

광주 기독병원(옛 제중병원)은 1905년에 미 선교사에 의해 개원할 때부터 많은 환자를 치료해 왔으며, 일제 말기 강제 폐쇄 되었다가 1951년 카딩턴에 의해 다시 문을 열고 숱한 광주, 전남의 환자들을 치료하여 왔다.

1950~60년대 우리나라 어디에든 폐결핵 환자들이 넘쳐났을 때, 이 병원에는 국내 유일한 여성 결핵전문의 여성숙 선생이 있었다. 환자들 사이에서 여 선생은 치료 잘 해주고, 덕망까지 높은 참으로 훌륭한 의사로 평판이 자자했다.

제중병원에는 가난한 이들을 위한 무료 병동이 따로 하나 있었다. 그곳에는 이렇다 할 치료비가 없어 제때 진료받지 못한 여러 환자들로 늘 북적거렸다. 특히 결핵 환자는 가족이 있어도 보호자가 되어 주거나 옆에서 돌봐줄 수가 없었다. 전염성이 강하고 빨리 죽지도 않는 병이 결핵인지라, 가족들이라도 멀리할 수밖에 없고 간호할 수도 없었다.

가족도 지켜주지 못하고 돈도 없는 가난한 결핵환자들을 치료해 주며 무료로 대해 주던 이가 여성숙 의사였다. 무등산 요양원에 150여명을 포함해 광주 일대 450여 환자들이 정기적으로 병원을 찾아와 약을 타다 먹었다. 그럴때면 여 의사는 언제나 친절히 대하며 약은 물론 필요하면 그들에게 생활비도 줬으니, 환자들에겐 어머니요 가족이었던 것이다.

황해도 송화 출신의 의사 여성숙 선생. 평생 미혼으로 환자들을 돌보며 병자들을 치료하는 일에 일생을 바쳤으니 광주와 결혼하고 목포와 남도가 시댁 아니었으리.

함경북도 출신의 전복려 권사도 있다. 해방 직후 광주여고 교사를 지냈으며 같은 이북출신으로 광주에 와서 의사로 일하던 현덕신 등과 함께 애국부인회 활동에 열심을 내었다. 특별히 교회 여전도회 운동에 더욱 헌신적이었다. 1953년부터 1969년까지 17년 간을 연속으로 전남여전도연합회 회장직을 맡아 수고했는데 90년 역사에 전무후무한 기록이리라. 그녀가 재임하는 동안 장로교단이 분열하며 혼란스러웠는데 특유의 리더십과 결속력으로 연합회 혼란을 최소화하며 오늘의 전남여전도회 중간 고리를 잘 다졌다.

찾자면 얼마든지 많은 여성들이 있으리라. 광주라는 타지에 결혼 등의 이유로 들어와 지내며 가정을 꾸리고 교회를 섬기며 하나님나라의 은혜에 걸맞게 충성하며 헌신한 여성들. 그들로 인해 오늘 광주가 더욱 빛나 보인다.

광주 13

새로운 부르심 앞에서

예장통합 전남여전도연합회 실행위원회(2015년 1월)

2014년 대한예수교장로회(통합) 전남여전도회연합회(회장 : 송정효)는 광주 시내 30여 지교회 여전도회와 곡성, 나주동부, 나주서부, 화순동부, 화순서부연합 여전도회, 그리고 교도소여사, 장애인복지관, 전대병원, 조대병원, 고룡정보학교 기관 교역자 등으로 구성하고 있으며 총 4,000여명의 회원들이 있다. 연 예산은 78,500,000원이며 세입 내용은 회비 43,080,000

원, 당석헌금 20,200,000원, 총회수입 8,720,000원, 잡수입 6,000,000원 이월금 500,000원 등이다.

실행위원회는 회장을 비롯한 부회장, 총무, 서기, 회계 등 임원단과 증경회장들로 구성된 기획연구부, 규칙부, 국제선교부, 국내선교부, 교육부, 사회부, 작은자복지부, 재정부, 지회지도부, 음악부, 섭외부, 문화부 등 12개 부서와 감사, 전회장단, 은퇴협동총무, 그리고 특별위원회로 공천위원회와 장학위원회를 두고 있다.

주요 사업으로는 국외선교로 모리타니아 권경숙, 중국 우루무치 구승희, 러시아 우스리스크 김바울, 태국 최송근, 뉴질랜드 최성호, 남아공화국 양형필 선교사 후원, 국내선교는 군선교, 기독공보 등을 통한 문서선교, 병원과 교소도, 복지관 등의 특수선교, 기독교 방송선교, 농어촌의 미자립교회 후원과 영아, 자녀, 수연, 옥합 선교 사역 등을 했다. 교육사업으로는 지회 임원단 세미나, 실행위원과 지방임원단의 일일수련회, 그리고 여장로, 권사, 장로부인 세미나를 하였고 전국연합회 주최하는 여러 세미나에도 참여하고 함께하였다. 사회사업으로는 작은자 복지사역과 부활의집, 전남성노원 등 기관위문, 여성복지타운과 이주여성돕기 활동 등을 하였다. 기타 사업으로는 서울여자대학교와 호남신학대학교 기숙사 건축에 후원하였다.

지난 한 회기 동안 하나님의 사랑으로 서로를 이끌어 주며 함께 수고한 모든 회원들의 귀한 사랑과 정성으로 2014년 사역을 잘 감당해 왔습니다. 하나님의 귀한 사업 가운데 선교하는 일과 소외된 이웃의 아픔에 동참하며 정성 보내는 일이 귀했습니다. 특별히 지난해 세월호 사건의 아픔 이후, 팽목항에서의 봉사가 기억에 남습니다. 지금도 여전히 가족을 찾지 못해 가슴으로 울고 있는 그들이 생각납니다. 지속적으로 더 함께하지 못해 참 미안합니다. 또한 쿠바에 성경보내기 운동에 동참해 주신 회원들의 협력에 감사드립니다. 앞으로 우리 여전도회가 더욱더 하나님 주신 새 힘으로 은혜 풍성하길 소망하며 우리 시대의 선교적 사명에 더 충성하는 우리 모두가 되길 소원해 봅니다(송정효 회장).

생명의 역사와 상처, 함께 성장한

돌아보면 일제와 6.25 상잔, 그리고 민족의 산업화 발달과 민주주의 시대를 연 지난 세월 동안 선교사들에 의한 복음의 역사와 함께 여전도회 역시 지난한 생명의 역사를 이어왔다. 1922년 12월 22일 서서평에 의해 부인조력회가 창설되고, 이후 전남 각지에 지교회와 함께 지역별 조력회를 조직하여 활동하기 시작했다. 일제말기 신사참배 반대 운동을 전개하면서 부인조력회 기능이 약화되긴 했으나, 해방이후 1945년 10월 전남조력총회가 재조직되었다. 이듬해 1946년 7월 1일 목포연합회가 분리되었다. 그러나 1951년 기장과 예장으로, 1959년에는 합동과 통합으로 장로교총회가 분열하면서 여전도회도 서로 갈라서야 하는 아픔도 있었다. 여전도회 규모도 다소 약해졌으나 이후 60,70년대 성장과 발전으로 1987년 4월 또다시 광주노회와 분리됨으로 여전도회도 전남연합회와 광주연합회로 분립하였다.

전남여전도회연합회는 1960년 총회시 회기를 36회로 추산 결정하여 지난 2014년 90회기에 이르렀다. 90회기 역사에서 수많은 믿음의 일꾼들이 임원으로 수고하며 충성하였다. 특별히 전복려 회장은 1953년부터 1969년까지 17년을 최장수 회장으로 섬겼다. 이후 3선 연임 금지 조항으로 대부분 역대 회장과 임원들이 2년씩 임기를 중복해 왔으며, 2009년부터 규칙을 재수정하여 한영순 회장 때부터 단임제로 시행하고 있다.

전남여전도회 총회는 최근들어 무박 2일로 진행하고 있으나 수 십년 전만 해도 3~4일, 심지어 4박5일간 진행하기도 했다. 여전도회가 보관하고 있는 가장 오래된 총회 자료집, 1973년의 49회기는 4월 17일(화)부터 21일(토)까지 4박5일간 이루어진 것을 볼 수 있다. 당시 총회 장소인 광주제일교회당에서 아침에는 찬송과 성경공부, 오후에는 회의 진행, 그리고 저녁에는 사경회로 열었다. 각 지회에서 참여한 수 백여 여전도회 자매들이 5일간 함께 먹고 자며, 말씀을 배우고 하나님나라 일을 하며 하늘나라 공동체를 이룬 것이다.

천국은 침노하는 자의 것이라 하였다. 그것은 이 땅의 모든 죽어가는 생명들을 살리는 일이다. 굶주린 자에게 먹을 것을 주고, 질병에 괴로워하는 자를 치료하며, 어렵고 곤란에 처한 이들에게 물질을 나누며 섬기는 일이다. 교회를 세우고 주의 일꾼들을 섬기는 일부터 가난하고 병든 이웃을 향해 구제의 손길을 펼치며 신음하는 창조 생태계를 지키고 보존하는 열심 등등, 하나님이 우리에게 주신 많은 은총들을 남들과 함께 누리고 펼치므로 모두가 기뻐하고 행복한 새 세상을 일구는 책임이 하나님을 따르는 공동체에 있다.

이를 위해 믿음의 여성들은 마음, 건강, 시간, 물질 등 모든 것을 전적으로 하나님께 헌신한다. 오래 전 돈이 없을 땐 '성미'를 통해서, 건강이 있는 한 '날 연보'를 통해서 있는 정성을 다해 충성하였다. 오늘 여전도회도 충실히 회비와 선교헌금, 당석헌금, 각종 절기 헌금과 특별 헌금을 지속적으로 기쁘게 드려, 이 물질로 교회를 세우고 해외 선교를 하며 이웃과 세상을 보듬고 치유하는 일에 귀하게 사용하고 있다.

여전도회 90년사, '하나님의 나팔수'

전남여전도연합회는 지난 2015년 2월 90년의 역사를 담은 자료집을 냈다. '여전도회, 하나님의 나팔수'. 호남기독교역사 연구에 탁월한 족적을 내뿜는 양국주 선교사가 집필하였다. 작가의 명성에 걸맞게 미국교회 부인회 소개로부터 시작해서 전남여전도회의 발생과 그간의 여러 발자취들과 열매들, 그리고 지금의 모습과 현황, 실행위원회 소개와 여러 데이터들, 역대 회장 대담, 그리고 노회 산하 각 지교회와 여전도회 등이 꼼꼼하고도 살뜰하게 560여 페이지에 걸쳐 소개되었다. 오래된 풍경을 담은 것부터 최근의 모습까지 여러 사진과 자료들이 예쁘고 정갈하게 담겨있고 깔끔한 디자인과 편집이 더해 참으로 멋진 역사 자료집이 되었다.

예수님의 공생애를 조력하고 섬기던 요안나, 수산나, 막달라 마리아, 그리고 사도 바울을 돕고 따르던 뵈뵈, 브리스가, 루포 어머니, 루디아... 숱한 여성들의 수고와 충성이 2천년 기독교 생명의 역사를 이어왔고, 광주와 전남의 120년 교회사에서도 서서평, 도마리아, 유화례, 박현옥, 류차복... 믿음의 선배들을 뒤따라 전남여전도연합회의 오늘이 있다.

2015년 발간된 전남여전도회 90년사, "하나님의 나팔수"

지난 90여년의 역사를 되새기며 이제 또 새로운 역사를 창조하고 섬겨야
할 책임이 주어져 있다. 맡은자의 구할 것은 충성이라 하였으니, 이전보다
더 겸비하고 겸손하여 수고로이 애쓰며 충성하므로 하나님나라의 거룩한
역사에 또다른 디딤돌을 올린다. 하늘의 거룩한 자매들이 함께하는 전남여
전도회연합회의 선교적 걸음 위에 하늘 은총 가득하리라. 주님 다시 오실
그날까지. 마라나타!

광주 14
양림동 기독교 여행

광주광역시 남구 양림동. 1904년 12월 성탄절. 목포에서 온 유진 벨과 오 웬 선교사가 이 지역에서부터 광주 기독교를 열었다. 115년여 흐른 광주 기독교 역사의 뿌리와 보고가 지금도 숱한 건축물과 기념비 등에 오롯이 남겨져 있고 지금도 생생히 잇고 이어가는 축복의 공간이다. 믿음의 선배 들, 그 귀하고 값진 숨결을 헤아리고 더듬으며 양림동 골목길 한 바퀴 돌아 보면 새삼 하늘의 은혜를 덧입고 우리도 그 복된 삶과 미션, 더하고 더하지 않을까나. 호남신학대학교 주차장에 차를 대놓고 학교와 선교동산부터 찾 아보며 골목길 사이 사이 양림동 순례길, 행보를 시작한다.

호남신학대학교 : 호남의 '라마나욧', 선지학교 호신대는 1955년 광주와 전라도의 사역자 양성을 위한 '호남성경학교'로부터 시작하였다. 1961년 광주야간신학교와 순천 매산신학교 등을 합쳐 '호남신학원'으로 확대하였 고 초대 원장은 티 브라운(George Thompson Brown, 부명광) 박사가 맡았다. 학 교 도서관 1층에는 부명광 선교사의 이름을 딴 '티 브라운'카페가 있다. 카 페 옆에는 가을의 시인 '김현승 시비'가 있고 학생회관 옆 잔디밭에는 5.18

당시 희생된 문영동 전도사 순교비도 있다. 학교 건물 앞에 작은 동산이 있는데 좀 가파른 계단을 올라가면 선교사들의 육신이 누워 있는 묘원이 있다. 전남에서 사역한 숱한 선교사들 가운데 1909년 첫 순직한 오웬 선교사 비가 맨 앞에 있고, 뒤로 유진 벨을 비롯하여 30여 묘가 있다.

선교사사택 : 선교동산에 묻힌 믿음의 숨결을 잔뜩 마신 후 맨 끝쪽에 난 산길의 계단마다 새겨진 옛 선교사들의 이름을 내려다 보며 조심스레 발걸음을 옮기면 선교사 사택들을 마주한다. 푸르고 넓은 잔디밭에 멋드러진 하얀색 건물은 윌슨 집이다. 미국에 약혼녀 헬렌을 두고 먼저 광주에 왔던 윌슨은 그녀가 곧 올 것을 기다리며 지은 그들의 보금자리였다. 그러나 목포에 있던 처녀 선교사 엘리자베스를 알게된 총각 윌슨은 광-목간을 불나

게 오가면서 연애한 끝에 베스와 결혼하였다. 고무신 거꾸로 신은 윌슨. 그의 신혼집 안주인은 베스가 차지한 것이다. 7남매를 낳고 지내며 1948년까지 40여년을 광주의 환자들 돌보며 사역했다.

윌슨 사택 밑으로 여러 채의 다른 선교사 집이 있다. 5.18 신군부의 헬기 사격을 증언했던 피터슨, 기독병원 치과원장 유스만(게스트하우스) 사택에 이어 양림동산의 또다른 상징 호랑가시나무를 지나 오솔길을 약간 올라가면 5.18 증언자로 기독병원 원목이었던 허철선(The 1904), 그리고 지금은 기독간호대학교 기숙사로 쓰고 있는 브라운, 인도아 사택들이 이어진다.

수피아학교 : 1908년 광주 선교부가 세운 소녀들을 위한 기독교학교다. 1911년 미국 스턴스 여사가 먼저 세상을 떠난 동생 스피어를 생각하여 헌금한 돈으로 3층짜리 회색 건물을 짓고 수피아홀이라 하였으며 학교 이름도 이때부터 수피아학교(Jennie Speer Memorial School for Girls)로 불렀다. 1929년 미국 여전도회가 보낸 헌금으로 지은 윈스브로우홀(Winsborough Hall), 1924년 텍사스 잭슨에 사는 커티스가 죽은 딸을 기념해 헌금한 돈으로 지은 커티스홀(Curtis Memorial Hall, 1955년부터 유진벨기념예배당), 그리고 1919년 3.1 운동에 앞장 선 학생들의 역사를 기념한 동상이 있다.

광주기독병원 : 1905년 놀란 선교사에 의해 제중원으로 시작. 1908년부터는 윌슨이 원장을 맡았고 나환자와 결핵환자 등 광주의 환자들을 돌봤다. 부란도, 고허번, 이철원 원장과 치과 전문의 리비와 유스마, 그리고 간호사 서서평과 프리차드 등 훌륭한 사역자들이 많았다. 1911년 윌슨이 지은 첫 병원 건물은 50병상 정도였는데 지금은 600여 병상에 30여 진료과가

있고 직원만 해도 1천여 명에 이르는 대형 종합병원이다.

양림교회 : 발길을 돌려 기독병원과 수피아학교 사잇길을 따라 광주천 방향으로 5분쯤 걸어가면 세 양림교회가 있다. 금정교회에서 1924년 분립하여 시작한 양림교회. 장로교단의 분열에 따라 각기 기장, 예장통합, 예장합동의 양림교회가 공존한다. 통합 양림교회 앞뒤로 오웬기념각과 기독간호대학교, 어비슨기념관이 있다.

오웬각은 유진 벨과 함께 목포 광주의 첫 선교사 오웬을 기념한 건물이다. 부지런히 지방을 순회하며 전도하던 그가 1909년 봄 꽃샘추위에 급성폐렴으로 일찍 순직하였다. 그의 묘가 양림동산의 첫 자리에 있는데, 그의 이른 죽음을 안타까이 여겨 2층짜리 네덜란드식 건물로 1915년 지었다. 사경회 등 성도들 교육시설로, 문화예술의 발표장으로 광주 초기 기독교 역사에 긴요하게 사용되던 공간이다.

기독간호대학교는 1966년 기독병원장이던 디트리히(R. B. Dietrick. 이철원)가 수피아간호학교를 세웠다. 2012년 기독간호대학교로 교명을 바꾸어 지역의 간호사 양성에 힘쓰고 있다. 학교 뒤편에 있는 아파트 건물 '무등파크맨션'은 예전 숭일학교 자리다. 1908년 여자를 위한 수피아와 함께 남자를 위해 설립된 숭일학교는 1993년 북구 일곡동으로 옮겼다.

어비슨기념관은 농업전문 사역을 펼친 어비슨(Gordon W. Avison) 선교사를 기념하여 통합측 양림교회가 2010년 개관하였다. 1층은 그의 행적을 전시하며 종교시설로 쓰고 있고, 2층 오르는 계단 위에 그의 동상이 있으며, 멋드러진 카페가 있으니 아침부터 달려온 양림동 투어, 잠시 쉬면서 아메리카노 한 잔 들이켜야 한다.

조아라기념관 : 일행들과 함께 근사하게 커피 마시고 숨 골랐으면 다시 나와서 합동측 양림교회 골목길을 따라 호신대 방향으로 돌아가기로 한다. 광주 근현대사에서 김필례와 함께 민주화운동, 사회운동에 큰 발자취를 남긴 그녀를 만날 수 있다. 예전에는 윤락여성들을 보호하고 자활을 돕기 위한 '계명여사'였는데, 지금은 그 일에 헌신적이었던 조아라 선생 기념관으로 쓰고 있다.

기념관을 들여다 보고 밖으로 나오면 맞은편 건물 담벼락에 상당히 인상적인 부조를 대할 수 있다. '양림동 최후의 만찬'. 레오나르도 다빈치의 작품을 흉내내어 예수님의 12제자 대신 양림동의 기독인사들로 채웠는데, 자세히 살피면 왠지 어색하고 마뜩치 않다. 배반자 가룟유다의 대체 자리에 조아라 선생이 들어가 있기 때문이다. 광주의 어머니라 부르며 존경하는 분을 이렇게 유사시켜서야 말이 되나? 빈핍한 역사의식과 사고의 천박성이 빚은 엉터리다.

최흥종, 유진벨 선교기념관 : 사직도서관을 따라 호남신학대학교 정문 방향으로 올라간다. 도서관 앞 길에 '선교기념비'가 있다. "이곳은 하나님의 보내심 받아 1904년 12월 25일 미국 남장로교 선교사 배유지 목사가 광주에서는 처음 예배드린 곳으로, 그 거룩한 뜻을 길이 기리어 여기 돌비 하나를 세우니라." 이 자리에 유진 벨의 사택이 있었고 이 곳에서 선교사들에 의한 광주 첫 예배가 드려졌다.

조금 더 올라가면 최흥종기념관이 있다. 광주의 성자, 광주 걸인과 나환자들의 아버지라 불리는 목사요 사회사업가인 오방 선생을 기리기 위해 2019년에 세워진 공간이다. 백범 김구 선생이 오방에게 써 준 휘호 '화광동진(和光同塵)' 등을 전시하였고 최흥종 선생의 삶을 잘 소개하고 있다.

유진벨선교기념관은 광주 기독교의 개척자 배유지가 살았던 옛 사택의 외형을 따라 건물을 지었고 2016년 개관하였다. 1층에는 초기 광주의 예배 드리는 모습부터 시작하여 유진 벨이 남긴 유품과 여러 기록물이 전시되어 있고, 지하 1층에는 같이 활동하던 당대의 동료 선교사들과 남장로교의 호남 선교활동에 대해 소개하고 있다.

충현원 : 호신대 정문을 지나 틀어지는 언덕을 조금만 더 오르면 오른쪽에 충현원이 나온다. 넓은 마당과 함께 그윽한 한옥의 건물이 인상적이다. 한국전쟁때 고아들을 보호하던 곳으로 박순이 선생이 돌보았다. 처음에는 선교사 사택에서 시작했는데, 1953년 이곳에 부지를 얻어 건물을 지었다. 이곳에는 6.25 참전 군인 러셀 대령의 동상이 있다. 1.4후퇴 때 고아 천 여명을 제주도로 긴급 후송 피난시켰으니, 2차 대전때 유대인 피신시켰다는 오스카 쉰들러의 한국판 영웅인 셈이다. 충현원을 나와 오던 길을 되돌아 호신대학교 정문을 거쳐 주차장에 도착하면 긴 양림동 투어를 마치는 건가?

종일 긴 여행을 참 벅차게도 했다. 그리 큰 공간은 아니지만, 돌아다니느라 많은 에너지를 썼고 육신은 피곤하다. 그러나 상대적으로 영적 정신적으로 받은 선하고 좋은 충격과 부피는 너무 커서 소화하고 되새기려면 상당한 시간이 걸리리라. 엄청나게 많이 먹은 것 같고 왠지 부자가 된 기분이다. 옛 선배들의 땀과 헌신 덕에 우리가 누리는 생명과 삶의 부요함이 얼마나 고맙고 감사한가. 두고 두고 여러번 돌고 돌아도 새롭고 풍성한 양림동 기독교 역사. 하늘 헵시바, 그의 이름을 높이 찬송함이 마땅하다. 솔리 데오 글로리아(Soli Deo Gloria, 오직 하나님께만 영광을)!

광주 15

무덤이 열리고 자던 성도가 일어나리라

광주 선교 묘원

　서울 마포구 합정동, 합정역 근처 한강변에 위치한 양화진 외국인 선교
사묘원. 1세기가 더 지난 오래 전, 궁벽한 조선 땅에 예수 십자가 복음을 전
하기 위해 찾아와 사역하던 외국 선교사들이 수고하며 애쓰다 이 땅에 안
식하며 잠들어 있는 곳이다. 여기에 선교사들의 집단 묘지를 조성하게 된

것은 첫 순직자 헤론의 사망 때부터이다. 알렌, 언더우드와 아펜젤러에 이어 1885년 조선에 의사로 온 헤론은 5년 만인 1890년 7월 26일 사망하였다. 의료 시설과 장비, 돕는 손길이 부족하고 열악한 상황에서도 혼자 몰려드는 환자들을 치료하며 일하다 과로와 함께 조선의 풍토병 '이질'을 더하여 35살 젊은 날에 하늘 부르심을 받았다.

조선 정부에서 외국인 장지로 양화진 이곳을 내주었고, 선교사들은 헤론 사망 이틀 후인 7월 28일 하관예배를 드릴 수 있었다. 이후로 서울 지역을 중심으로 한 외국인 선교사들이 사망할 때마다 이곳에 매장되었다. 조선과 조선 사람을 자신의 목숨보다 더 사랑하며 충성하다 끝내 이곳에 한 줌 흙으로 묻혀있는 수많은 선교사들. 그들의 아름다운 향기와 힘있는 생명력, 불어오는 한강 바람에 하나님나라의 거룩과 신비가 맴도는 한국기독교의 골고다 언덕이다.

서울에 양화진이 있다면 광주에는 양림동산이 있다. 호남신학대학교 동산에 있는 선교사 묘원. 광주 전남에서 헌신하다 숨진 수 십 명의 선교사들이 안식에 들어가 있는 곳이다. 목포와 순천에 각각 묻혀있던 묘를 이장하여 1979년 이곳에 한데 모았으며 모두 22기가 있었다. 호남신학대학교 차종순 교수는 이곳에 누운 선교사들에 관한 내용을 조사하고 연구하여 "양림동에 묻힌 22명의 미국인"(2000년)을 펴냈다. 광주제일교회 부설 광주교회사연구소에서도 2019년 "양림동 선교사 묘원"에 대해 자세하고도 친절한 소개로 정리하였다. 이 자료를 도움받아 필자도 여기에 짧게 소개하며 이 뒤로도 새로 덧붙여진 묘가 있으니 함께 포함하여 정리해 본다.

세 목사와 한 의사 : 호남신학대학교 운동장에서 가파른 계단을 타고 100

여 미터 올라가면 묘역을 안내하는 게시판을 볼 수 있고 5-6계단 더 오르면 묘원이 나온다. 가장 앞에 눈에 띄게 서 있는 묘, '오목사' 비는 오웬 선교사다. 의사이며 목사로서 전도하는 일에 그렇게도 열성을 부리던 그가 추운 겨울이 지나자마자 예의 열심대로 멀리 장흥 지역까지 지방전도에 나섰는데, 그만 꽃샘추위에 급성폐렴으로 사망하고 말았다. 1909년 4월 3일이었고, 3일 후인 6일에 이곳에 묻혔는데 양림동산에 최초로 묻힌 선교사다. 사람들이 그를 부르던 애칭대로 묘비를 '오목사'라 하였다.

전라남도 기독교의 개척자 유진 벨은 목포와 광주를 중심으로 만 30년을 일하며 1925년 9월 28일 사망하였다.

크레인(구보라) 목사는 광주와 목포 선교부 일행과 서울에 다녀오던 길에 기차와 충돌을 일으키는 사고로 사망하였다. 1916년 내한하여 순천과 목포에서 사역하였는데 4년 만에 그만 안타까운 일이었다. 그의 4남매 가족중 막내를 빼고 누나와 형을 따라 3남매가 호남에 찾아와 충성하였던 선교사 가족이었고 그 남매들의 자녀와 손까지 선교 유업이 이어졌다.

오목사 옆으로 한 칸 건너에 브란도(Louis C. Brand) 묘가 있다. 광주 병원의 의사로서 특히 이 지역에서 결핵 치료를 맨 처음 시행하였다. 실력이 탁월하면서도 늘 겸손했고 환자를 돌보는 일에 최선을 다했다고 한다. 1894년 청일전쟁의 와중에서 자신의 몸을 돌보지 않고 환자를 치료하며 질병과 싸우다 이듬해 순직했던 제임스 홀(기홀) 선교사처럼 브란도 의사 역시 결핵 환자를 돌보다 자신도 결핵에 걸려 1935년 순직하였다.

다섯 사모 : 목사와 의사의 아내로 사역한 다섯 명이 여기에 묻혀 있다. 마가렛(Margaret W. Bell)은 유진 벨의 두 번째 아내였는데, 위의 자동차 사고

사망하였다. 함께 운명을 같이 했던 크레인 목사 뒤편에 묘가 있으며, 당시 운전했던 남편 벨이 6년후 사망하게 되자 아내 옆으로 와 누워 있다.

해리엇(Harriet O. Knox Dodson)은 닷슨(도대선) 목사의 부인이며, 윌슨 의사의 아내인 베스의 친동생이다. 1924년 5월 8일 첫 딸 메리 양을 낳았는데 출산과 산후조리를 제대로 못한 탓에 산모인 해리엇은 9일 사망하였다.

제시(Jessie S. Levie)는 광주 전남의 첫 치과의사 리비(여계남)의 부인으로 이들은 모두 다섯 자녀를 낳아 길렀다. 가정은 행복하였지만, 제시는 몸이 허약했고 장티푸스에 감염되어 수술하던 과정에서 수혈 거부반응이 일어난 것이다.

캐트린(Kathryn N. Gilmer)은 목포에서 진료하던 길머 의사의 부인이다. 1925년 결혼하여 이듬해 1926년 3월 16일 첫 딸을 낳았는데 산후조리 미숙으로 27일 사망하였다. 앞에 나온 해리엇 닷슨과 캐트린 길머, 두 여성은 당시 미숙하고 형편이 어려웠던 출산과 산후조리 탓에 안타깝게도 자녀를 낳자마자 운명을 달리하였다. 아나벨(Anabel M. Nisbet, 유애나)은 목포에서 함께 사역하던 니스벳(유서백)의 부인으로 정명학교 교장으로 초기 목포여학교의 초석을 잘 다졌었다. 1919년 3.1운동 당시 사고로 넘어지는 바람에 이듬해 1920년 2월 21일 사망하였다.

세 미혼여성 : 양림 묘원에는 두 명의 미혼 간호사와 한 명의 교육자가 있다. 이제는 한국교회와 불신자들에게도 널리 알려져 있는 광주의 쉐핑(Elizabeth J. Shepping, 서서평)은 조선 간호계를 창시하며 이끌었고, 동시에 부인조력회와 이일학교 교육, 나환자와 고아, 과부를 돌보는 사회사업 등으로 죽도록 충성하며 헌신하다 1934년 질환과 영양실조로 사망하였다. 광주

에서는 최초로 시민장을 치루었으며, 동아일보에 그녀에 대한 기사가 크게 실렸었다.

델마(Thelma B. Thumm, 원대마)는 순천 안력산 병원의 간호사였다. 미국 무디바이블학교를 졸업하고 존스홉킨스병원에서 간호과정을 마친 그녀는 1929년 조선에 와 순천에서 일하던 중 불과 2년도 안된 1931년 5월 25일 홍역에 걸린 아이를 치료하다 자신도 감염되어 서른살의 꽃다운 나이에 사망했다.

엘라 그래햄(Ella Iberia Graham, 엄언라) 선교사는 수피아학교 초대 교장과 지방 순회사역자로 부녀자와 아동 교육 선교에 주력하였다. 1907년 38세의 나이에 선교에 도전하여 광주에 와서 사역했는데, 1930년 환갑을 넘긴 61세때 만성질환으로 서울 세브란스 병원에서 치료하던 중 사망하였다.

일곱 아이들 : 국적은 부모를 따라 미국인이겠지만, 조선땅 남도에서 태어난 아이들 일곱 명이 인생을 채피어보지도 못하고 양림동산에 묻혔다. 그들 부모의 고향에도 못 가보고 할아버지 할머니는 물론 이모 고모도 제대로 대한 적 없이 말이다.

필립(Philip T. Codington)은 광주 의사 카딩턴(고허번)의 6남매중 막내 아들이다. 충청남도 대천해수욕장에서 선교사들이 여름 휴양을 즐기던 중 7살된 필립이 잠수놀이를 하다 그만 사고로 죽었다. 1967년 8월 9일의 일이었다. 아들의 시신 앞에서 카딩턴은 오히려 의연했다. 필립을 데려간 분을 신뢰하기에, 예수님이 사랑으로 우리 아이를 보살펴 주시리라 믿기에 평안할 수 있다며 장례식을 마치자마자 아무 일 없었던 것처럼 병원으로 가 환자들을 돌보았다고 한다. 필립의 묘비에 써있는 글이다. "I am the good shepherd(나는 선한목자라 내가 내양을 알고)".

토마스(Thomas H. W. Coit)와 로베타(Roberta C. Coit)는 코잇의 자녀들이다. 순천에서 사역한 코잇(고라복) 목사는 1908년 세실 우즈와 결혼하였으며, 그들은 1909년 아들 토마스와 1911년 딸 로베타를 낳았었다. 1남 1녀를 둔 단란한 가족이었는데, 1913년 4월 26일 두 살된 딸을, 다음날인 27일에는 네 살된 아들을 하루 사이에 다 잃었다. 소 젖을 끓이지 않고 먹었던 탓에 이질에 걸렸던 것 같다. 코잇 부부는 이후에도 4자녀를 더 낳았다. 순천에는 1913년 건립된 그의 사택이 문화재로 지정되어 현존하고 있다.

엘리자베스(Elizabeth D. Nisbet)은 니스벳(유서백) 목사의 딸이다. 그의 첫 부인 유애나 선교사가 1920년 사망하자 광주에서 사역하던 라헬 양과 재혼하였고 이들은 두 자녀가 있었는데, 큰 딸 베스가 출생한 지 석달도 안되어 1923년 1월 8일 사망하였다. 유서백 목사는 첫 부인을 잃은 지 3년도 안되 첫 딸까지 잃는 아픔을 겪었다.

엘리자베스(Elizabeth L. Crane)와 존(John C. Crane Jr.)은 커티스 크레인(구례인) 목사의 자녀들이다. 구례인 부부는 2남 3녀를 두었는데, 둘째 딸 베스가 태어난 지 4개월 만인 1918년 3월 16일에 풍토병으로 죽었고 둘째아들 존 커티스 주니어도 태어난 지 6개월 만인 1921년 10월 4일에 풍토병으로 죽었다. 구례인 목사는 순천의 목회자로 평양신학교와 총회신학교에서 조직 신학 교수로 사역했다.

릴리안(Lillian A. Southall)은 1938년 11월 4일 세상에 태어나자 마자 바로 사망하고 말았다. 어린아기의 아버지는 톰슨(서도열) 목사였고, 어머니는 릴리안 커티스였다. 부부가 미국 내쉬빌에서 결혼하고 바로 조선에 선교사로 왔으며 순천에서 사역 중 첫 딸을 낳았는데 출산과 함께 그만 큰 슬픔을 당하고 말았다. 릴리안 커티스의 집안 가족은 비통하기 그지없었다. 미시시피주 야즈 시의 커티스 4남매 중 막내만 남겨놓고 3남매가 몽땅 궁벽한 나라 조선의 호남 땅에 선교사로 왔다. 큰 누나 구자례, 형 구례인, 동생 구보라 선교사가 광주를 비롯하여 순천, 목포, 그리고 전주 등지에서 사역하였다. 1918년 구례인의 딸의 죽음을 시작으로 이듬해 1919년 구보라 선교사가 사고로, 1921년에는 구례인의 아들이, 그리고 1938년에는 구례인의 외손주가 사망하였다. 더할 수 없는 고통과 슬픔 속에서 마치 욥의 인내와 단련이라도 얻은 걸까. 구례인은 45년이라는 오랜 기간을 조선 땅에 기어코 머물면서 자신의 인생을 다했으니 말이다.

두 할머니와 한 이모 : 선교지의 아이들은 어쩌면 평생 할머니와 할아버지의 사랑은 커녕 얼굴도 모르고 지내는 경우가 적지 않다. 부모가 안식년을 얻어 고국에 돌아가면 혹여 조부모를 만나볼 수 있겠지만, 그것도 잠시뿐일 것이다. 미션 키즈가 겪는 삶의 외로움과 고단함은 여러 가지일텐데 가족 관계의 폭이 좁은 것도 큰 애로사항이리라. 그나마 이웃한 할머니 할아버지가 간혹 있다면 간접적으로나마 윗 어른들을 대하고 조금이나마 귀여움 받아볼 수 있을 텐데, 양림동산을 뛰놀던 개구쟁이들과 순천의 매산 언덕의 어린이들은 1927년 한꺼번에 그나마 있는 할머니를 각각 잃는 슬픔을 겪어야 했다.

코라(Cora S. Ross)는 로저스 의사의 장모였다. 버지니아 의과대학 출신의 로저스는 순천 병원에서 환자를 돌보며 한국의 풍토병인 스푸루 연구에 특히 집중하였다. 로저스는 아내와 그녀의 어머니 코라와 함께 지냈기에 코라 여사는 순천 선교사 어린아이들에게 할머니와 같은 존재였을 것이다.

1927년 4월 4일 사망하였다.

에머슨(Amelia Janet Emerson)은 광주 탈미지(타마자) 선교사의 장모였다. 타마자는 외동딸이었던 아내, 장모와 함께 1910년 광주에 와서 사역했다. 에머슨 여사는 조선인과 일본인들에게는 영어를 가르치고, 선교사 자녀들에게도 좋은 선생이요 할머니가 되어 주었다. 1885년 감리교 선교사로 아들과 함께 왔던 스크랜턴 대부인이 서울 여자아이들을 모아 교육하며 이화학당을 열었듯이 에머슨 부인도 광주의 개구쟁이들을 사랑하며 돌봐주다 19927년 5월 15일 68세를 일기로 안식하였다.

채프먼(Gertude P. Chapman)은 목포에서 사역하던 허우선 간호사의 이모다. 허우선 양은 태어나자 마자 어머니가 죽는 바람에 아기때부터 이모의 손에서 자랐고 실상 어머니나 마찬가지였다. 그녀가 선교사가 되어 조선으로 가자 채프먼은 조카를 그리워하여 1927년 목포까지 찾아가 남은 일생을 같이 하려 했는데, 그만 목포의 꽃샘추위에 폐렴이 걸려 다음해 1928년 3월 24일 사망하였다. 안타까운 소식을 들은 채프먼의 미국 교회 성도들이 헌금을 보내준 덕에 목포 병자들과 시민을 위한 우물을 하나 팠는데, 정명여고 본관 지하에 지금도 남아있다.

유일한 한국인 : 양림동산은 외국인 선교사와 그 가족들을 위한 묘지이다. 해방이전 사역중에 마지막으로 광주에서 사망하고 묻힌 선교사는 1938년의 브랜드 의사이며 어린 아기 릴리안이 뒤따라 묻혔었다. 그리고 해방이후 1967년에 어린이 필립 카딩턴이 물놀이 사고로 묻힌 게 마지막 인듯했다. 한국의 경제 사회 발전과 함께 의료사고 등도 줄어들었고, 교회도 성장하여 선교사도 점차 철수하던 70년대 이후는 감사하게도 사역중 사망한

이가 없었던 것이다.

그런데 외국인도 아니고 선교사도 아닌 한국인 미혼 여성 한 명을 1983
년 이곳 양림동산에 안치하는 일이 생겼다. 유우선. 1956년 출생으로 1983
년 9월 5일 28세의 젊은 나이에 사망하였다. 헌트리(허철선) 선교사의 후원
으로 미국 유학중이던 유우선 양이 수영을 하다가 그만 사고로 죽었고, 헌
트리 목사가 시신을 가져다 이곳 양림동산에 묻었다. 묘비에는 큰 아버지
와 동생의 이름이 새겨져 있지만 그녀에 대한 자세한 가족사항은 알려져
있지 않다.

알지 못하는 두 사람 : 양림 선교묘원에는 신분 확인이 어려운 작은 묘비
가 둘 있다. 원대마 선교사 묘 뒤에 있는 'T. B. T'와 그 왼쪽 옆에 있는 'C.
S. R.'이라고 이름의 이니셜만 쓰여져 있을뿐이다. 순천 선교부 소속의 선
교사들 틈에 있으니 그들의 자녀로 추정된다.

과유불급, 가짜 묘비

젊은 날을 조선에서 조선 사람들과 함께하며 일생을 보냈던 충성스런 선
교사들, 정년이 되었거나 혹은 일제에 의해 강제 추방당하여 미국으로 돌
아가 여생을 보낸 이들도 많다. 노년의 삶은 어쩌면 상당히 외롭고 우울하
였을 지도 모른다. 아무리 비싸고 좋은 옷도 몸에 맞지 않으면 거북스럽고
성가시듯 고국에서의 삶이 그리 편하고 좋았을 것 같지만은 않다. 얼마나
조선의 하늘과 땅을 그리워 했을까? 무디고 투박한 광주와 남도의 사람들
을 무척이나 보고 싶었을 것이다. 그래서 자신이 이 생을 마치면 조선과 남

도에 시신을 묻어달라고 자손들에게 부탁하였을 것이다.

80년 5월 신군부의 잔혹상과 시민들의 희생을 사진으로 남기며 증언했던 헌트리(허철선) 선교사, 광주 기독병원의 치과 의사로 수고했던 뉴스마(유수만) 선교사 부부 묘들이 함께 조성된 이유다.

그런데 양림선교 동산에는 지나치게 느껴지는 기념비들도 최근에 많이 생겨났다. 실제 시신은 없고 다른 곳에 있는데, 굳이 여기에 가짜 묘비를 세우며 기념하려는 취지는 과하다. 로티 벨, 존 볼링, 메리 로간의 묘비까지 있을 때만 해도 그러려니 했는데, 전주 예수병원 동산에 묻힌 십 수명의 묘까지 여기에 복제해 놓은 건 과유불급이다.

유진 벨의 첫 번째 아내였던 로티 벨은 1898년 목포 교회를 함께 시작했는데, 1901년 4월 12일 심장마비로 사망했다. 시신을 서울까지 가져와 양화진에 안장하였고 묘비를 세웠다. 세월히 흐르면서 묘비의 일부가 파손되었고 후손들이 새롭게 교체하였으며 원래의 비는 광주 유진 벨 기념관에 옮겨 놓았다. 그런데 양림 동산에도 똑같은 크기와 모양으로 전시되어 있다.

레이놀즈의 아들 존 볼링(이보린)의 묘비도 의아스럽다. 아버지에 이어 2세대 선교사로서 호남 일대에서 교육 활동을 펼친 이보린 선교사는 사역을 다하고 미국으로 돌아가 1970년에 사망했다. 그의 둘째 부인이 유해를 서울의 원일한 박사(언더우드 손자)에게 보냈기에 양화진에 안장되었다. 그가 서울에서 태어났고 조선에서 사역을 했으며 조선에 묻히길 원하는 유언을 따랐으니 양화진에 묻히는 건 그럴 만하다. 그러나 양림동산에도 굳이 묘비를 세워 놓은 건 마뜩잖다. 그가 미국으로 돌아가서 나중에 몰몬교로 개종하였다든지, 첫 번째 부인 메이 웰과 이혼하고 마가렛과 재혼하였다든지 하는 삶과 신앙의 내용을 보아도 남장로교 신앙과 전통이 들어선 양림동산과는 상당히 틀려 보이지 않는가.

메리 로간 묘비도 마찬가지다. 그녀는 1909년 조선에 와 청주에서 10년 간 사역하며 1919년 사망, 양화진에 묻혔다. 남편이 미국 센트럴대학 학장 이었을 때 유진 벨은 학생으로서 제자였다. 이런 인연으로 로간 여사는 남 편이 사망하자 조선에 자비량 선교사로 와서 제자인 벨을 찾아 광주에 좀 머물긴 했어도 오랜 기간 청주와 충청북도 지역에서 미국 북장로교 소속으 로 선교활동을 했었다.

로티 벨, 존 볼링, 메리 로간. 이 세사람이 전혀 이 지역과 무관하지는 않 지만 그들의 시신이 양화진에 묻혀 있는데, 양화진의 묘비와 똑같은 모양 과 내용으로 그대로 복제하여 양림동산의 자리를 차지하며 있어야만 하는 가. 이들을 소개하고 알리고자 한다면 박물관에 사진을 통해 일부 전시하 는 것은 이해하나 그저 돌맹이(?)에 불과한 것으로 양림동산을 채우고 있음 은 마땅치 않다.

여기에 더하여 전주 군산 사역자들 묘, 전킨과 세 자녀, 리니 데이비스, 프랭크 켈러, 로라 메이피츠, 그리고 폴 크레인의 아들을 비롯한 여러 명 의 아이들도 마찬가지다. 다다익선이란 항상 맞는 말만은 아니다. 과유불 급이라고도 했다. 지나침이 많아 원래 이 동산에 누워있는 분들의 숭고한 희생이 퇴색되는 느낌이다. 여러 차례 이곳에 올 때마다 숙연한 마음 되찾 으며 하나님 백성으로서 살아가는 의미와 사명 되새길 수 있었는데, 2020 년 2월 다시 찾은 동산에서 생각지 못한 여러 사람의 묘비가 추가로 놓여 있는 걸 보며 많은 아쉬움이 들었다. 무슨 열등감이려나, 패권적 과한 신 념이려나. 양림동산의 관리와 운영을 책임 진 이들의 각성을 촉구할 뿐이 다. 감동이 바래지고 외려 곱지 않은 인상을 갖게 되었는데, 나만의 지나친 기우이려나.

선교 묘비의 또다른 가치

선교 동산에 묻힌 수 십명의 선교사와 가족들에 대한 내용과 이야기 못지 않게 이곳에 조성된 비석과 비문에 쓰인 글씨에서 또다른 의미를 엿볼 수 있다. 영문이나 한글, 혹은 한자로 이름과 연월일, 그리고 성경구절 등이 새겨져 있는데, 영문의 경우는 거의 폰트가 만들어진 기계적인 서체를 가지고 새겼다. 반면에 한글과 한자는 폰트가 만들어지기 전이어서 손글씨로 쓴 것을 그대로 돌에 새겼기에 21세기를 사는 현대인들에게 상당한 시사점과 역사성을 부여한다. 손혜원 의원은 자신의 유트브 방송(2020년 2월 13일, "양림동에서 묘역에서 만나는 19세기 한글")을 통해 통찰력 있는 관점과 중요성을 부각한다.

타마자 목사의 장모 묘비에 새겨진 글씨 "령혼이 살아셔 예수로 더브러 왕노릇 ㅎㄴ 니라." 세종이 한글을 만든 이후 세월이 흐르면서 변화와 발전을 거듭해 왔을텐데, 일제 강점기에 한글 사용이 줄어들고 사라져 가고 있었다. 일제의 식민정책으로 우리의 문화 말살과 함께 한글도 사라져 가는 즈음인데 1927년에 사망자를 안치하고 비를 세우면서 당시의 한글을 그대로 사용하여 새겼다. 같은 해에 만들어진 로저스 의사의 장모 묘비도 역시 한글 옛 고어 형태와 손 서체로 만들어져 있다. 다른 묘비에서도 당대의 우리 한글과 서체를 고스란히 볼 수 있다. 지금 우리가 우리 주변의 어디에서 이런 것을 볼 수 있을까? 양림동 동산의 묘비에 생생하게 남아 전하는 1세기 전의 옛 한글과 서체가 참으로 귀하고 의미 있다. 비석 역시 상당수는 투박하게 깎인 채 세웠는데, 양화진 선교묘원의 경우처럼 너무 세련되지도 너무 현대적이지도 않기에 오히려 더 가치가 있다.

1909년 오웬 이후 지금까지 110여년 이어지며 여러 사람들이 묻혀 있는 양림동산. 그동안 미국 남장로교 선교부에서 관리하고 그 유지를 이어받아 선교 묘역을 관리해 온 노회와 학교 관계자들의 수고가 많다. 계속해서 새로운 사람들의 묘와 비가 들어오기도 하고 공원 주변 환경 개선사업도 벌이며 발전과 변화를 꾀하는 일들이 귀하다. 묘원 동산의 가치와 의미에 걸맞게 우리가 소중히 하고 지켜야 할 요소들은 많아 보인다. 우리가 배우고 새기며 우리 후손들에게도 선한 귀감이 되고 풍성한 문화 역사의 전수가 잘 이어질 수 있기를 소원해 본다.

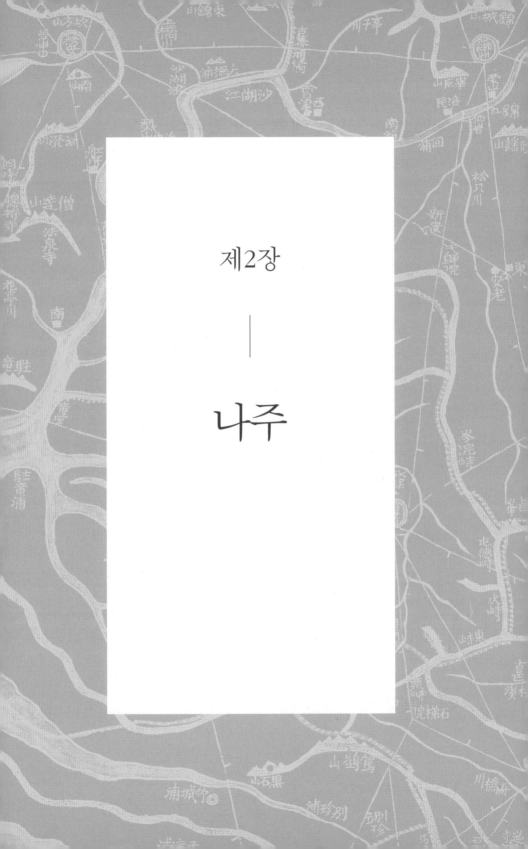

제2장

—

나주

나주 1
나주에 복음을 전하려

선교 역시 그리 간단한 일이 아니다. 내가 받은 은혜가 분명하고 하나님의 주도적이며 놀라운 역사 또한 믿어 의심치 않으나, 낯선 곳에 기독교 복음을 심는 미션은 철저한 준비와 선이해가 필수다. 2천 년 기독교 세계 역사에서 선교는 긍정적 평가와 더불어 제국주의 등의 부정적 평가도 빠지지 않는다. 낯선 이방에 예수 그리스도를 전하고 죽음과 죄악의 어두운 땅에 구원과 생명을 전해 주는 선물임에도 일방적이거나 무작정 밀어 붙여서 될 일이 아니다.

1897년 유진 벨의 나주 선교가 실패할 수 밖에 없었던 이유다. 미 남장로교 조선 선교부는 전북 지역에 안착하기 시작하면서 자신감을 가진 건 분명하다. 레이놀즈, 전킨, 테이트 등의 초기 7인의 선발대가 1892년 조선에 파송되어 4-5년의 노력 끝에 군산과 전주에 베이스를 다질 수 있었던 건 분명 은혜이며 동시에 새로운 도전에 용기를 낼 수 있었다. 후배 사역자들이 조선에 들어오면서 미루어둔 전남 지역 선교도 열기로 했는데 이 일이 유진 벨에게 맡겨졌다. 배유지 선교사는 1897년 복음의 불모지 나주 지역을 두 세 번 찾아가 열심을 내었지만, 지역 유생을 중심으로 한 현지인들의 반대와 저항이 너무도 거셌다. 나주에 대한 유다른 역사적 이해와 현실을 인지하지도 고려하지도 않은 까닭에 선교를 포기하고 뒤로 물러설 수 밖에 없었다. 현지에 대한 자신의 무지와 준비 부족을 탓해야 하는데, 복음과 하나님 사랑을 왜 거부하는가?라고 상대에게서만 이유를 찾는데서야 전도와 선교가 제대로 이루어질 수 없지 않는가?

민족주의와 외세 저항이 깊은 고장에서

나주는 여느 지역보다 훨씬 더 외세에 대한 거부감과 저항이 심했고, 19세기 말 조선과 나주의 상황은 더더욱 컸다. 구한말 청과 일본을 비롯한 외국 열강들의 침략은 극에 달했다. 1894년 청일 전쟁에서 일본이 승리하자 일본의 조선 지배 야욕은 본격화되기 시작했다. 이듬해 명성황후를 시해하며 김홍집을 위시한 친일내각을 세우고 갑오개혁을 벌였다.

1895년 12월 30일 단발령을 내렸는데, 이는 조선의 민족혼과 자존심을 짓밟는 처사였다. 당연히 전국에서 의병이 일어서고 반발이 심했는데, 나주가 대표적이었다. 향리와 유생들이 합세하여 저항했으며, 경성에서는 아관파천이 일어나고 김홍집 내각이 무너졌으며 단발령 또한 철회되었다. 일본의 침탈이 심해지던 1907년에도 나주에서는 의병이 일어섰고, 이미 오래전 동학때도 혁명을 일으키는 일에 결코 나주 주민들이 빠지지 않았던 것처럼, 일본이라는 외세에 대한 저항과 역사는 질긴 세포로 자리잡고 있었다.

이런 상황이었으니 서양에서 온 기독교 선교사의 나주 방문은 결코 달갑지 않은 일이었다. 나주 사람들이 긴장과 경계를 쏟아낼 수 밖에 없는 데도 유진 벨의 상황 접근은 안이했고, 너무도 낭만적이었다. 민족주의 성향과 반 외세 감정이 큰 지역에서 토착민들과 유지들의 반발과 저항은 당연했고, 결국 철수할 수 밖에 없었던 것이다.

> 눈을 들어 산을 보니 도움 어디서 오나
> 천지 지은 주 하나님 나를 도와 주시네
> 나의 발이 실족않게 주가 깨어 지키며
> 택한 백성 항상 지켜 길이 보호하시네
> 도우시는 하나님이 네게 그늘되시니
> 낮의 해와 밤의 달이 너를 상치 않겠네
> 네게 화를 주지 않고 혼을 보호하시며
> 너의 출입 지금부터 영영 인도하시리 아멘
> (찬송가 383장, "눈을 들어 산을 보니").

한편 1897년 배유지 선교사가 나주를 방문할 때 다른 외국 선교사도 이곳까지 들어와 전도활동을 벌이고 있는 것을 목격하였다. 피터스 선교사다. 찬송 383장과 75장(주여 우리 무리를) 두 편을 작사하고 구약의 시편을 우리말로 맨 처음 번역한 피터스(Alexander Albert Pieters, 피득) 선교사는 1871년 러시아의 유대인 가정 출신이다. 청년기를 시작할 무렵 일본에 갔다가 미국 선교사로부터 복음을 듣고 신자가 되고 전도자가 되었다. 미국 성서공회 소속의 선교사로 조선에 1895년에 왔으며, 이후 레이놀즈 등과 함께 조선어성서번역위원회를 통해 우리말 성경번역에 공헌하였다. 그는 조선에 온 지 3년 만인 1897년 나주와 전라도 일대까지 순회하며 전도활동을 펼쳤던 것이다.

미국성서공회 소속인 피터스 씨가 나처럼 나주에 내려갔다는 편지를 쓴 것 같다. 그는 러시아의 젊은 유대인으로 1년 전 일본에 있을 때 기독교로 개종했고 성경책을 팔기 위해 이곳에 왔다(유진 벨, 1897년 4월 6일).

변창연 조사가 시작한 나주 교회

배유지 선교사가 나주 선교를 포기했지만, 자신만 나주를 떠나 목포에서 새롭게 시작했을 뿐, 그의 조사 변창연은 나주에 계속 남아 전도하는 일을 계속하도록 했다. 외국인에 대한 경계심은 강했으나, 같은 조선인이 친구처럼 다가와 전혀 알지 못하는 새로운 세상에 대한 생명과 소망의 이야기에 나주 사람들도 하나 둘 마음을 열었다.

유진 벨 선교사가 1898년 목포로 옮겨 선교부 기초를 다져 나가고 목포 교회가 자리를 잡아감에 따라 여러 인근 지역에 전도자들을 파송하였다. 영산강을 따라 올라가 나주와 광주 광산 지역까지 전도자를 파송하였는데, 나주에 있었던 기존의 변창연 외에도 지원근 마서규 등의 목포교회 신자들이 열심이었다. 광산 지역의 우산리와 나주의 삼도리 등에서 신자를 얻어 그곳에도 교회를 세웠다. 지금은 비록 행정구역상 광주시에 속해 있으나 삼도리는 오래도록 나주에 속한 곳이었다.

조선예수교장로회사기에 따르면 나주에 교회가 세워진 순서로는 1899년 삼도리교회, 1903년 광암리교회, 1904년 덕림리교회, 1905년 방산리교회, 1906년 상촌리교회, 그리고 나주 읍내에 교회가 세워진 것은 1908년 서문정교회이다.

신령적 재미

전남 나주읍교회는 교회 설립한 지는 우금 십유년에 믿는 사람은 몇 되지
못하나 성중 자매 4,5인은 믿는 마음과 행동하는 것과 공부의 신령한 재미
와 연보하는 것이며 율법과 사랑을 지켜 밧끼발하는 표가 많고 또 본군 남
면서 형제자매 10여인이 다니는데 20여리 월강하여 사시 풍우를 물론하
고 열심히 내왕하는 중, 특별히 고마운 것은 주재호 씨라 하는 이는 본래
거악한 패류인데 주를 믿은 후 3,4년 내로 연금 80에 근력의 모손함은 말
할 수 없으나 젊은이보다 더욱 열심히 믿을 뿐 아니라 한 주일 빠진 데가
없고 항상 기쁜 것뿐이며 항상 우는 것같은 것은 자기 영혼은 쾌히 구속하
여 주심을 기뻐하고 우는 것은 자기의 자녀가 아직 회개치 못함이라. 이상
몇가지 재미는 응당 도처에 있을지라도 감사하다고 게재하여 주시기 원함
이라. 주 씨는 인류의 사상이 괴악하기로는 호남 제일인데 이중에 이 일이
있음으로 주의 은혜와 능력 가운데 된 신령적 재미를 수자 광고합니다(예
수교회보, 1912년 12월 31일).

나주 교회는 1915년 서내동에 목조 예배당을 신축하고 북문교회라 하
였으며 해방 때인 1945년에는 성북동으로 옮겨 나주읍교회라 개칭했다.
1956년 서내동으로 다시 옮겨 나주교회라 이름을 다시 바꿨고, 1983년에
는 성북동 현 위치에 교회를 새로 짓고 오늘에 이르고 있다. 이웃한 나주제
일교회나 나주중앙교회 역시 6.25 전쟁의 와중에 또 한국교회 장로교 분열

역사와 함께 나눠진 한 뿌리의 공동체이다.

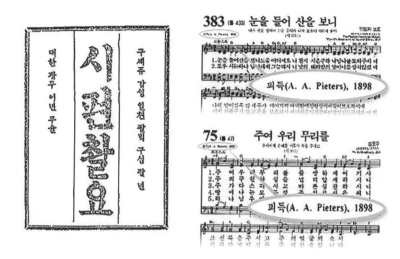

1898년 피터스 선교사가 번역한 시편촬요(우리나라 최초 번역 성경)

나주 2
은혜의 생명 펼치는 형제 공동체

나주는 1세기 전까지만 해도 전라남도에서 가장 큰 도시였다. 남도의 젖줄 영산강을 끼고 너른 평야를 안고 있는 지역이기에 자연히 예로부터 사람들이 많이 몰려 들었고, 큰 정치 사회 집단이 형성되어 있었다. 반남면 일대의 고분군이 이를 증명한다. 자미산 아래 낮은 구릉지대에 분포되어 있는 고분들은 4~5세기의 마한 시대 토착 세력자들의 무덤으로 추정된다.

모두 12기로 구성된 대안리 고분군의 분구 형태는 원형, 방대형, 사다리꼴형 등이 있으며, 규모는 길이가 11m에서부터 47m에 이르는 대형 고분도 있다. 내부 매장시설은 석실(4호) 1기를 포함해 나머지 대부분은 옹관으로 되어 있는데, 계속 진행되는 조사 과정에서 목관이 발견될 수도 있다.

이 지역에 이런 다수의 대형 고분군이 발견된 것은 백제 이전 시기인 마한 시대에 상당한 정치 사회 세력이 형성되어 있었음을 짐작케 한다. 큰 강이 흐르고 있고 드넓은 기름진 땅이 있던 까닭에 풍부한 농업 생산력을 확보할 수 있어서 상당한 인구가 밀집되었을 것이다. 그에 따르는 외부 세력의 침략을 보호하기 위한 정치 군사 권력이 존재했음은 물론이다. 자미산에 독특한 계단식 성곽 형태를 보이는 산성의 흔적뿐만 아니라 영산강 유역 일대 곳곳에 여러 토성과 고분들이 산재해 있는 것이 증거다.

영산강과 반남 일대를 중심으로 한 한반도 서남부 지역의 세력인 마한을 밟고 백제가 이 지역의 맹주로 등장하면서 반남의 위상을 약화시켰지만, 삼국통일을 이룩한 신라가 뒤이어 등장하면서는 다시 반남의 옛 지위가 회복되고 이를 기회로 나주라는 큰 지역을 형성할 수 있었다. 고려 조선을 거쳐 구한말에 이르도록 남도 지역에서 가장 큰 도시였고, 전주와 함께 전라도라는 지명을 지금까지 갖게 된 이유다.

반남 형제 공동체, 상촌과 대안교회

나주시 반남면에 오래된 교회, 상촌교회와 대안교회는 십리 거리를 두고 100여년 이상을 함께 해오고 있는 형제 공동체다. 1906년 상촌교회가 먼저 생겼다. 목포를 오가던 조경주 씨가 목포교회를 통해서 복음을 먼저 접하고 자기 마을에 전도하며 가족 친척들과 함께 시작하였을 것이다. 조경주와 그의 형제 조경률이 각각 이 두 교회를 세우며 인도하여 오늘까지 이어온 것이다.

상촌교회 조사 조경주 씨는 주를 믿은 지 불과 7, 8년에 그 사적을 다 말할 수 없으나 대강 기록컨대 7, 8년 전에 육신사로 목포에 내왕하다가 비로소 주의 전도를 듣고 환가하여 묵상하온 바, 그 지방은 6,70리 내로는 예배당도 없고 그리스도인이라고는 일 개인도 없는데, 그중에서 하나님의 택하심을 입어 주를 믿는데 그 골 안은 상대월, 중대월, 하대월 3촌이 솟발로 버려있는 동네요, 그 앞은 바람 장터라.

이러한 번화지에서 믿는중 친구의 희롱과 동네사람의 핍박을 이기어 나오는데 동네사람을 열심 전도한 결과로 한 사람씩 두 사람씩 믿어 차차 수효가 증가하고 자기의 계씨 형률의 집을 기도실로 작정하고 기도회를 보더니 지어 금년에는 예배인이 남녀 7, 80인 가량이라.

기도실이 협착하여 새로 건축하는데 금화 20원을 보조하였고 또 신불신자간에 적빈한 것은 다 말할 수 없사오나 조사의 직분을 담임하여 일을 시행하오니 모든 것은 하나님께로 영광을 돌립니다(예수교회보, 1913년 7월 22일).

1910년 상촌교회 장로가 된 조경주는 전남노회 안에서도 두드러진 활약을 펼친다. 1923년에서 1927년까지 5년간을 내리 노회 회계에 선임될 정도로 신망이 두터웠다. 교회에 재정 문제로 어려움이 있을 때에 이를 조경주가 나서서 해결하기도 했다.

나주 반남면 상촌교회와 조경주 장로

이 네 번째 교회에서 집사들은 교회 옆에 설립될 학교를 위해 기부금을 거둔 적이 있었다. 한 집사가 그 돈을 가지고 도망치자 회중의 애국심은 시들해졌고 진짜 신자들 만이 남아 예배에 참석하고 있었다. 인근에 있는 몇 교회에서도 집사들이 헌금을 가지고 종적을 감추었는데 이로 인해 교회들은 퍽 낙담하고 있었다. 하지만 이러한 약점은 낙담할 이유가 못 되었다. 내가 아는 한 이 교회들 모두는 지금도 여전히 회집을 계속하고 있고 내가 당시 순회여행에서 만난 대부분의 한국 성도들은 나의 평생 친구들이 되었기 때문이다.

이렇듯 좌절감을 안겨주는 경험은 그리 놀라운 일이 아니다. 왜냐하면 예수님께서도 군중들과 더불어 같은 경험을 하셨기 때문이다. 그들은 영적 도움보다는 물질적 도움을 바라고 예수님께로 나아 왔다가 후에 떨어져 나갔던 것이다. 이에 대해 가장 훌륭한 실례는 조경주 집사의 경우이다. 그는 후에 장로가 되었고 오랫동안 뉴랜드 목사의 충실한 비서로 일했다. 그는 너무나 신임할 만한 인물이었기 때문에 전남노회의 최초 한국인 회계로 피선되기도 했다. 내가 한국을 떠날즈음 그는 시골에서 숨어 지냈다. 교회에 대해 어떤 과오를 저질렀기 때문이 아니라 주님의 충성된 종이 되어 태양신의 신전에 참배를 거부했기 때문이다(타마자, 예수교회보).

조선인 목사로 부임한 유내춘

상촌교회에 유내춘 목사가 1917년 부임하였다. 그동안 외국 선교사들의 지도를 받고 조선인 지도자로는 조경주가 영수로 지도해 왔는데, 드디어 조선인으로 신학을 공부한 목사가 담임사역을 맡게 된 것이다.

황해도 해주 출신의 유내춘, 1897년 목포가 개항을 맞자 총순으로 목포에 처음 오게 된다. 선배 김윤수의 전도로 예수를 믿고 목포교회 출석하였으며 영흥학교에서 학생들을 가르쳤다. 1907년 목포교회 두 번째 장로로 장립하였고, 이후 평양신학교에 입학하여 신학과 목회를 수학하고 1914년 졸업하였다. 전라노회에서 강도사 인허를 받고 군산 영명학교 교목을 지내던 중, 전라노회에서 분립한 전남노회 창립노회가 1917년 9월 17일 목포교회에서 열릴 때 목사 안수를 받고 곧바로 상촌교회를 비롯하여 봉황면의

신창리의 쌍동교회와 반남교회 등 3교회에 노라복 선교사의 동사목사로
하여 부임한다.

1916년 나주 대안리교회가 설립된다. 당시에 상촌교회 교인 조경주와 70
여명이 분립하여 이곳에 교회를 설립하고 열성으로 전도하여 점차 발전되
어 선교사 노라복, 남대리, 목사 유내춘, 장로 조경주, 조형률이 계속 시무
하니라.
1918년에 나주군 대안리교회에서는 6간 예배당을 증축하고 그후 180원으
로 종각을 건축하였다(조선예수교장로회사기).

상촌교회가 성장하자 조경주는 조형률과 함께 십리 떨어진 마을 대안리
에 교회를 분립 개척한다. 조경주의 동생인 조경률과 마을의 다른 친척 친
구들이 함께 자신들의 동네에 따로 교회를 세워 오늘까지 각각 성장하며
형제 공동체처럼 반남의 영적 기둥으로 자란 것이다.

광주의 어머니 조아라

조경률은 아내 김성은과의 사이에 6남매를 두었는데, 둘째 딸이 조아라이
다. 1912년 3월 28일 대안리에서 출생한 조아라는 아버지의 신앙과 교육으
로 6살 때 이미 요리문답을 다 외울 정도여서 외국 선교사들을 깜짝 놀라게
할 정도였다고 한다. 조아라는 9살이던 1920년 아버지를 따라 광주로 이사
하였으며, 1927년 수피아학교에 입학하여 스승 김필례를 만나게 된다. 교육
자요 여성운동가였던 김필례로부터 영향을 받은 조아라는 1929년 광주학생

운동 사건 참여와 1936년 신사참배 거부 등으로 인해 옥고를 치루었다.

　해방이후에는 YWCA 운동에 참여하여 여성과 청소년들을 위한 사회운동을 전개하였다. 전쟁 고아들을 위한 돌봄 시설인 성빈여사, 이들의 교육을 위한 호남여숙, 청소년 야학인 별빛학원, 그리고 소외계층의 여성들의 재활을 위한 성빈여사 등을 설립하고 운영하였다. 1980년 5.18 광주 민주화 운동때는 시민 수습위원으로 참여하여 옥고를 치르는 등 한국 근현대사에 독립과 민주화운동, 사회계몽운동을 펼치느라 숱하게 고난을 받으면서도 가난하고 어려운 이웃을 위한 봉사에 열심이었으며, 한국민주화와 사회발전에 헌신하였다. 1976년 광주 한빛교회에서 장로가 되었으며, 2003년 7월 8일 별세하여 5.18 국립묘지에 안장되었다.

　사람들은 그녀를 광주의 어머니로 칭송한다. 의제 허백련 선생은 '소심당((素心堂)'이란 호를 붙여 존경의 마음을 표했다. 광주 양림동에는 그녀의 삶을 엿볼 수 있고 기리는 '조아라기념관'이 있다. 그의 생가 마을 대안리에도 나주시에서 기념관을 세우려 하고 있다.

　멀리 미국 선교사들이 이 땅 시골까지 찾아와 복음을 전하고 생명을 일으키며 선교하고 교회 공동체를 만들었다. 자신들의 안위와 생명보다 가난하고 병든 조선의 인생들을 위해 수고하고 땀흘린 까닭에 그저 은혜받고 새 인생을 살게된 이들이 이제 그 감사와 뜻 이어받아 역으로 다른 이들 살리고 세우는 데 헌신한다.

　나주 반남, 옛 정치 권력의 헤게모니 벌이며 남을 죽이고 자신만 살려던 땅에 상촌교회와 대안교회 등을 비롯한 여러 믿음의 사람들이 우후죽순 일어나서 하나님나라 정의와 평등과 인권을 내세우며 나를 죽여 남 살리는 믿음의 삶, 선배들의 역사를 이어 나가려니.

나주 3
가물어 메마른 땅에 성령의 단비를

천생 농사꾼의 자식으로 태어나 평생을 농부로 지내는 대다수 조선 민중의 일생은 고단함과 고난의 연속이었다. 겨우내 쉴 수 밖에 없었던 논밭에 씨를 뿌리고 다시 기운을 내야 하는 오뉴월에는 가뭄으로 갈라진 땅에 제대로 씨를 뿌리지도 못하거나, 한창 자라고 익어서 수확해야 하는 팔구월에는 홍수가 맞장구 치기 태반이었다. 1년 수고와 땀이 허사로 돌아가며 육신의 굶주림과 질병이, 영혼의 허탈함과 상처가 평생을 짓누르기 일쑤였다.

봄부터 시작한 가뭄이 5월, 6월까지 이어지면 농민들의 한숨 소리는 커갔다. 모내기를 제때 하지 못한 탓에 근심이 마을을 맴돌았고, 계속되는 식량 결핍으로 육신의 굶주림 또한 최악이었다. 하늘을 원망하기도 하고 사정을 빌어보기도 하며 기우제를 지내는 것 또한 해마다 볼 수 있는 일상이었다.

비가 오기를 소원하며 하늘에 올리는 제사, 농사를 근본으로 삼던 시대에 하늘은 절대적 존재다. 모를 심거나 각종 씨앗을 심으며 온갖 먹을거리를 키우는 과정에서 신에게 기대는 모든 것들은 그 자체가 경배요 두려움의 대상 아니런가? 새벽부터 들녘에 나가 땀 흘리며 애쓰는 수고를 마다 않으나 하루 하루 변덕스런 날씨는 늘 걱정과 애를 태우게 하였다. 기우제를 지내는 것도 사람의 한계를 인정하고 자연을 창조하고 운행하는 절대자 앞에 낮은 무릎으로 다가가는 겸허함과 숭고함이 늘 중요했다.

> 금성산(錦城山) 상봉에서 불이 일어나자 나주와 영산포의 넓은 들에 둘러 있는 각 산봉우리에는 일제히 불이 댕겼다.
> 바람이라고는 풀잎새 하나 건드리는 살바람조차 없는 밤이라 불길은 퍼지지 않고 쪽다리 걸린 하늘로 고추 훨훨 올라갔다.
> 동네에서는 아이들의 "어 와"하고 소리치는 환호성이 들려왔다.
> 조용한 불빛에 어린애를 업은 여인들과 처녀들로 덮인 등성이 등성이가 보였다.
> 불꽃이 톡톡 튀면서 불길은 점점 더 세어졌다. 크고 검은 산들이 다 타버리고 말 것같이 봉우리의 불길은 점점 더 커 갔다(박화성, '한귀').

해발 451미터의 금성산은 나주에서 가장 높다. 호남평야와 김해평야와 함께 우리나라를 대표하는 나주평야가 금성산 아래 넓게 펼쳐져 있고, 그 가운데 휘돌아 나가는 영산강이 젖줄을 이루고 있다. 한국 근현대 문학을 대표하는 작가의 한 사람인 박화성은 직간접적으로 체험하고 알게 된 농민들의 피폐한 현실과 자연재해의 실상을 단편소설 '한귀'에 리얼하게 그렸다.

일제 시기 월간 잡지였던 "조광"에 1935년 11월 발표된 박화성의 단편소설 '한귀'는 가뭄과 싸우는 농민들의 현실을 그렸고 한편으로는 기독교 신자인 주인공이 신앙과 현실 사이에서 갈등하며 풀어가는 내용을 담고 있다. 박화성의 비판적 경향문학의 특성을 잘 보여주는 작품 중의 하나이다. 주인공 성섭은 천지를 창조하고 주관하는 하나님을 믿는 신자이며 교회 집사이며 실제 생업은 마을 사람과 똑같이 농사를 짓고 살아가는 농민이다. 기독교의 믿음과 가르침에 따라 순종하면서 착하게 살려고 노력하는 주인공과 그 아내도 가뭄과 자연재해 앞에서는 무력할 수 밖에 없고 시험에 들 수 밖에 없다.

극심한 가뭄 때문에 식수는 물론 농사를 지을 수 없게 되는 현실 앞에서 아내는 결국 신앙에 깊은 회의를 드러내고, 주인공 자신도 굶주림에 미쳐 날뛰는 개가 처자를 물어뜯는 상황까지 이르자, 욕심 많은 지주에 대한 반항과 보복의 감정을 감추지 못한다.

이 소설은 자연 재해로 고통스러워하는 농민의 이야기이면서도 일제강점기라는 시대적 비극 속에 놓인 조선 농민의 참담한 현실을 고발한다. 동시에 자연적 현실 앞에 무력하기 그지없는 피조물이요 피식민지 백성의 삶이 어떻게 황폐화 되어가며 정신마저도 혼란스러워 가는 지를 리얼하게 다룬다.

기독교 농사꾼의 현실과 신앙

소설가 박화성은 20세기 한국문학을 대표하는 목포의 작가다. 일제시기 압제와 가난 속에 고통스럽게 살아가는 도시의 노동자나 농촌의 농민들의 실상을 고스란히 펼친 사실주의 작가이다. 1925년 '추석 전야'로 문단에 데뷔한 이후 1988년 85세로 타계하기 까지 '백화', '북극의 여명' 등 수십편의 작품을 남겼다. 그 중에서도 '홍수전후', '고향 없는 사람들', 그리고 '한귀'

는 지주들의 횡포 앞에 살아가는 소작농민들의 실상에 더해 불가항력적인 천재 앞에서 무기력하게 피해만 입고 살아가는 비참한 현실을 폭로하는 대표작품들이다.

단편소설 '한귀'는 나주 금천면의 광암리 농촌 들녘을 배경으로 하고 있다. 작가는 이 마을에 사는 언니네 가족들과 잠시 지내면서 겪은 실화를 바탕으로 썼다. 주인공인 '성섭'은 자신의 형부를 모델로 하고 있다. 광암교회 집사이기도 한 박화성의 형부는 또한 농사꾼이었다. 기독교 신실한 성도이며 농사꾼으로 살아가는 주인공의 피폐한 삶의 현실과 신앙 사이에서 벌어지는 고충과 갈등을 매우 정직하게 그려낸 작품이 될 수 있었던 것은 박화성이 형부와 언니네 가족과 함께 잠시나마 농촌에서 살게 되면서 함께 지낸 경험때문이었다.

"그런 소리 말게, 그래도 하느님이 계시길래 우리가 땅을 부지하고 살지 않는가?"

성섭이는 아내에게 말은 하면서도 사실 자기 역시 작년 홍수 이래로는 하느님에게 대한 믿음이 훨씬 줄어졌다는 것을 자백하지 않을 수 없었다.

"하느님을 믿어라. 믿기만 하면 저 산이라도 능히 옮길 수 있다. 하느님은 악한 사람에게 죄를 주시고 착한 사람에게 복을 주신다."

이런 말은 그가 예배당에서 미국 목사에게 싫도록 듣고 배운 말이요, 집사의 직분이랍시고 가지고 있는 자기 역시 몇 명 안되는 교인을 모아 놓고 설교하던 말은 이 말뿐이었다.

"그러나 작년에 보니 홍수로 못 살게 되는 사람은 나주 영산포에 사는 우리 농군들이었다. 그렇다면 우리는 악한 사람이란 말인가?"

하고 성섭이는 늘 생각해 왔다. 그의 눈에는 제일 착하고 선량한 사람은 농부들인 것 같이 보였다. 한 가지라도 하느님의 말씀을 어기는 노릇은 하지를 않는 사람은 농부들밖에 없는 것 같았다(박화성, '한귀').

광암교회 김재섭, 박경애 부부

주인공 '성섭'은 광암교회 김재섭 집사이며 그의 아내는 박경애 집사다. 김재섭은 이 마을에서 나고 자랐으며 평양 숭실학교에서 영문과를 수학하고 광주의 기독학교에서 교사를 하던 중 같은 동료였던 여교사 박경애와 결혼하여 고향마을에 내려와 농촌 계몽운동을 하였다. 시골 교회를 함께 섬기며 광암 학당도 설립하여 아이들과 청년, 부녀자들에게 한글을 가르치고 신앙과 삶을 일깨웠다. 지금도 나이 지긋한 이 동리 어른들은 어릴 때 이들 부부로부터 한글을 깨우치고 도움을 받으며 살아왔다고 고백한다. 러시아에서 시작하여 1930년대 조선의 농촌에까지 번졌던 브나로드 운동은 이곳 나주 광암 시골마을에서도 김재섭, 박경애 부부에 의해 일었던 것이다.

이들 부부가 이끌었던 광암교회는 그의 아버지 김치묵 씨 등에 의해 1903년에 설립되었다. 조사 김윤환의 전도로 김치묵, 김영환, 최치삼, 김동섭, 이유장 등이 예수를 믿게 되어 김치묵의 집 사랑채에서 예배를 시작하였다. 후에 교우들이 함께 연보하여 모은 돈으로 6간 예배당을 지었으며, 초기에는 선교사 오웬, 변요한과 한국인 조사 김윤환, 오태랑 등이 이 교회를 시무하였다.

김치묵 씨의 주 믿은 결실

전남 남평군 어천면 신석촌교회 집사 윤문관 씨의 통신을 거한즉 이 지방
은 열두 고을 물이 합하여 흐르는 큰 물가이라. 주의 은혜가 풍성하사 참
빛이 비추어 설교한 지 6,7년이온대, 수재와 한재에 간간 흉년이 드니 교우
들이 빈한함은 말하지 아니하여도 가히 알리로다. 이 교인중에 김치묵 씨
는 본시 글을 배우지 못한 사람으로 열심히 배워 지금은 인도인이 되었는
데, 그 형제 4,5인과 문중에 모든 사람에게 여러 가지 핍박을 많이 당하였
으며 처음 교회 설립할 때에 자기의 사랑에서 예배를 보다가 여러 교인이
연보하여 6간 예배당과 3간 학교를 짓고 여러 객을 대접하는 일에 대하여
도 자기가 독당하고 그 부인은 더욱 열심히 공부하며 그 자녀 6,7인을 열심
히 교육시키며 그 머슴들까지라도 주일을 잘 지키게 하고 동리에 빈한한
형제자매까지라도 종종 구제한다더라(예수교회보, 1911년 10월 24일).

광암교회 초기 성도 가운데 김치묵 씨는 상대적으로 이 마을 사람 중에서
는 형편이 나았는 지 모른다. 부리는 머슴까지 있다 하였으니, 어느 정도는
지주였을 터이고 제법 너른 집이 있었으니, 마을에 예수님을 믿는 사람들이
생기면서 그의 집 사랑채에서부터 예배하며 광암교회가 시작된 것이다.

김치묵의 아들 김재섭의 아내 박경애는 목포와 전남의 신여성 1세대다.
목포에 세워진 전남의 최초 여학교인 정명학교가 1911년 첫 보통과 졸업생
4명을 배출했는데, 박경애가 1회 졸업생이었다. 그녀는 광주 수피아학교
에서 1920년대 교사를 하던 중 김재섭을 만나 결혼하였고, 이후 부군의 생
가인 나주 광암마을에서 지내며 교회와 학교, 그리고 나주읍에 있는 유치

원 교사로도 봉직하였다.

나주 유아 개원

이때까지의 나주 유치원은 보모 문제로 당분간 휴원을 하였던 바, 이번에
그전 광주수피아고등여학교 교사로 있던 박경애 씨에게 보모의 책임을 맡
기어 오늘부터 개원할 터이므로 어린이를 많이 보내기시기를 바란다더라
(동아일보, 1925년 5월 1일).

광암교회 바로 뒤편에는 1968년 지어져 사용했던 예배당이
지금도 그 형체가 잘 보존되어 있다.

나주 금천면 광암리 마을에 예수 공동체의 구심을 이루어온 지 100년을
훨씬 넘어선 역사 깊은 광암교회는 크고 멋지게 지어진 새 예배당과 옛 예

배당 건물이 앞뒤로 공존하고 있다. 1968년에 지어진 옛 교회 건물은 겉 형체가 고스란히 잘 보존되어 있다. 할아버지 때부터 시작하고 믿음의 유업을 이어가는 손자 며느리가 교회의 권사로 섬기며 여러 친척과 마을 후배들이 여전히 믿음의 공동체를 잇고 있다.

주의 백성들 위에 단비를 부으소서

농사지으며 살아가는 신자들이 한 마을에서 불신자들과 겪는 갈등과 분쟁은 자주 있었으리라. 기우제를 아무리 지내도 비가 내릴 기미가 안 보이자 급기야 불신자들이 분을 참지 못하고 교회를 부수러 몰려 들었다. 그런데 그 순간에 거짓말처럼 비가 내려 다행히 봉변을 피했던 적이 어디 한 두 번 이었으랴. 농촌의 기독교 신자들은 "가물어 메마른 땅에 단비를 내리시듯…" 찬송을 간절히 부르고 외쳤으리라. 가뭄 때문에 자신의 생업에도 고충이 따르는데, 신앙의 이유 때문에 같은 마을 주민이고, 한 농민이면서도 마음을 같이하지 못하며 긴장과 갈등 속에 지내기 태반이었으리라. 농군 성도들에게는 신앙의 깊이만큼이나 자신들의 생업에도 하늘의 은혜와 도우심이 항상 절실한 소망이다.

120여 년의 오랜 역사를 향해 나아가는 광암교회. 이제는 농촌 마을에 젊은이들이 보이지 않고 농사짓는 것도 예전만 못해져 가기에 더욱더 광암 들녘과 시골 교회에 성령의 은혜가 충만하길 소망하지 않겠는가. "빈 들에 마른 풀같이 시들은 나의 영혼 주님이 약속한 성령 간절히 기다리네. 가물어 메마른 땅에 단비를 내리시듯 성령의 단비를 부어 새 생명 주옵소서. 아멘!"

나주 4
나주에서 시작한 사랑의 혁명

하루가 다르게 인구가 줄어들고 있는 전라남도, 전남의 한 가운데 있는 나주의 전통 지역 역시 예외가 아니다. 그런데 2014년 경부터 사정이 달라졌다. 금천면, 산포면 일대에 대단위 신 시가지가 생긴 것이다. 외지로부터 인구가 급속도로 유입, 증가하고 있다. '빛가람혁신도시'라고 하는 나주의 혁신도시는 정부의 공공기관 분산정책에 따라 생긴 인위적 도시다.

서울 수도권에 있던 '한국전력공사'와 그 산하 기관 및 기타 기관들이 대거 옮겨온 탓에 종사자와 그 가족들이 함께 들어오고 있다. 정부 기관 건물은 물론 고층 아파트 단지와 생활 공간 시설까지 구도심의 나주와는 전혀 세상인 나주 신도심이 우뚝 섰다.

산업화 도시화로 급성장하면서 신도시가 생기는 현상은 수도권 지역뿐만 아니라 지방에서도 꽤 나타나고 있다. 모든 것이 새롭고 현대화된 시설과 주변환경으로 삶의 질도 훨씬 나아지고 풍요로워졌지만, 갑자기 들어선 주거단지에는 불편한 일들도 따라 생기게 마련이다. 생활 편의시설과 자녀들의 교육 시설이 미처 따라오지 못한다던지, 생각지도 못한 고충과 애로사항들이 발생하는데 이곳 나주 혁신도시도 예외가 아니다.

그 중에 하나는 어디선가에서 넘어오는 악취였다. 바람따라 불어오는 지독한 냄새 탓에 멀리서 새로운 꿈을 안고 들어온 이주민들은 고통스럽고 후회가 들기도 했다. 나주는 혁신신도시를 벗어나면 예나 지금이나 전통 농촌 마을이다. 너른 평야에서 농사 짓고 살아가는 탓에 거름과 농약 냄새는 늘상 익숙하다. 더하여 잘 안 보이지만 곳곳에 축사도 있어서 가축에서 나오는 냄새와 갖가지 문제들이 산재해 있다.

주민들의 지속적인 시정 요구 속에 점차 문제 해결이 이루어져 가는 중인데, 가장 큰 고민이었던 호혜원 가축 시설의 폐지는 상당한 진척이었다. 축사를 통해 자활하며 생활하던 호혜원 한센인들에게 나주시는 2019년 새로운 주택을 지어 입주하게 하였고, 호혜원 주민들은 생업이었던 축산업을 포기한 것이다.

나쁜 편견과 악한 혐오

호혜원 나환자들은 오래도록 돼지, 닭 등 가축을 기르고 사업하는 것으로 생업을 이어왔다. 폐쇄적인 공동체를 이루며 살아야 하는 그들은 남의 눈에 보이지 않는 야트마한 산 속에 터를 잡고 축산하는 것 만이 가능한 일이었고 현실이었다. 지금이야 우리나라도 사회복지 제도와 혜택이 제법 좋아졌지만, 얼마전 까지만 해도 가난과 질병으로 살아야 하는 많은 사람들에겐 그렇지 못했다. 하물며 한센병을 앓고 살아가는 사람들은 더더욱 언감생심 아니었던가. 이웃과 나라의 도움은 커녕 외려 피해 살아야 하고 도망 다녀야 했던 그들이다. 정부의 도움이 미치지 못하던 60, 70년대 육영수 여사의 헤아림은 그래서 예사롭지 않다.

육영수 여사는 17일 하오 헬리콥터 편으로 나주군에 있는 나환자 정착촌
현애원(노안면 유곡리)과 호혜원(산포면 신도리)을 방문, 종자돼지 55마리
를 기증했다. 이 종자돼지는 양지회가 나환자들의 자립터전을 이루어주기
위한 기금으로 마련한 것인데 양지회는 앞으로 전국 37개소의 나환자 정착
촌에 470마리의 종자돼지를 보낼 계획이다(경향신문, 1971년 12월 18일).

가축을 기르며 근근히 생계를 유지하던 한센인들, 그 어느 누구의 도움
도 받기 어려웠는데, 육 여사의 계속된 마음 씀씀이는 너무도 고마웠다.
1966년 처음 이 마을을 찾아와 목욕탕 건립 사업에도 도움을 주더니 두 번
째 방문길에는 종돈까지 보태 주었다. 호혜원 동산의 축산업은 이곳에 숨
어 지내다시피 살아가는 한센인들에게는 삶 그 자체요 거의 유일한 생계
수단이었다. 자신의 의지와 상관없는 나병으로 인한 평생의 서러움, 억울
하고 분통 넘치는 인생을 그 누가 알아주랴.

해와 하늘빛이
문둥이는 서러워
보리밭에 달 뜨면
애기 하나 먹고
꽃처럼 붉은 울음을 밤새 울었다
(서정주, 문둥이).

문둥이라는 좋고 쉬운 순 우리말이 있는데, 나병환자, 혹은 한센인이라
불러야 한다니. 어디 한자어로 써야 하고 영어권 외래어로 쓰자는 게 한 둘

이랴? 우리 것에 대한 낮은 자존감과 잘못된 편견은 간단치 않다. 정부의 행정 용어도 '한센병'이고 우리 성경에도 '문둥병'이었는데, 개역개정판부터는 '나병'으로 고쳐 쓰고 있다.

신구약 성경에는 나병 든 사람의 이야기가 몇 개 있다. 율법서의 하나인 레위기에는 나병에 대한 규정도 있고, 엘리사 시대 나아만 장군의 경우는 유명하다. 그는 큰 용사였지만 나병 환자였다. 자존심으로 인해 몇 번이고 병 고칠 기회를 놓칠 뻔했으나 결국 그는 선지자의 말에 순종한다. 요단강에 몸을 일곱 번 담그자 거짓말 같이 살결이 깨끗해졌다. 나아만은 하나님을 믿고 따르는 자가 되었으나 선지자 엘리사를 수종들던 게하시는 탐욕에 눈이 어두워 하나님께 벌을 받아 눈처럼 하얀 나병에 걸리고 말았다.

예수님은 갈릴리에서 나병 환자를 고쳐 준 일도 있고, 사마리아를 지나는 길에 10명의 나환자를 고쳐 주기도 했다. 예루살렘에서 십자가 죽음을 눈 앞에 두었을 때는 인근 베다니 마을 시몬이라는 나환자 집에 머무시기도 했다.

피부가 썩어 문드러지는 나병을 '천형(天刑)'이라고 했다. 하늘이 내린 벌을 받는 사람들에게 관심을 보이거나 인간으로 대하는 것 역시 하늘을 거역하는 것이라 여겼다. 그래서 예로부터 사람들은 가까이 하려 하지 않았고, 비인간적으로 취급했다. 아예 상종을 하지 않은 것이다. 오래도록 사람들 사이에서 별개로 취급하고 예외로 여기던 나병인에 대해서 그들도 사람이고 하늘로부터 오는 권리에 따라 치료받고 인간답게 살아야 한다고 몸으로 보여주는 이들이 20세기 조선 사회에 갑자기 등장했다.

당신들이 벌인 사랑의 혁명

포사이드는 목포에서 출발하여 광주로 향하는 길이었다. 전도하는 일에 미쳐 전라도 곳곳을 다니던 동료 선교사가 갑자기 중병에 걸려 사경을 헤매니 빨리 와서 치료해 달라는 전보를 받고 급히 가던 길이었다. 1909년 꽃샘추위가 새로 피는 봄을 시샘하는 탓에 장흥 일대까지 전도하러 나갔던 오웬은 급성 폐렴에 걸려 기력을 상실한 채 광주 진료소에 황급히 옮겨졌다.

포사이드는 말을 타고 숨이 차도록 달리고 달려 광주가 곧 가까이 보이는 듯했다. 나주 금천, 혹은 영산포를 지나는 지점이었으려나. 길가에 쓰러져 있는 여인이 그의 눈에 박혔다. 목숨이 경각에 달린 선배곁으로 빨리 가야 하는데, 그는 지나치던 말머리를 다시 돌려댔다. 문둥병이 심해 보였다. 게다가 죽음을 눈 앞에 두고 있는 듯했다. 무슨 까닭이려나. 포사이드는 그녀를 아무렇지도 않게 들쳐 메어 말에 태우고 광주 진료소를 향했다.

광주에서 기다리던 동료 선교사와 조선인 조사들은 기겁을 했다. 안타깝게도 오웬 선교사는 이미 천국에 가 있었다. 나환자 여인을 진료소에 들여보냈는데, 그곳 환자들이 기겁을 하며 소리를 질러댔다. 별 수 없이 그녀를 인근 양림동산 벽돌 가마터에 있게 하였다. 반만년 조선 사회와 역사에서 상상할 수 없었던 일에 대해 오웬의 아내 휘팅 선교사는 이렇게 소개했다.

벽돌 가마에 모인 사람들이 이 환자가 닥터 포사이드의 따뜻하고 거리낌 없는 손을 잡고 나오는 것을 보고 '마치 주님을 보는 것과 같다'라고 마음 속으로 생각하였다. 그들이 우리 쪽으로 올 때 그 광경은 말로 형용할 수가 없었다. 어느 모로 보나 완벽한 신사의 모습인 닥터 포사이드가 병으로

만신창이가 되어 더럽고 오래 방치된 이 환자의 팔을 몇 번이나 잡아주면서 걸어왔다. 머리는 몇 달이 아니라 몇 년 동안이나 빗지 않은 듯 헝클어지고, 옷은 누더기로 더러웠으며 손발은 부풀어 상처로 덮여있고 온몸에서 지독한 냄새가 풍겼다. 한쪽 발은 짚신을 신었고 다른 발은 두꺼운 종이로 묶었고 걸으면서 심하게 절뚝거렸다.

이 여인은 "같은 한국 사람들이라면 절대로 이렇게 해주지 않을 것입니다. 당신들은 나를 이렇게 대해주지만 같은 동포들은 절대로 그렇지 않습니다.' 라고 여러 번 말하였다(오웬 부인, 더 미셔너리, 1909년 8월).

나환자를 아무렇지도 않게 대하는 포사이드는 참으로 예수 그리스도 같았다. 나환자를 치료해 주고 나환자와 허물없이 지내는 예수님은 2천년 지난 조선의 광주에서도 만날 수 있었다. 조선 사람들은 절대 이렇게 날 대해주지 않아요, 라던 그 여인의 말처럼 그 광경을 보며 최흥종 역시 기겁하며 놀라고 있었다. 어떻게 저럴 수 있단 말인가? 그의 인생 최대의 사건이요 다른 인생을 살게된 출발이었다.

사랑이 사랑으로 누룩처럼 번져

최흥종, 목포에서 올라와 광주에서 선교사들과 함께 기독교를 전하던 선배 김윤수로 인해 예수를 알고 광주 제중원에서 심부름꾼 노릇을 하던 그는 포사이드 선교사로 인해 삶의 행로가 완전히 달라졌다. 그 여인도 이내 죽고 말았고, 포사이드도 목포로 돌아갔지만, 갑자기 광주 제중원에 얼씬도 안하던 문둥이들이 하나 둘 몰려 들었다. 그들을 받아 들인 것은 윌슨 선교사였고, 최흥종이었다.

1911년 제중원 근처에 따로 나병 환자 전용 병원을 시작했으니, 한국 최초의 나병원의 출발이다. 최흥종은 자신의 사재를 털고 인생을 들여 나환자 치료와 그들의 인권을 위해 평생을 헌신했다. 그의 노력으로 전국에 있는 나환자들을 위한 병원이 고흥 소록도에 생겼으며, 재활 시설인 여수 애양원도 생겼다. 광주의 첫 장로를 거쳐 목사가 되기도 했던 최흥종은 나환자와 결핵 환자 등 가난하고 질병에 시달리는 이들을 위한 거리 목회자였다. 최흥종은 무등산에 결핵 환자를 위한 무등원과 송등원을 설립하였고, 음성 나환자를 위한 시설을 나주 삼포에 세운 게 호혜원이었다.

나주에서 벌인 포사이드 선교사의 선한 사마리아 사역은 누룩처럼 번졌다. 광주의 윌슨과 서서평 선교사, 여수 애양원의 토플 선교사에게 그리고 최흥종을 비롯한 여러 조선인들에게도 전염되었다. 사랑이 사랑을 낳고 은혜가 은혜를 옮기게 되었으니, 우리나라에 결핵병과 함께 중병이었던 나병 치료와 돌봄의 미션, 사랑의 혁명이 이루어진 것이다.

폐쇄된 호혜원 축사 자리에는 에너지 복합 단지가 조성될 예정이다. 글로벌 기후 협약을 따라 생태 에너지 시설이 새롭게 들어서고 한전 공대 설립이 이루어져 가면 나주 신도시는 한층 새로운 모습이 될 것이다. 한센 주민들도 깨끗하고 좋은 시설의 주거 공간을 얻어 참으로 꿈같은 노후를 보내게 되었다. 사랑이 사랑을 잇는 까닭에 피부도 새롭게 되고 질병도 고쳐져 인생도 달라진다면 그곳이 하늘 아니겠는가!

나주 5
신사참배 단호히 거부하다

　총회에서 신사참배를 결의하고 대표단이 평양의 일본신사에 직접 찾아가 참배한 1938년 9월 10일은 한국 장로교회의 가장 부끄러운 날이다. 평양 서문밖교회에서 개최한 27회 총회, 하루 전인 9월 9일 개회하여 평북노회 홍택기 목사를 새 총회장으로 선출하였다. 다음 날인 10일 오전에 속회하여 평양노회장 박영률 목사가 신사참배 안을 내세웠고, 찬반 토론도 없이 가결 선포하며 성명서까지 발표하였다.

　　아등(我等)은 신사(神社)는 종교가 아니오, 기독교의 교리에 위반되지 않
　　는 본의를 이해하고 신사참배가 애국적 국가의식임을 자각한다. 그러므로
　　이에 신사참배를 솔선 려행(勵行)하고 나아가 국민정신동원에 참가하여
　　비상시국 하에 있어서 총후(銃後) 황국 신민으로서 적성(赤誠)을 다하기로
　　기한다. 소화 13년 9월 10일 조선예수교장로회 총회장 홍택기

　한부선 선교사 등이 불법을 외치며 항의하였지만 이내 묵살되었고 강행 처리되었다. 주기철 목사 등은 이미 일제에 의해 검거 투옥된 상태였으며,

일본 경찰들이 회의장 곳곳에 포진되어 있어서 강압적인 분위기 속에 일방 처리되고 말았다. 이어서 평양노회 심익현 목사가 즉시 신사참배하자고 청원 가결하여 점심 식사 후 김길창 부총회장과 전국의 23개 노회장들이 함께 평양에 있는 신사에 찾아가 참배하였다.

한국 교회의 부끄러운 역사

유일신 여호와 하나님 만을 믿기로 한 한국의 기독교(계) 종교는 일제 억압통치가 극에 달하던 1930년대 중,후반부터 장로교단을 비롯하여 하나 둘씩 십계명의 첫 조항을 저버렸다. 카톨릭은 1936년 5월 18일 신사참배를 권고하는 로마 교황청의 훈령에 따라야 했고, 개신교의 감리교에서는 1936년 6월 양주삼 총리사가 신사참배 성명이 있었고 1938년 10월 총회 중 남산 신궁 참배가 뒤따랐다.

장로교단에서는 총회 이전에 이미 각 노회별로도 신사에 고개를 숙이던 중이었다. 당시 조선예수교장로회총회 산하에는 23개의 노회가 있었고, 이 가운데 이때까지 17개의 노회가 이미 결의하였던 것이다. 4개월 전인 5월 목포 양동교회에서 열린 30회 전남노회에서도 박연세 목사의 주도로 이루어졌고, 많은 노회들 가운데 유일하게 총회에 이를 담아 보고하였다.

[특별 사항]

금춘 정기노회에 오랫동안 문제로 되어오던 참배문제에 대하여 당국의 지시대로 신사는 종교가 아니오 참배는 국민정신 통일을 의한 국가의식임을 인식하고 본 노회로서도 참배함이 국민의 당연한 의무인 동시에 교회지도

상 선명한 태도인 줄 알고 이를 결의 실행하는 동시에 관내 각 교회에 통지
하여 일반교인으로 취할 길을 보였사오며(박연세, "조선예수교장로회 27
회 총회 전남노회 보고서", 1938년).

총회에 보고한 내용대로 전남노회는 산하 각 지교회에 신사참배에 관
한 문제가 첫 계명을 어기는 게 아니고 국가의 의식일 뿐이므로 참여하라
고 하였다. 종교적 우상 숭배가 아니며 국민으로서 의무라 강조하였으니,
국가주의 종교교회의 죄악과 어리석음이며 이를 각 교회에 명하였으니 잘
못된 일이었다. 전남노회에 속한 284 지교회는 노회의 결의와 통지에 따라
거의 대부분이 신사참배에 나서는 죄를 범하였고, 나주 일대에 속한 교회
와 신자들도 망설이지 않았다.

[나주 팔백기독교도, 신사참배를 결의]
나주군내에 있는 12개소의 장로파 기독교당에서는 800여명 신자가 회합하
여 신사참배하기를 만장일치로 결의하였다는 사실 ― 지난 25일 나주서문
정교회당에서는 나주군내에 있는 12개소의 교회 신자 800여명이 회합하여
박석현 목사의 사회하에 신사참배 문제에 대하여 논의하다가 만장일치로
결의하였다는데 참가 교당은 아래와 같다(동아일보, 1938년 5월 4일).

참가 교당을 밝힌 신문 기사에는 12개 지교회 이름이 나온다. 나주군에
속한 대다수인데, 당시 나주 관내에 함께 있었고 역사와 규모도 지닌 남평
교회는 빠져 있다. 남평교회는 모두가 참여하는 일에 같이하지 않은 것이
다. 신사참배에 대한 노회의 결의나 지역교회의 연대 행사에 불응하고 따

르지 않은 것이다. 불법한 일에 불복종하고 거역하는 것은 교회와 신자로
서 당연한 행동이었다.

불법을 따르지 아니하여 떠난다

믿는 바 도리를 잘 따르고 순종하며 충성하는 것은 쉽지 않다. 반대로 종
교적 교리에 어긋난 일에 대해 분별력을 지니고 거역하며 저항하는 것 또
한 상당히 어려운 일이다. 총 칼을 앞세운 무력앞에 단호한 태도와 절개 지
키는 것은 대단한 신심과 대가를 필요로 한다. 갖은 고문 등의 물리적 피
해뿐만 아니라 목숨도 내놓아야 하는 일이다. 주변에 뜻을 같이하는 이들
이 있다면 더 용기를 낼 수 있으련만, 반대로 너 나없이 굴복하고 국가의식
이라며 적당히 둘러대는 궤변 앞에 나 혼자 뜻을 지켜 내기 참으로 어렵다.
그럼에도 남평교회가 유독 이런 불법과 불의에 불복할 수 있었던 것은 교
회 지도자들의 가르침과 지도력 때문이었다.

일제의 살인적인 강요로 조선인 신자들과 교회의 대다수가 무기력할 수
밖에 없었지만, 상대적으로 미국을 비롯한 외국 선교사들은 신앙을 지키며
강력하게 저항하였다. 교회를 상대하기 전에 이미 학교를 대상으로 한 일
제의 신사참배 강요를 기독교계 학교들은 불복하였다. 특히 미 남장로교
선교회가 운영하는 전라남북도의 미션학교들이 대표적으로 분명한 노선을
보이며 거부하였는데, 1937년 자진 폐교를 단행할 정도였다. 1940년대에
들어서도 선교사들 대다수가 신사참배를 거부하자 일제는 결국 이들을 추
방하였다.

국가주의 교회를 거부하며 바른 신앙을 가르치고 주동했던 미 남장로교

선교부의 한 사람으로 당시 광주를 중심으로 나주와 전남 일대 교회를 지도했던 남대리 목사 역시 늘 분명했다. 자신이 개척하며 돌보던 교회와 성도들에게 신사참배는 우상이라며 지적했고, 종교와 국가에 대해 혼돈하지 않기를 충심으로 가르쳤다. 남대리 선교사의 절대적 영향아래 있었던 남평교회와 성도들은 이를 중히 따르고 복종하며 불법에는 단호히 대처했다.

> 1936년 4월부터 나는 남대리 선교사와 함께 지방순회를 하며 복음을 전파하게 되었다. 당시에 남대리 선교사가 돌보는 지역은 나주, 영산포, 남평 등지에 산재한 40여 교회였다.
>
> (중략)
>
> 우리의 기도제목 둘째는 당시는 일본의 군국주의가 극에 달하여 저들은 소위 대동아 전쟁이라는 것을 일으키고 동남아 전역을 삼키기 위해서는 우리 민족 전체를 먼저 일본사람으로 만들려고 하였다. 그래서 우리 민족과 일본 민족은 하나이라는 것을 내세우려고 애를 썼다. 저들은 일본 사람과 우리 민족의 정신을 통일하기 위하여 서울의 남산을 비롯하여 곳곳마다 높은 언덕위에다 신사를 짓고 모든 국민으로 하여금 신사에 가서 참배를 하라고 하였다. 불신자들에게는 이것이 아무 것도 아니었지만 기독자들에게는 할 수가 없는 일이었다. 그래서 우리들은 이것을 반대하고 아침마다 신사참배를 거부하기 위하여 기도한 것이다. 우리의 기도회는 해를 거듭하였다(강태국, "나의 증언").

뉴랜드(LeRoy T, Newland, 1885~1969, 남대리) 선교사는 1911년 아내 사라(Sarah Louise Andrews, 1891~1981)와 함께 내한하였다. 목포와 광주를 거점으로

하여 주로 나주 지역을 비롯한 전남의 농촌 지역을 순회 사역하였다. 태평양전쟁 발발과 함께 일제에 의한 선교사 강제 추방으로 미국에 돌아가기까지 30여년 동안 남대리 부부가 전남 일대에 세운 교회 만도 120여개다.

가난한 농민들과 성도들을 참으로 사랑했던 그는 매우 사교성도 뛰어났다. 나주의 삼도리교회, 토계리교회, 덕곡교회, 대안리교회를 비롯하여 영암, 강진, 함평 영광 고창까지 여러 지역을 다니며 교회를 개척하고 전도하는 일에 충성하였다. 뉴랜드의 조사 조경주 장로는 상촌과 대안교회의 성도요 교회 지도자로서 전남노회 재정담당을 오래도록 충성스럽게 감당한 자로 유명하다.

남대리 선교사의 지도를 받으며 광주와 나주 일대의 교회를 순회하며 함께 섬기던 강태국 목사는 청년들과 함께 신사참배 반대 기도회를 벌이던 중 일제에 검거되어 옥고를 치루었다. 1904년 제주에서 태어난 강태국은 15세에 모슬포교회 윤식명 목사를 통해 기독교 신앙을 갖게 되었고, 18세에는 제주교회 김창국 목사의 소개로 숭일학교를 다녔다. 광주에서 학업을 하는 중 일생의 큰 멘토 남대리 선교사를 만나게 되었고, 그의 도움을 따라 평양 숭실학교와 일본 고베신학교를 나왔다. 고국에 돌아와 전남 지역에서 목회 사역하는 중 신사참배 반대하며 고난을 치루었고, 해방 후 미국에 건너가 신학을 더한 후에 돌아와 한국성서신학교를 설립, 수많은 한국교회 지도자들을 배출하는데 헌신하였다.

돈과 권력 앞에 다시 엎드려야 하는가

남대리, 강태국과 함께 남평교회가 신사참배를 반대하는 일에 나선 것은 강순명 목사, 이남철 등의 리더십도 컸다. 일제에 의해 노회와 총회가 더 어용화되고 기독교의 본질을 상실해 가자 남평교회는 노회를 탈퇴하였다. 예수 공동체 본연의 정체성과 본질은 사라지고 일제 군국주의와 황도에 휘몰리고 뭉개진 채 껍데기만 남은 종교 교회일 뿐인 노회나 총회와 함께 할 수 없었기 때문이었다. 바른 신앙을 지키려는 일에는 분리주의가 아닌 분별력이 분명해야 하고, 선명한 신앙 색채가 더 중요하게 자리잡고 있어야 하지 않겠는가.

언제고 일제 피식민 상태일 것 같았는데, 교회가 더 이상 회복하지 못하고 한없이 추락할 것처럼 보였는데, 감사하게도 금방 일본이 망하고 해방이 되었다. 여전한 외세가 있었지만, 나라의 주권은 회복되었고, 교회도 다시 본연의 자리를 찾게 되었다. 총회와 노회가 복구되면서 남평교회는 다시 전남노회로 돌아오게 되었으니 참으로 감사한 일이 아니련가

> 노회를 탈퇴하고 자유로 나갔던 나주남평교회가 본노회에 귀속 청원 건은
> 허락하고 박석현 목사로 치하케 하심을 바라오며(전남노회 제 36회).

해방 이듬해인 1946년 5월 7일 제 36회 전남노회가 목포양동교회에서 있었다. 새 회장에 정순모 목사가 선출되었고, 3일째인 9일 임사부 보고를 통해 남평교회의 귀속을 허락하였다. 일제 말기 신사참배 영향으로 인해 노회를 떠났다가 다시 돌아온 교회는 남평교회가 유일했다. 다른 신을 섬길

수 없었기에 같이 할 수 없었고, 이제 다시 유일하신 하나님을 제대로 섬기기로 하였기에 복귀하였고, 모두가 참회와 반가움으로 환영한 것이었다. 고난과 역경을 마다않고 신앙의 지조를 지키며 아름다운 믿음의 모습을 보였기에 고마움과 칭찬은 당연했다. 그러지 못한 다수는 참회와 반성을 통해 다시는 그런 일이 없기를 결단하고 하나님께 감사의 예배를 올렸으리라.

　한국교회의 아픔과 부끄러움이 여전히 생생한 데, 오늘 다시 쓰린 과거사를 떠올리게 하는 일들은 참으로 어리석고 가슴 아프다. 과거에는 무력 앞에 굴복했는데, 지금은 돈과 권력, 명예 앞에 속수무책이다. 주님의 교회를 자녀에게 버젓이 세습하는 데도 아무 부끄럼도 죄의식도 없다. 거짓과 속임수가 난무하는 데도 교회가 크고 성도 수가 많으면 거칠 게 없다. 교회와 신자들을 극우 정치화하며 불의한 일에 동원하는 패역한 짓들이 이미 도를 넘고 있다. 그럼에도 정당한 치리를 하지 못하는 노회와 총회가 또한 지금의 실상이다. 잘못된 역사가 되풀이 되려는가? 엉뚱하고 모난 행태들은 멀리하고 정직하고 용기있게 지냈던 신앙의 선배들을 제대로 알고 본받아야 할 일이로다.

제3장

—

영광

영광 1
순교자의 신앙따라

　우리나라에서 소금 생산이 가장 많은 곳은 전라남도의 신안과 영광 지역이다. 영광에는 소금의 이름을 딴 지명까지 있을 정도다. 소금이 있는 산, 영광군 염산(鹽山)면은 간척지 공사로 인해 농지와 함께 염전이 많이 생겨났다. 영광의 특산물 굴비를 만들려면 상당한 소금이 필요하기에 미네랄이 풍부한 염산면의 천일염 생산이 이웃한 것이다.

　짜지 않으면 그건 소금이 아니다. 짠맛이 핵심인 백색의 결정체, 우리가 먹는 음식의 대표 조미료 소금이다. 굳이 음식까지 아니어도 공기, 물과 함께 우리 인간에게 필수요소가 소금이다. 성경에서도 소금의 짠 맛을 중요하게 다루고 있다. 성결과 거룩함의 상징으로 거론되기도 하고 기독교인으로서의 정체성을 강조할 때도 등장하는 게 소금이다. "너희는 세상의 소금이니 소금이 만일 그 맛을 잃으면 무엇으로 짜게 하리요 후에는 아무 쓸 데 없어 다만 밖에 버려져 사람에게 밟힐 뿐이니라"(마 5:13).

　소금이 제 맛을 유지하기 위해 짠 맛을 확실히 하는 것처럼, 기독교인 역시 세상과 구별되고 거룩함을 지니는 정체성을 분명히 해야 할 것이다. 염산면 주민으로서 소금을 채취하고 생산하며 살아가기도 하고 한편으로 유일신을 좇아 신앙을 일구던 기독교인들은 그 존재를 또렷이 하고 선명히 하느라 목숨까지 잃어야 했다. 하나 둘이 아닌 142명이라는 많은 성도들이 죽임당했다.

1950년 6.25 남북전쟁기에 공산과 좌익에 의해 희생당한 염산면 성도들은 야월교회에서 65명, 그리고 염산교회에서 77명이다. 담임목사와 가족을 시작으로 일흔일곱명의 성도가 순교당한 염산교회, 숫자의 많고 적음이 중요한 건 아니지만, 굳이 따지자면 무안 복길교회가 86명이나 순교당했다 하니, 염산교회는 두 번째로 많은 순교자 교회인 셈이련가.

목자가 양들 놔두고 어딜 간단 말이오

김방호 목사는 굽히지 않았다. 교회 일꾼들이 배를 준비하여 급히 이 곳을 빠져 나가야 한다고 강권했지만, 그는 요지부동이었다. 들판에 위험이 닥친 양들을 두고 목동 혼자 도망갈 수 없듯이 위험한 지경에 처한 성도들 두고 목사로서 '나 몰라라'하고 피신할 수는 없는 노릇이었다. 휴전선이 무너지고 북한 인민군이 남침했다는 소식이 전해지자 지역내 좌익들이 준동하여 이미 피해가 시작된 터에 마침내 7월 23일 인민군이 영광에 들어온 뒤부터는 민간인들에 대한 위협이 가중되었고, 더군다나 예수님을 믿는 기독교인이거나 목사는 목숨을 보장할 수 없는 상황이었다. 공산당이 예배당을 빼앗아 점거하였고, 김방호 목사와 가족들은 성도들 집에 흩어져 은신하는 중이었다. 국군과 UN군이 상륙하자 전세가 역전되어가고 인민군과 좌익들은 더더욱 학살과 만행을 벌이며 퇴각하려는 즈음인 10월 7일에는 예배당이 불타 버렸고 듬직한 청년 기삼도 군이 살해당하였다는 소식도 들었다.

10월 하순 인민군은 멀리 후퇴하였지만, 남아있던 지역내 좌익들은 김방호 목사 가족을 붙잡아 전부 학살하였다. 아내 김화순 사모와 아들과 손녀까지 모두 8명이었다. 장남 김휼은 당시 목포에서 학교 선생으로 있었는데, 역시 그도 목포의 한 야산에서 순교하였다. 차남 김익 전도사는 비금 덕산교회에 있었던 탓에 다행히 화를 면하였으니 김방호 목사 가족중에 유일하게 남은자였다. 김익 전도사는 전쟁의 화로 인해 순교당하고 예배당도 불타 없어진 염산교회에 아버지를 뒤이어 1951년 4월 7일 부임하였다. 좌익들로부터 가족이 살해당하고 피해 상처 큰 성도들에게 자신도 역시 그렇다며 원수를 사랑으로 대하여 용서하고 예수 믿게하는 일에 힘쓰자고 하였다.

[주후 1951년 4월 제 4대 교역자 김익 전도사 초빙]

고 김방호 목사님의 2남으로서 김방호 목사님을 이 땅에 순교의 제물로 바친 그는 부모님의 원수갚는 것은 예수를 전함에 있다 하여 원수 3명을 사랑하는 예수님의 명으로 살려주고 8개월을 교회 봉임하며 목사관을 교회로 하고 인도하는 중 부흥의 불은 땅을 흔들 듯 100명에 가까운 집회가 되는 중 8월 중순에는 한국에 묻히려는 선교사 유화례 부인의 특별위안집회가 있었으며 11월에는 전도사의 장래를 위하여 신학교에 진학케 하였으니 이것이 염산교회의 첫 신학생 파송의 길이러라(염산교회 교회록).

김방호 목사의 단호한 신앙과 절개는 일제 시기 항일운동 같이하던 아버지로부터 영향받은 것도 컸으리라. 김방호는 1895년 경북 경산에서 장남으로 태어났다. 아버지 김기삼은 경산의 3.1 만세 운동 때 첫 희생을 당하였다. 시위 주동자 집안이라고 김방호의 집이 몰수당하고 수배당하자 고향을 떠나 만주로 망명하였다. 그곳에서 독립자금을 모금하며 운동가로 지내던 중 예수님을 접하고 기독교 신자가 되었다. 국내에 들어와 공부하며 신자로서도 활동을 하는 동안 전남 장성의 소룡리교회가 운영하는 학당에서 아이들을 가르치기도 했다. 이때 만난 도대선 선교사의 조사로 봉사하였고, 이 교회에서 장로로 장립받았다. 김방호는 평양신학교에서 공부하고 1933년 졸업하여 전남노회에서 목사 안수를 받았으며 영광읍교회를 시작으로 신안 덕산, 나주 상촌과 영산포교회를 거쳐 염산교회에 1950년 3월 10일 3대 교역자로 부임하였던 것이다.

소금처럼 짜디 짠 신앙공동체를

담임목사 가족이 화를 당했듯이 성도 가족들에게 닥친 순교의 아픔도 컸다. 노병재 집사와 3형제 가족과 친족들도, 목포성경고등학교에 재학하며 목회자의 길을 준비하던 기삼도를 비롯한 교회 청년들도, 그리고 염산교회의 설립자로서 교회의 기둥 역할을 하였던 허상 장로와 그의 아내 이순심 집사도 순교자의 뒤를 이었다.

염산교회는 1939년 군남면 옥실리에서 처음 시작되었다. 군남 포천교회에 출석하던 이봉오 성도와 당시 인근 야월교회 영수였던 김성종이 합력하여 예배당을 지었다. 그리고 광주 양림교회에 출석하며 성경학교 과정을 이수하였고, 전남노회 파송 전도사로 1936년 57세에 군남교회 전도사로 사역하던 허상 전도사(집사)는 염산교회의 설립과 발전에 함께 협력하던 중 1940년 9월 1일 헌당예배를 드린 염산교회의 첫 교역자로 부임하였다. 교회는 염산면 면소재지로 옮기기로 하여 1947년 4월 28일 현 위치에 새로 예배처소를 정하고 원창권 목사를 2대 교역자로 청빙하고 교회 이름도 염산교회로 바꿨다.

1년 전인 1946년 4월 염산교회 첫 장로로 김동근과 함께 장립된 허상 장로는 후대 교역자들과 함께 교회를 이끌며 섬기던 중 6.25 동란에 여러 교우들과 아내와 함께 1950년 10월 13일 교회 앞 바닷물에 무참히 수장되었다. 허상 장로의 동생은 허화준 목사이며, 그의 자녀들 중 아들 허숙일, 손자 허민구, 증손자 허경제 역시 모두 목사이다.

해방 70년!
뒤돌아보아도 잊을 길 없는
한많은 6.25
누가 보았소?
피맺힌 그날을!
염산의 77에 무슨 일이?
연자 맷돌 줄줄이
목줄에 엮여서
어매요 아배요
누나야 아우야
대창 총부리에 떠밀려
넘실거리는 파도 속으로
언니야 무섭다
조금만 참아라
우리는 천국 간다

그렇게

원수를 용서하며

기꺼이 순교의 길을

찬송하며 떠났다

주님이시여

어찌 하오리까

이 죄인은 못할 것 같습니다

이 망구(望九(망구)를

용서하옵소서

(한수남, "순교의 열매").

숱한 사람들이 수장당한 아픔을 간직한 설도항 바닷가, 항구의 뒤쪽 야트막한 언덕에 자리한 염산교회 앞 뜰에는 순교자들의 합장묘와 함께 77인의 순교기념비가 있고, 조금 떨어진 곳에도 순교자 탑이 있다. 이곳을 방문한 노년의 할머니 권사는 순교자들의 놀라운 신앙과 안타까운 감상을 짧은 시로 지었다. 그와 같은 일이 다시 일어나고 타인이 아니라 나에게 닥쳤을 때 어떻게 할 수 있으려나. 이렇게 호의호식하며 태평천대를 누릴 것 같은 2020년대에 한반도에서 죽고 죽이는 전쟁이 재발하고 다시 총부리 겨눈 자들에 의해 신앙의 절개가 심판받을 때 과연 나는, 우리는 선배들의 의연함과 충심을 제대로 이어갈 수 있으려나. 순교자에 대한 지난 날의 이야기, 단순한 감정과 공명에 들떠있을 일이 아니고 제대로 된 역사와 교훈, 오늘 우리가 배우고 겸허히 새겨야 할 일이로다.

김방호 목사 가족사진

영광 2
성도의 죽음을 귀히 여겨

참혹한 학살이었다. 백성들 가운데서 하나님의 수종을 드는 제사장 85명이 일거에 죽임을 당하는 끔찍한 살상이었다. 이스라엘의 '놉'이라는 지역은 '제사장들의 성읍'이었다. 블레셋 침공으로 하나님의 법궤를 빼앗기고 실로마저 파괴되자 제사장들은 에봇을 가지고 이곳으로 피난하여 새롭게 정착하여 왔었다. 하나님의 임재를 강력하게 체험할 수 있는 곳, 신약의 교회가 있기 전이고 솔로몬의 성전이 있기 전에는 법궤가 있고 그것을 지키고 수종드는 제사장들이 있는 곳이 바로 하나님을 만날 수 있는 곳이다.

다윗은 자신을 죽이려 드는 사울 왕을 피해 도망하는 중이었고 두려움에 가득 차 하나님의 도움과 보호를 요청하고 기도하기 위해 이 곳을 찾았었다. '놋' 땅의 아히멜렉 제사장 앞에 나아간 다윗. 이미 곤경에 처한 다윗과 사울의 적개심을 제사장 아히멜렉은 알고 있었을 것이기에 자신에게 피신하여 피난처 삼으려는 다윗이 불쑥 찾아오자 그도 놀라고 두려웠을 것이다.

역시 개인적인 이유로 이곳을 찾았을 도엑이라는 자가 생각지도 않게 이 광경을 목격하고 사울 왕에게 고자질을 한다. 그리고 사울 왕의 명령을 받아 아히멜렉을 비롯한 제사장들을 다 죽여 버렸다. 사울의 신하들은 아무리 왕의 명이라도 차마 여호와의 제사장들을 죽이지 못하겠다고 싫어했지만, 에돔 사람 출신으로 귀화인이었던 도엑은 그저 공명심에 눈이 어두웠다. 왕이 그토록 싫어하고 적대하는 다윗을 제사장 아히멜렉이 도와주고 역모를 함께 한다고 과장하고 부풀려 고자질하고 공작을 꾸며 결국 국가보안법 위반 혐의를 씌워 재판도 없이 살해하였다. 그렇게 제사장 85명이 끔찍하고 잔인하게 죽임을 당했고, 그의 가족과 가축들까지 모두 쳤다 하였으니 놉 땅에 대한 대학살이었다.

왕이 도엑에게 이르되 너는 돌아가서 제사장들을 죽이라 하매 에돔 사람 도엑이 돌아가서 제사장들을 쳐서 그 날에 세마포 에봇 입은 자 팔십오 명을 죽였고 제사장들의 성읍 놉의 남녀와 아이들과 젖 먹는 자들과 소와 나귀와 양을 칼로 쳤더라(삼상 22:18-19).

다윗은 시편 52편을 통해 도엑의 행위를 고소하고 하나님의 심판을 선포한다. 도엑은 포악한 자요, 간사한 혀로 남을 헤치는 말을 하고 거짓을 사랑하는 자다. 그에겐 하나님의 징계와 멸하심이 영원히 있을 뿐이다. 이 땅에서 이런 악은 뿌리채 뽑혀져야 할 일이다.

65명 전 교인이 살해 당한 야월교회

그렇지만 하나님의 종말적 심판과 구원이 완성되고 완결되기까지 인류의 원죄적 죄성과 적대는 역사가 지속되는 한 유예되는 현실은 고통스럽다. 동서고금으로 계속해서 반복되는 대적과 증오, 보복적 살해와 폭력은 참으로 슬프고 원한에 원한을 더한다. 일제로부터 해방은 되었지만, 여전히 청산되지 못한 식민 잔재와 함께 좌우 이념에 따른 대립과 갈등으로 80

여년 지나도록 한반도는 숱한 상처와 원한이 쌓여있다. 6.25 전쟁은 그 가장 극렬한 대적으로 엄청난 후유증을 낳았다.

군인들 뿐만 아니라 민간인에 대한 살상과 파괴도 예외가 아니었다. 좌익에 의한 것이건, 우익에 의한 것이건 쌍방이 낮밤을 달리하며 서로를 향한 적개심과 보복이 전국 각처에서 만연한 바, 특별히 전남의 영광과 장성으로부터 함평, 나주, 무안, 그리고 영암 일대에서 벌어진 민간인 학살은 너무도 컸다. 그게 무슨 좋은 일이라고 사리에도 맞지 않을 것 같기는 하지만, 중요하게 밝히고 역사적 유의미를 살리기 위해서라도 '대학살 벨트'라고 명명이라도 해야할지 모르겠다. 6.25 동란기에 전남 서남해안을 따라 민간인 피해가 더 심했던 지역들, 그리고 예외 없이 기독교와 관련한 순교의 현장들이 곳곳에 있다.

전남 영광에만 해도 여러 교회 수백여 신자들이 죽임을 당했다. 그 중에서도 야월교회는 한 사람도 남지 않고 전 교인이 다 살해당하였다. 야월 마을은 당시에는 육지가 아니라 섬이었다. 1950년 9월과 10월 사이에 공산군들은 야월도에 있는 민간인들을 학살하고 야월교회 성도들 65명 전원을 살해했다. 직계가족 27명이 참사당한 가문도 있고, 갓난 아이마저 살해당했다.

신자 하나 남기지 않고, 어린아이도 하나 남지 않고 피해를 입은 야월교회였지만, 전쟁이 그치고 참화가 아물어가자 하나님 은혜로 충성스런 일꾼들의 발길이 이어졌고, 복음의 씨앗이 다시 뿌려졌다. 믿는 이들이 새로 생겨났고 교회가 복구되었으며 성장과 발전이 이루어졌다. 교회는 2005년 기독교 순교기념관을 설립하였고 그날의 참상과 아픈 역사를 기억하고 있다.

우리는 살아서 말하고

당신들은 순교로 말합니다.

우리는 입으로 고백하고

당신들은 목숨으로 고백합니다.

우리는 숨 쉬며 살고

당신들은 숨 막혀 죽음으로 여기 살아있습니다.

6 · 25 동란의 광풍

형제 심장에 총을 쏘고 칼로 찔러

피투성이로 쓰러지는 이 한반도를 가슴에 안고

하늘 향하는 믿음 하나로

논도 밭도 강도 바다도

마음도 예배당도 하늘도 땅도

남김없이 불타는 것 보며

더러는 돌에 매달려 바다에 생수장되고

더러는 묶이어 웅덩이에 생매장당한

야월교회 65명 전교인 순교자들이여

그렇게 심장이 터져버린

실로 너무도 가혹하고 끔찍한

그러나

그날 당신들 침묵의 절규로 드린

거룩한 봉헌의 제물이여

저기 갯바람 소리 서해 파도 소리로

그 고통 지금도 여기 들리고

오늘은

당신이 뿌린 피 제단에서

우리 같은 엉터리들도

이렇게 풍성한 하늘 복을 추수합니다

(고훈, "당신들이 뿌린 순교의 피로).

　시인 고훈 목사는 야월교회의 참상을 기억하며 순교의 피가 이어지는 기독교 생명과 부활의 역사를 그려낸다. 교회와 성도들이 벌인 하늘나라 역사는 참으로 귀하고 아름다운 일이다. 당연히 역사적 사실과 제대로 된 이해와 평가가 뒤따라야 한다. 기독교에서 가장 귀한 가치 중 하나인 '순교'에 대한 정의와 평가도 마찬가지다. 전남의 여타 지역의 경우와 마찬가지로 이곳도 역시 좌,우 갈등과 대립에 따른 참사가 큰 원인 중의 하나였다는 것을 주목해야 할 것이다.

순교 신앙, 바르고 분명히 배워야

　공산군이 야월도 섬에 상륙했을 때 경찰에 제보를 하였던 이가 교인이었고 결국 교전 끝에 공산 좌익 세력들이 패했다거나, 또 이때 낙오되었던 이를 교인 정문성이 경찰에 자수케 하였는데 경찰이 사살해 버린 일, 그리고 9.28 수복 이후 국군이 영광에 들어올 때 환영행사에 앞장섰던 이들 중 교인 다수였다는 이유 등등이 인민군과 좌익 잔당들에게 원한이 되어 결국 보복적 학살로 이어졌다는 점이다.

　엄밀한 차원에서 기독교 신앙의 유무라기보다 좌,우 간의 대립과 갈등이라는 점을 살피고 차분하고도 지혜로운 이해와 평가 이루어져야 한다. 순교에 대한 나이브한 접근이나 지나치게 과장 확대하며 의미 부여 하려는 것은 오히려 참화 당했던 선배들을 욕되게 하는 일일 수도 있고, 우리 후배들로 하여금 기독교 신앙의 정당성을 흐트릴 수도 있기 때문이다.

기독교는 사랑과 평화의 종교다. 막힌 담을 헐고 둘을 하나되게 하시는 예수 그리스도의 삶과 가르침을 따라야 한다. 80여년이 흐르며 여전히 남과 북이 대치하고 있는 한반도에서 선인들의 숭고한 피를 바르게 이해하고 기억하며 진정 타자를 향한 배려와 이해, 합력과 평화의 십자가를 져야 하지 않겠는가. 성도의 죽음을 귀히 여기시는 하나님의 마음을 진실로 배워야 하는 오늘 한국의 교회다. 교회의 사명과 책임을 제대로 살펴 갈등과 보복의 역사를 지우고 용서와 공생의 새로운 시대를 만들어 가야 할 것이다.

영광3
신령한 땅에 하늘 은혜 더하여

전라남도 영광(靈光)은 이름처럼 참 신령한 빛이 내리는 곳인가! 농어촌 마을 영광은 우리나라에서 가히 종교의 고장으로 불릴 만하다. 각 종교의 탄생지이며 종교 유적지가 유독 많은 성지다. 백제 불교의 최초 도래지가 있는 곳이고, 원불교가 시작된 곳이며, 천주교와 개신교는 역사적 상처를 많이 입은 곳이 전라남도 영광군이다.

불갑면 모악산 자락 일대는 가을이면 상사화 즉 꽃무릇이 천지다. 이곳에 유서깊은 사찰 불갑사가 있다. 삼국시대인 백제 침류왕 384년경 인도 간다라 승려인 마라난타가 이곳까지 찾아와 불법을 전하고 도량을 지어 시작하였다고 한다. 우리나라에 처음 불교가 시작되어서 이름을 불갑사(佛甲寺)라 하였으니 영광은 우리나라 불교의 도래지인 셈이다.

원불교가 시작된 곳이기도 하다. 1916년 소태산 박중빈은 "물질이 개벽되니 정신을 개벽하자"라는 취지로 제자들을 양성하며 신종교를 창설했다. 영광 출신인 그는 고향에서 스스로 깨달음을 얻었는 바, 모든 진리는 하나의 원과 같이 통한다는 이론을 세워 둥근 원을 상징으로 하였다. 부처의 가르침으로부터 영향을 받았지만, 그렇다고 원불교의 조직이나 운영 방식은 불교와는 전혀 무관하다. 일제시기 박해속에서도 나름 발전하여 100여년의 긴 역사를 지니게 되었고, 백수읍의 영산성지를 발상지로 하여 전북 익산에 총본부를 두고 포교를 넓히고 있다.

천주교가 영광에 들어온 것은 1791년 신해박해 이전부터였을 것이다. 정약용의 고종사촌되는 윤지충 등이 전라도 일대에서 전도하였고 그는 신해박해때 순교당하였다. 영광에 천주교 신자가 늘었을 터이고 10여 년 후에 또다시 일어난 1801년 신유박해 사건때는 영광의 천주교 신자 6명이나 순교 당하였던 기록이 전해지고 있다.

개신교는 특별히 6.25 전란 때 민간인 피해와 함께 기독 신자들도 많이 희생 당한 곳이 영광 지역이다. 염산교회, 야월교회, 백수읍교회, 법성포교회, 영광대교회, 그리고 묘량교회 신도들 약 200명이 무참히 학살당하였다. 이를 기리는 순교탑과 기념관 등이 피해를 입은 교회와 그 주변 곳곳에 설치되어 있어 많은 순례자들을 맞이하고 있다. 선인들의 슬픈 역사를 돌아보게 하며 여전한 남북간 분단과 갈등의 시대를 헤아리게 하고 민족의 평화와 공생을 위해 기도하게 한다.

영광에 복음의 빛이 내리어

호남 땅에 기독교 복음을 펼친 미 남장로교 선교회. 전북 지역의 군산과 전주에 베이스캠프를 설치한 이후 전남 지역에도 사역을 펼치기로 하였다. 1898년 봄 목포에서부터 시작하여 영산강을 따라 북쪽의 나주와 광주, 그리고 영광에도 선교사와 그들의 조사들이 들어가고 교회를 설립하기 시작하였다. 조선예수교장로회 사기에는 1899년 하라리교회를 시작으로 1903

년 대전리교회, 1904년 신천리교회, 1905년 무령리교회, 1908년 염산리교회, 1916년 백년리교회, 1919년 법성포교회, 1921년 지양리교회 순서로 설립되었다고 나와 있다.

> 1905년 영광군 무령리교회가 성립하다. 초에 선교사 배유지와 조사 김문삼, 박인원의 전도로 최봉륜 외 남녀 56명이 신종하여 최봉륜 집에서 예배함으로 교회가 성립되다.
> 1906년 영광군 무령교회에서 선교사 배유지의 기부금으로 8간 가옥을 매수하여 예배당으로 사용하고 조사 변창연, 이계수, 이경필이 이어서 시무하니라(조선예수교장로회 사기).

전라남도 서북부에 위치한 '영광' 지역은 예로부터 역사를 따라 '무령'이란 이름과 서로 교차하며 사용하였다. 백제 시대에는 '무시이군'이었으며 757년 '무령군'으로, 940년 고려 태조 23년에는 '영광군'으로 개칭하였다. 그리고 1895년에는 전주부 영광군에서 1896년 전라남도 영광군이 되어 오늘에 이르고 있다. 이웃한 고창이나 장성, 함평이나 나주 무안의 일부 지역이 편입되거나 타 지역으로 빠져 나가면서 지금의 영광군 경계가 이루어졌다. 영광읍, 백수읍, 홍농읍 등 3개의 읍과 8개의 면으로 되어 있고, 낙월도, 안마도, 송이도 등 62개의 섬이 있다. 인구는 5만 6천여 명인데 1960년대에는 16만 명을 넘었었다.

'영광'과 함께 번갈아 사용되던 '무령' 지명은 실제 지금도 영광읍내에 한 마을 이름으로 지속되고 있다. 영광읍내의 중심 지역을 차지하는 무령리에는 군청을 비롯한 주요 관공서들과 함께 영광 초기의 복음의 기지였던 무령교회의 전통을 잇는 영광대교회가 자리하고 있다. 전남 기독교의 개척자 배유지 선교사가 목포에서 광주로 사역지를 옮기면서 전남 북부 일대를 책임맡았는데, 조사들과 함께 이곳 영광에도 찾아와 복음을 전하여 시작하였으니 조선사기의 기록에 따르면 1905년부터이다.

3.1 독립 혁명 주도한 위계후 조사

무령교회의 초기 지도자들은 배유지 선교사를 비롯하여 한국인 조사로는 김문삼, 박인원과 최봉륜 등의 성도가 있었고, 뒤이어 변창연, 이계수, 이경필 등도 충성하며 교회를 이끌었다. 사기에는 나오지 않지만 초기의 중요한 지도력을 발휘했던 위계후 조사도 있었다. 그는 특별히 1919년 일제 강점기에 일어난 민족의 자주 독립 혁명운동 때 영광의 군민들과 신자들을 이끌고 앞장선 인물이기도 하다.

위계후는 담양 창평 출신으로 광주 농업학교를 다닐 때 기독교 신앙을 갖게 되었다. 졸업후 1914년 30세 된 나이에 영광의 보통학교 교사로 부임하면서 1915년 무령교회의 조사 역할도 하였다. 평소 민족애도 남달랐던 그는 교회와 학교에서 배일사상과 독립 정신을 가르치기도 하던 중 1919년 3월 14일 영광에서 발생한 만세혁명운동에 앞장섰다. 당시 영광의 3.1운동은 조철현, 이병영, 정헌모, 허봉, 조술현 등이 주도적으로 나섰는데 이들과 함께 발맞춰 거사를 치룬 것이다.

위계후는 지역 청소년들을 위한 영광학원을 설립하여 교육에 힘썼는데 이 학교에서 같이 근무하였던 동료들이 목포의 박화성 작가와 영광 출신의 시인 조운이다. 우리나라 민족주의 시인의 초기 인물인 조운의 여동생 조영정이 바로 위계후 조사의 아내였으며, 또 박화성은 여기서 조운을 통해 본격적으로 한국문학계에 데뷔하기도 하였다.

3.1운동이 전국적으로 일어난 즈음에 무령교회는 영광읍교회로 이름을 바꾼 듯하다. 영광읍교회는 일제 강점기 상황에서 기독교 복음으로 생명을 일구고 소망을 꿈꾸는 천국의 보금자리였다. 주일학교 아동들에게 노래를 가르치고 하늘나라의 비밀을 가르쳤으며, 여성들에게도 삶을 일깨워 보다 값진 생명의 길을 개척하도록 면려하였다.

[주일학교 소아연합회]

이번 달 22일 영광읍내 기독교회에서는 동 교회에서 경영하는 소아주일학교 연합대회를 열었는데 순서를 따라 천사와 같은 어린아이들의 맑은 찬미와 숙달된 문답, 그리고 쾌창하고 천진한 연설이 있었고, 화기애애중 폐회하였는데 주일학교 생도는 백여명이요, 남녀 참관이 수백명에 달하였더라(동아일보, 1920년 8월 27일).

[영광 부인전도 강연]

1월 31일 오후 8시 영광기독교회에서는 부인전도 강연회를 개최하였는데 참청 부인들은 정각 전에 만원이 되었다. 동 교회 장로 오태욱 씨의 사회하에 당지 기독부인 야학회 교사 김재순 여사는 "우리는 생명의 길을 구하자"란 문제와 당지 유아원 보모 이순은 양의 "인생의 본분"이란 문제로 각기 열변은 구식부인들에게 많은 각성을 주어 대환영을 받았다 하더라(동아일보, 1922년 2월 8일).

일제시기 저항과 민족애를 지니며 여전도회, 주일학교 등 기관별 사역을 활발히 전개한 영광읍교회는 교육과 전도활동에 열심을 내었다. 교회 밖으로도 유치원과 사립학교 등을 설치하고 지역 아동들을 교육하였으며, 여성들로 모인 부인전도회는 영광 지역은 물론 광주의 부인전도대회 등에도 열심히 참가하며 좋은 성적을 거두기도 하였다.

1920~30년대 영광읍교회 부인전도회는 광주의 서서평이 이끄는 부인조력회 운동과 결을 같이하고 있었다. 전도회 내에 여러 원주회를 구성하여 기도 운동을 펼치는가 하면 성미와 날 연보 등의 사업을 펼쳤다. 1933년에는 이정희 전도사를 비롯한 10여명의 회원들이 전남여전도대회에 참가하여 우승을 차지하는 쾌거를 이루기도 했다. 이정희 전도사는 1903년 평남 개천 출신으로 결혼 후 남편을 잃고 영광까지 내려와 장사하며 생활하던 중 교회에 출석하기 시작했고 이후 이일성경학교를 나와 전도사로 헌신하였다. 평생을 모은 귀한 재산으로 지금의 광주 이일성로원을 설립하는데 도움을 줬고 노인들을 위한 봉사활동으로 여생을 사셨다.

하늘 생명의 떡을 주는

영광읍교회는 1940년대 전후 일제 말기 신사참배 때에는 이를 거부하며 신앙의 정절을 고수하느라 담임 김방호 목사와 편진옥, 노동악 성도등이 고난을 또한 겪기도 하였다. 또한 6.25 동란기에는 교회 사역 출신인 원창권 목사와 김방호 목사가 좌익에 학살되고 본교회에서도 이광연 집사를 비롯한 여러 성도들이 학살 당하는 등 하나님 사랑과 민족 사랑을 실천하느라 고난들이 이어지는 아픔도 많았다.

전쟁기에 성도들의 희생도 컸고 예배당 마저 전소되고 없어지는 바람에 교회는 인근 도동리에서 새롭게 시작해야 했다. 1951년 9월 박요한 목사가 부임하여 교회를 재건하고 상처를 치유하는 일에 열심을 기울였다. 3년 재임기간중 예배당을 새로 짓기도 하고 교회 조직을 재정비하는 등으로 예전의 영광읍교회를 다시 세울 수 있었다.

영광의 초기 하늘 공동체를 시작하였던 무령교회, 그리고 일제시기와 6.25를 거치며 수난과 박해 속에서도 믿음과 유일신 신앙을 지켜내던 영광읍교회, 수많은 일꾼들의 충성 속에 하늘의 은혜와 영광을 누리며 복음의 빛을 내리는 가운데 2002년 이름을 영광대교회로 바꾸어 오늘에 이르도록, 115년이 넘어가는 긴 역사 속에 귀한 발자국을 숱하게 남기고 있다.

영광은 예로부터 '굴비'가 특산품으로 유명한 데 최근 '모싯잎 송편'이 웰빙식품으로 각광을 받고 있다. 여름철 시원하게 느껴지는 모시의 잎을 멥쌀 가루에 섞어 만든 송편은 식이섬유와 무기질 성분이 풍부하고 크기도 보통 송편과 달리 커서 현대인들에게 인기가 많은 식품이다. 육의 건강과 만족을 주는 이 지역의 모싯잎 송편처럼 우리 영혼에도 부요하고 풍요로움을 줄 수 있는 떡이 있다면 교회가 그 자리를 채워야 할 것이다. 영광의 모든 기독교회들이 선배들의 아름답고 귀한 신앙 배우고 이어서 지역의 영혼을 돌보고 생명이 되는 값진 떡이 되고 희망이 된다면 영광은 이름처럼 하늘의 빛이 늘 충만할 것이다.

영광 4
사람의 생명을 북돋아 주는 은혜

　예로부터 한국인의 밥상을 책임지는 음식들이 참으로 많다. 세계 수 백여 나라가 있고, 수 천의 민족이 있다지만, 우리처럼 가짓수 많고 다양한 형태와 조리로 식문화를 즐기는 데가 그다지 없어 보인다. 김치와 밥을 주로 하면서도 반찬이나 국, 찌개 등 세어 보기 참으로 어려운 우리의 식품 가운데, 단연 인기가 있고 대다수가 늘 먼저 찾는 것들도 즐비하다. 그 가운데서도 '굴비'는 단연 앞서는 보존식품으로 밥도둑으로 칭할 만하다.

　'굴비'는 바다의 생선 '조기'를 말려 오래도록 보존하며 먹을 수 있도록 한 식품이다. 민어과에 속하는 바닷 물고기 조기는 남도에서는 '조구'라고도 부른다. 전 세계에 백육십여 종류가 있다고 하는데, 우리나라 연해에도 십여종이 있으며 그중에서도 '참조기'가 바로 굴비의 원재료다. 바다 생선 중에서도 가장 맛이 있는 참조기는 회색빛 나는 황금색을 띠고 있으며 입은 불그스레하고 몸통 한 가운데 있는 옆줄은 다른 조기와 달리 굵고 선명하다.

　참조기의 수명은 십년 쯤 되는데, 오년 쯤 자라면 몸 길이가 30여센치에 이르고, 그 이전부터 산란할 수 있다. 참조기는 겨울에는 제주도나 중국 상해 쪽에 있다가 날씨가 따뜻해지는 2월쯤부터 산란을 위해 북상하는데 우리나라 서해안을 따라 올라 가다가 영광의 칠산 앞바다 쯤에서 3.4월을 난다. 암조기들이 이때 알을 낳기 시작하는데 산란할 때에 소리를 내어 우는 습성이 있다. 혹자들은 조기들이 넘실대는 바닷 속에 대나무를 들이 대면 숲속을 지나는 바람소리 같다고도 하고 연못의 떼지어 우는 개구리 울음소리 같다고도 한다.

참조기 떼는 4월 하순부터 다시 북상하여 5월쯤에 연평도까지 올라가고 6월이면 압록강이나 발해만까지 북상하여 계속 산란을 한다. 그리고 여름을 거쳐 날씨가 서늘해지면 다시 남하하는 것이다. 그래서 서해 5도 지역과 함께 전남 영광 앞바다는 조기 조업이 풍성하였었다. 아쉽게도 그동안 지나친 남획과 환경의 변화로 말미암아 영광 칠산 앞바다의 조기잡이도 예전만 못하게 되고 지금은 추자도 지역 일대에서 많이 잡힌다.

추자도에서 잡은 조기를 다시 가져오건 이곳 칠산 앞바다에서 여전히 잡은 것이건 예로부터 풍성했던 조기를 이 지역의 천일염 소금에 절이고 말린 덕에 영광 법성포 일대는 오래도록 굴비의 고장으로 유명하였다. 굴비란 이름이 지어진 것은 고려 인종때의 일이다. 왕위 찬탈을 기도하다 실패로 돌아가고 법성포에 유배를 왔는데, 이곳에서 바닷 바람에 말린 조기를 먹어 보았다. 맛이 너무 좋고 그 인상이 참 특별했다. 그는 이 조기를 '굴비'라 이름붙여 임금에게 보냈다. '굴할 굴(屈)', '아닐 비(非)'의 '굴비(屈非)'이니 자신이 결코 '비굴하지 않다'는 뜻이었는데, 자신의 상황은 해결되지 못하였지만 이를 계기로 영광의 굴비가 궁중 진상품으로 올라가게 되었고, 지금껏 사람들에게 회자된 것이다.

굴비와 불교 도래의 땅에

굴비 음식으로 유명하게 된 법성포이지만, 이곳은 지명은 이름 그대로 다른 이유에서 시작되었다. '법성(法聖)'은 '불법을 지닌 거룩한 곳'이라는 뜻이니 바로 불교가 처음 들어온 신성한 지역이라는 의미에서 붙여졌다. 바닷가 포구라는 뜻말이 자연스레 더하여 법성포(法聖浦)로 불린다.

삼국시대까지 거슬러 올라간다. 백제의 침류왕 원년인 서기 384년경 인도의 간다라 출신 승려 마라난타가 중국 동진을 거쳐 백제에까지 불법을 전하기 위해 찾아왔는데 먼저 도착한 곳이 지금의 법성포 해안이었다. 당시에는 이를 계기로 아미타불이라는 뜻의 '아무포(阿無浦)'로, 고려 시대에는 연꽃을 상징하는 '부용포(芙蓉浦)'로 부르다 고려 후기 때 법성포로 이름이 정착되었다. 영광군에서는 2006년부터 불교 도래지로 조성하여 오고 있다.

굴비의 고장이며 불법이 한반도에 처음 전해진 이곳 법성포에 기독교 복음이 들어오기 시작한 것은 1900년대 들어서부터다. 법성교회는 '에미상'이라는 여신도의 일화로부터 교회의 시작을 소개한다. 구한말 일제의 침략이 거세지고 일본 상인 자본가들까지 이 해안 마을에 와 장사를 하던 시기였다. 법성면 법성리 642번지 주소를 하는 에미상의 집에서 어린아이들로 시작하였다고 한다. 문서상의 기록으로는 조선예수교장로회 사기에서 1919년 시작하였음을 말한다.

> 1919년 영광군 법성포교회가 설립되다. 먼저 선교사의 지방전도인과 성서
> 공회 권서가 이곳에 내왕하며 복음을 전파한 결과 여러 명의 신자를 얻어
> 청년회관을 빌려 예배하다가 그후 김동주 집에 모였다.

1923년 영광군 법성포교회는 예배당을 새로 짓고 선교사 남대리, 이아각과 전도인 김판대, 노성빈, 편종옥, 김양보 등이 계속 전도하며 교회를 인도하였다(조선예수교장로회 사기).

법성포교회를 중심으로 영광 일대에 순회하며 전도한 이아각 선교사는 남대리 선교사의 후임으로 광주 서북부 지역을 담당하였다. 초기에 영광 지역의 여러 교회들을 지도하며 교역하였으니 법성포교회를 비롯하여 무령교회, 염산교회, 백년리교회, 지양리교회 등이었다.

이아각(Paisley James Ira, 1884~1952) 선교사는 1884년 8월 23일 알칸사스 주 출생으로 1921년 조선에 내한 선교사로 와 주로 광주를 중심으로 사역하였다. 1941년 일제에 의해 강제추방 당했으나 해방후 1948년 다시 한국에 와 군산 등지에서 교육사역에 힘쓰던 중 건강 악화와 6.25 동란으로 미국에 돌아가 다음해인 1952년 사망하였다. 그의 아내 플로렌스(Florence Isabel Jarbeau, 1892~?) 선교사는 이일학교에서 교육사역을 주로 했으며, 남편이 먼저 사망하였음에도 1954년 세 번째 다시 한국에 와서 선교 사역을 감당하다 1960년 은퇴하여 미국으로 돌아갔다.

동란의 참화에 희생된 법성포 교우들

6.25 남북간 전쟁의 와중에 벌어진 민간인 희생은 너무도 컸고, 특히 영광 지역이 두드러지는데 법성포교회도 마찬가지였다. 영광 법성포까지 들어온 인민군들은 법성교회를 담임하던 김종인 목사를 찾아내 살해하였다. 양잿물을 강제로 마시게 했고 칼로 목을 쳐 죽였으며 김목사의 딸 김순화

역시 인근 저수지로 끌고가 대창으로 찔러 죽였으니 참으로 부녀에게 끔찍한 참상이었다. 교회 성도로는 송옥수 집사 박옥남 집사, 신기운 집사, 김진복 성도 등이 전기줄에 손이 묶인 채 끌려가 역시 대창에 찔러 죽었으며 이광년 전도인도 희생되었다.

담임목사를 비롯하여 모두 7명의 성도들이 희생을 치룬 법성교회, 고난과 슬픔이 가득했지만 김준곤 목사 등이 뒤이어 교회를 지도하면서 회복에 힘썼다. 1953년 새롭게 예배당을 지어 전도와 선교사명을 펼치던 교회는 성도들이 늘어나고 성장의 열매를 따라 2006년 현대식 석조 예배당을 멋지게 짓고 복음의 등대로 서있다.

법성포구는 지금 원자력 발전소 문제로 시끌하다. 여섯 기의 원자로를 가동 중인 한빛원자력발전소가 인근에 위치해 있기 때문이다. 몇해 전 일본 해일로 일어난 후쿠시마 원전 사고는 지금 남의 일이 아니다. 종종 일어나는 한빛 원자력의 사고 소식은 인근 주민뿐만 아니라 우리나라 전국민을 긴장하게 한다. 상상을 초월하는 위험 앞에서 유한한 인간과 국가로서는 핵발전소의 가동을 중단하고 폐지하며 보다 안전한 대체에너지 개발에 집중해야 한다. 모든 것이 불확실한 상황에서 상대적으로 엄청난 투자와 당장의 현실적 이익을 포기하기도 쉽지않고 이해관계에 따라 운용과 폐지에 합의점을 찾기도 어렵다. 갈등과 대립이 끊이지 않는 인간 사회에 십자가 복음을 따르는 신자와 교회에 남다른 사명과 책임이 분명하니 법성포 일대에 자리하는 교회의 역할 또한 지혜와 기도가 절실하다.

조기! '도울 조'자, '기운 기'자의 '조기(助氣)'는 '사람의 기운을 복돋아 준다'는 뜻이다. 찌개나 조림이나 찜이나 구이로도 먹울 수 있고, 조기를 말린 굴비 역시 다양한 방법으로 우리 입맛을 돋우고 식욕을 채운다. 이 지역 특산물이 우리 육신의 주림을 해결하고 포만한 양식이 된다면, 우리 영혼을 부요하게 하고 채울 수 있는 역할은 법성포구 일대의 지역교회들 몫이 아닐까나. 원자력 발전소의 지혜로운 처신과 함께 지역의 생명과 희망 함께 이끌고 지역 주민들의 기운을 북돋아 주기에 충분한 법성포 지역의 교회들 이길 빌어 본다.

영광 5
칠산바다 위에서 부르는 하늘 노래

  예로부터 '굴비'하면 '영광'이다. 조선조 이래 맛이 좋아 임금에게 진상되던 식품, '영광 굴비'의 진원지 '칠산바다'. 일곱 개의 섬으로 이루어진 바다라 해서 붙인 이름인데, '칠섬'이 아니고 '칠산'으로 부르는 것도 이상하다. 아주 오랜 옛날에는 바다가 아니라 육지였고 일곱 개의 고을이 있었다고 한다. 산봉우리가 일곱 개가 있었으며 그 아래 작은 마을들이 있었다. 이 마을에 마음씨 착한 서씨라는 노인이 있었는데 하루는 나그네가 찾아 왔길래 후히 대접해 주었다. 융숭한 접대를 받은 고마운 마음에 나그네는 집을 나서면서 노인에게 이르기를 이곳은 곧 바다가 될 터이니 속히 떠나야 한다고 말해 주었다. 세월이 흘러 어느날 거짓말처럼 천둥 번개가 심히 몰아치더니 비가 쏟아지고 바닷물이 마을에 차고 넘치기 시작했다. 나그네의 말을 믿었던 노인은 산 위로 올라가서 목숨을 구했으나 마을과 다른 사람들은 모두 수장되고 말았다. 일대는 모두 바다가 되었고 바닷 물이 더 이상 차오르지 않은 일곱 개의 산 봉우리는 순식간에 바다 위에 떠있는 일곱 개의 섬이 되었다. 원래 섬의 봉우리가 아니라 육지의 산이었으니, 지금까지 '칠산바다'라 부르는 것이다.

예전에는 물 반 고기 반으로 넘치던 조기 천국이었다. 동중국해에서 월동한 조기는 날씨가 따뜻해지면 산란을 위해 이곳 칠산바다를 거쳐 서해안을 타고 연평도까지 북상했는데 4월 무렵이 칠산바다 조기의 피크다.

어이! 돈 실러 가세, 돈 실러 가.

칠산바다에 돈 실러 가세.

그러세, 그려. 칠산바다에 돈 실러 가세.

돈 실러 얼른 가세.

가세, 가세 얼른 가세.

배에 가득 돈 실어 오세 (칠산바다 뱃노래).

어부들이 이곳에서 배를 돌려 가며 조기잡이를 할 때 부른 노래다. 조기떼가 얼마나 풍부했는 지, 그 잡은 조기들로 늘 만선을 이루었고 어부들은 다들 괜찮게 살 만했다. 임금의 수랏상에도 늘 오를 정도였으니 그만한 혜택과 대우도 제법 쏠쏠했을 터이다. 바다와 싸우며 노동하는 이들의 수고는 보통이 아니었겠지만, 돌아올 보답을 생각하면 노래가 절로 나왔을 것이다.

칠산바다에 가려면 계마항을 찾아야 한다. 영광 홍농읍 계마리에 있는 어항. 바다에서 어부들이 잡아온 조기를 말리느라 항구는 대단히 북적거렸고 이른바 영광굴비의 원산지였던 곳이다. 지금은 어느덧 옛 추억이 되어 버려 한산하고 고적한 동네가 되어 버렸다. 그 많던 조개 배들도 거의 사라져 버렸고, 멀리 섬을 오가는 배 한 척만이 교통수단으로 있을 뿐이다.

이곳에서 출항하는 배는 칠산바다 건너 송이도, 안마도 등을 다닌다. 아쉬운 것은 하루에 겨우 한 차례 왕복할 뿐이다. 그것도 출항 시간이 일정하지 않고 매일 바뀐다. 물때 때문이다. 어떤 날은 아침 7시에도 출발하고 어떤 날은 점심무렵인 12시에도 떠난다. 나라가 발전하고 행정 서비스가 상당히 개선되었음에도 이곳 섬 주민들에게는 아직도 그림의 떡이련가. 전국이 일일생활권이라 하고 신안의 많은 섬들도 거의 연륙교, 연도교로 이어지는 등 전국의 낙도마다 교통 개선이 많이 이루어졌는데, 이곳은 좀체 나아지지 않았다. 가고자 하는 날짜에 배 시간이 언제인지 미리 확인을 해야한다. 게다가 섬을 도는 차도선은 30여분 정도 멈췄다 다시 이내 돌아오기때문에 당일 일을 보고 오가긴 애시당초 어렵다. 섬마을 주민들은 늘 최소 1박을 육지에서 해야 하니 불편하기 그지 없다.

서해 바다 한 점, 안마도

차도선을 타고 서해 너른 바다를 건너면 송이도를 거쳐 안마도에 이른다. 전라남도 그 많은 섬 중에서 위도상으로는 가장 맨 위에 위치한 섬이다. 육지 가마항에서 약 40여 킬로미터 떨어져 있다. 생김새가 꼭 말의 안장같다해서 붙여진 이름이기도 하고, 말에 안장을 얹은 채 투구를 벗어놓고 쉬는 장군의 형상같다 해서 붙여진 이름이기도 한 '안마도(鞍馬島)'. "세종실록지리지"에 안마도는 암, 수말 포함하여 33필을 방목한다는 기록이 있다. 고려와 조선시대에는 말의 다소가 나라의 부강을 결정하는 하나의 요소였다. 그래서 전국에 걸쳐 곳곳에 말 목장이 조성되어 있었고, 조선시대에만도 전국의 섬 130여 곳이 있었는데 그 중 하나가 안마도였다. 지금은 말은 없고 대신 소가 상당히 많이 방목되어 있다.

안마도는 행정구역상 영광군 낙월면 월촌리다. 낙월면에는 칠산바다의 일곱 개 산(섬)을 비롯해 낙월도, 송이도, 안마도 등이 있으며 안마도가 가장 크다. 낙월도보다 5배나 더 큰 섬이 안마도이지만 면 소재지는 낙월도이다. 낙월도가 예전에는 목포 관할이었고, 육지에 보다 가까워서 그리 정해져 있다고 한다.

낙도에 복음을 들고 온 20대 처녀

이 섬에 기독교 복음을 전하러 찾아온 사람은 의외로 꽃다운 아가씨였다. 26세의 청년 구혜란 전도사. 신학교 재학중에 섬 선교에 대한 사명을 가지고 낯설고 먼 이곳까지 찾아왔다. 주위 사람들의 만류와 걱정이 많았지만 자신을 향한 하나님의 부르심과 섬 주민에 대한 하늘 사랑이 너무도 컸다. 구혜란 신학도는 날마다 전도하였다. 아니, 낙도에서 그가 할 수 있는 거라곤 전도하는 것 밖에 없었다.

하나님 은혜가 날로 더했다. 낯선 이방, 그것도 미혼의 젊은 아가씨가 내미는 복음의 메시지에 섬 사람들은 하나 둘 반응하기 시작했다. 하나님께서 준비해 놓은 영혼이기도 했다. 쉽지는 않지만 그렇다고 불가능하지도 않는 섬 전도. 예수 그리스도에게 마음을 여는 사람들이 생기자 함께 모여 예배하기 시작했다.

그 중에 한 사람이 박대윤 성도다. 남편을 일찍 잃고 세 딸 가운데 두 명은 육지로 내 보냈으며, 나머지 한 딸과 함께 모녀가 억척스럽게 살고 있었다. 섬에서 살아가는 여성이 삶이 얼마나 고되고 팍팍하랴. 경제적으로도 가난하고 정신적으로도 피폐하기 그지 없었다. 술이 아니면 잠시라도 미칠 것만 같았기에 과음을 해댔다. 그녀에게 "예수 믿으세요"라고 다가오는 메시지는 복음이 되었고 생명이 되었다. 술, 담배를 끊고 지금까지의 삶을 완전히 바꿔 버렸다. 그의 인생이 바뀌었고, 함께하는 새로운 신자들과 예배하며 안마도의 천국 공동체 안마교회가 생겨났다.

당시 폐교되었던 재건중학교를 빌려서 예배당으로 썼으며 이후 성도들과 함께 따로 교회당 건축을 하였다. 대부분 남자들 없이 여성들과 어린아이들이 함께했다. 마을 사람들의 훼방과 비협조가 마음 아팠지만, 낙심하지 않고 기도한 끝에 예쁜 교회당을 성도들 스스로 세웠다. 얼마나 기뻤을까나. 밤새도록 찬양하고 하나님을 높였다.

1978년 10월, 드디어 안마도로 가기 위해 굴비로 유명한 법성포에서 배를 탔다. 그때 나의 나이는 26세. 말 그대로 꽃다운 처녀였다. 지금 같으면 현지 상황 조사 등 이것저것 따져야 할 것들에 많은 시간과 노력을 기울였겠지만, 그때는 '안마도의 복음화' 외에 머리 속에 든 것이 없었다. 지금에 와서 생각해보니, 하나님께서는 이성의 판단보다는 믿음의 순종을 나에게 요구하셨던 같다. 전도 밖에 할 일이 없었다. 변화된 환경을 잊기 위해서라도 나는 날마다 전도하러 마을로 나갔다. 놀라운 것은 하나님께서 그때마다 영혼을 준비시켜 놓으셨다는 것이다. 섬선교가 쉬운 일은 아니지만, 그렇다고 결코 불가능한 것만도 아니었다. 예수님을 믿는 이들이 생기기 시작했다(구혜란 전도사).

구혜란 전도사는 교회와 마을 어린이들을 위한 교육의 필요성도 절감했다. 마침 안마도에는 해군 기지가 있었다. 마침 부대장이 하나님을 신실하게 믿는 육지 교회의 집사이기도 했다. 그의 협조를 얻어 병사들이 자원봉

사를 하며 마을 아이들을 모아 학교를 시작했으니 '해광학원'이다. 구혜란
은 아이들에게 성경을 가르쳤고 군인들은 아이들에게 기초과목을 가르쳐
주며 신앙을 중심으로 교육하였다. 해광학원이 기초가 되어서 후에 교육청
에서는 공립 안마중학교로 개편하여 정식 학교로 발전하였다.

안마교회

영광군 낙월면 안마길 1길 13에 위치한 안마교회. 40여년이 흐른 지금까
지 숱한 목회자들이 오직 사명과 순종으로 이 먼 낙도에 와서 교회를 지키
며 성도들을 돌보았다. 교회와 학원등에서 길러진 아이들이 자라서 훌륭한
신자들이 되고 교회의 일꾼이 되기도 했다. 안마도와 교회는 전국의 농어
촌이 그렇듯 상황이 많이 변했다. 칠산바다 역시 예전의 명성을 잃고 조기
가 잘 나오지 않은 지 꽤 되어가며, 산업화 도시화로 안마도의 젊은이들도
도회지로 나가고 이제는 노인들만 남았다. 그렇다고 하늘의 은혜마저 떨어

지며 주의 일꾼과 성도들마저 신앙이 퇴색되랴. 영광의 먼 서해바다, 한 점 섬으로 떠있는 안마도. 칠산 바다에서 돈, 돈 하며 노래하던 이들이 지금은 하나님 은혜와 사랑 덧입어 할렐루야, 호산나를 노래한다.

제4장

—

장성

장성 1
장성의 첫 교회들

1904년 3월 목포에서 사역하던 선교사들은 광주 선교부를 새롭게 개설하기 위해 정탐에 나섰다. 광주는 물론 인근 전남 중북부 지역 일대를 돌며 상황을 파악하고 선교 가능성을 타진하기 위함이었다. 유진 벨과 오웬, 그리고 프레스톤 등 전남의 개척자 3인이 함께 했다. 나주를 거쳐 광주를 둘러보고 좀 더 위쪽으로 올라가 장성까지 찾아갔다. 이곳은 목포에서 그들이 처음 사역하면서 얻은 전도의 열매요 충성스런 일꾼인 조사들, 지원근과 변창연 등이 영산강을 거슬러 올라가며 전도하여 나주와 광주, 영광과 장성까지 신자를 얻고 기도처소로 이미 예배 공동체가 활발히 성장하고 있었다. 그런데 얼마전 이들 교회에 외부에 의한 핍박이 크게 이루어진 곳이어서 현장을 찾아가 성도들을 위로하기 위한 목적도 병행한 것이다.

지난 주일밤에 예배를 드리던 하나말(보생교회) 기독교인들이 불의한 자들로부터 습격을당했다. 성도들이 심하게 폭행을 당했고, 종교 책자들이 찢겼으며 성도들의 집에까지 쳐들어왔다. 성도들은 산으로 피신하여 숨었다. 우리는 이 소식을 듣고 두 번이나 지역 관리를 찾아갔지만 만족할 만한 답을 듣지 못했다. 오늘 우리는 이 지역 감리에게 이 사건을 조사해 줄 것을 요청하였다(프레스톤, 1904년 4월 2일).

1903년 장성군 보생교회 설립 초기에 마을 몇 사람이 협의하되, 신자는 무명 잡세를 내지 아니한다 하여 수성군인 40여명을 데려와 각기 총검을 지니고 폭행을 가함으로 3개월간 회집을 정지하였다가 그후 정리되니라(조선예수교장로회사기).

전라남도에 기독교 선교가 시작된 것은 1898년 봄 유진 벨에 의해서였다. 그해 말에는 오웬 선교사가 합류하면서 목포 교회와 의료 선교가 이루어졌고 스트래퍼 여 선교사도 합류하면서 부녀자들과 어린아이 전도가 활성화되었다. 무엇보다 오웬의 환자 진료가 좋은 반응을 얻으면서 목포교회 신자들이 늘어가기 시작했다. 초기 신자들의 믿음이 어린아이 같기도 했지만, 열정과 헌신도 하루가 다르게 자라 뜨겁기만 했다. 목포 선교가 정착화되고 이들 목포 신자들이 열심을 내자 힘을 내어 인근은 물론 제법 먼 지역까지 전도를 확장해 나갔다. 동으로는 남해안을 따라 해남과 장흥까지, 그리고 북으로는 영산강을 따라 나주와 광주, 그리고 영광과 장성까지도 전도하였다. 이렇게 해서 1904년 12월 성탄절에 광주에서 선교사들의 첫 예배가 이루어지기 전에 광주 인근의 지역에는 이미 신자들이 생기고 예배 공동체가 여럿 만들어진 것이다.

우리는 영광(장성)군에 하나말(Hannamal) 선교지부를 가지고 있다. 그곳은 약 18개월 전에 작은 인원으로 설립되었다. 그곳은 이제 몇 사람의 세례 신자들이 있고, 주변 지역이 다 내려다 보이는 언덕 위에 위치한 예배 처소에서 80명의 신자들 — 보고서에 있듯이 네 배나 증가한 — 과 함께하고 있다. 지난 1년 사이에 김씨가 — 예배당이 없을 때까지 그의 집에서 예배 드렸다. — 죽었다. 그가 단지 세례 준비자인 동안에는 결코 성찬식에 참석하는 것이 허락되지 않았는데, 우리는 이제 또 한 사람이 "보이지 않는 교회"로 영접되었다고 믿는다. 이 모임에서 몇 명이 목포에 있는 성경공부반에 참가하였고 그들 중에는 장래성이 있는 지도자도 한 사람 있다.

여러분도 다 알다시피 장성군의 배치(Paichee)에서는 참석 인원과 그들의 관심이 네 배나 증가하였다. 그들은 5명의 세례 받은 신자들, 약 80명의 출석 인원, 그리고 자신들이 비용을 들여서 만든 예배당을 갖고 있다. 또한 이 모임도 성경공부반에 참석하였고, 나는 그들 가운데 한 지도자를 보통 이상의 사람으로 전도가 유망한 사람으로 생각하고 있다 그는 지금 자신의 신앙으로 인해 핍박을 받아 감옥에 있다.

이 지역에서 세 번째 처소는 영신(Youngshin)인데 그곳은 지난 마지막 선교연례모임 이후에 세워진 선교지부다. 그들은 예배 처소를 확보하였고 비록 출석인원이 다른 곳보다 적긴 하지만 이 모임이 성장할 것이라는 분명한 희망이 있다(유진벨, 1904년 13차 선교연례보고서).

전라남도 장성군에 속한 지역에서 맨 처음에 생긴 교회들, 하나말, 배치, 영신 등은 지원근, 변창연 조사 등이 열심히 다니며 전도하여 생겼다. 지원근 조사는 광주의 외곽인 도둠(To-dum-e)에 아예 거처하면서 선교활동과 교회 개척을 하였고, 변창연 조사 역시 여러 지역을 순회하면서도 특히 장성 지역에서 두드러지게 활약하였던 것으로 보인다.

광주 중북부 지역 전도자

호남에서 사역한 미 남장로교 선교사들에게는 개인 별로 조선인 유급 조사를 2명씩 둘 수 있었다. 선교부 센터가 있는 곳에서 먼 지역인 시골 곳곳의 외지선교지부(Out-Station)에 이들 조사들을 보내 전도하며 운영하였다. 선교부에서 청년 교인들을 성경으로 교육하고 훈련하여 한국교회 지도자로 기르고 세운 것이다. 1900년대 초기 목포에서 사역하던 유진 벨 선교사는 변창연 조사가, 오웬 선교사는 지원근 조사가 있었다.

지원근 조사는 목포와 전남 기독교역사에 있어서 초기 신자일 뿐만 아니라 조선인으로서 첫 사역자요 목포교회가 배출한 첫 전도자라 할 수 있다. 변창연 조사는 목포 선교가 이루어지기 전부터 서울에서 기독교 신앙을 갖게 되고 유진 벨의 일꾼으로 목포 선교를 함께 개척하였지만, 지원근 조사는 이들이 목포에 와서 전도하고 교회를 시작하면서 비로소 예수를 접했다. 그리고 그도 선배인 변창연과 함께 조사로서 두드러진 전도자의 삶을 살았던 인물이다.

(지원근 조사는) 예전 나의 어학선생으로 지난 봄부터 이곳 도둠에 이사와서 너무도 자랑스럽게 사역을 잘 감당하고 있다. 그는 4년 전에는 세례받지 않은 교인으로서 목포교회 출석하였는데, 그에게 내린 하나님의 은혜로 꾸준하면서도 근래에 이르기까지 확연하게 자라 지금은 가장 소중한 동역자 중 하나가 되었다. 전에 그와함께 했던 사람들은 복음으로 그의 변화된 삶을 증언한다. 술 취함, 아내 구타, 한량스런 짓들을 멈추고, 가정에서 기도하고 성경을 읽으며 사랑스럽고 균형잡힌 인간이 되었다(스트래

퍼, 더 미셔너리 1904년 6월).

스트래퍼 선교사는 1904년 보고에서 목포 선교부에서 관리 운영하는 8개 처의 외부 선교지부(Out station)를 소개한다. 그중 해남이나 나주 지역외에 목포 북쪽의 장성지역에 있는 세 교회들, 즉 목포에서 50마일 떨어진 하나말교회 20명, 10마일 더 위쪽인 영신교회 30명, 그리고 또 10마일 위에 있는 배치교회에 25명이 각각 출석한다고 하였다. 그리고 이들 지역에 예배 공동체가 세워진 일이 지원근 조사의 열심 덕분에 불과 수년 만에 이루어진 것이라 한다. 더군다나 당시 유진 벨과 오웬이 안식년으로 미국에 돌아가 있는 상황에서 지원근 조사가 벌인 열성과 헌신이라니 그의 수고가 어떠하였을지 짐작해 볼 수 있으리라.

지원근은 오웬 선교사의 조사로서 1903년 목포에서 광주로 아예 이사를 했다. 광주 지역의 외곽 선교처인 하나말, 영신, 배치, 잉계, 도덤, 그리고 바다등 지역에 전도하고 교회를 개척하기 위함이었다. 지원근 조사는 이들 교회의 초기 목회자라 해도 과언이 아니었다. 나중에 오웬 선교사도 광주로 거점을 옮기고 전남 남동부 지역을 담당하며 순회 전도를 하였다. 그가 순천 광양 보성 지역을 다닐 때마다 지원근은 어김없이 그를 수행하고 조력하였다. 1909년 오웬이 폐렴으로 그만 사망하자 이후부터 지원근 조사는 순천으로 이주하여 그곳에서 전도하며 교회를 돌보았다.

선교사들의 글에서는 하나말교회가 영광지역에 속한 것으로 나오는데, 1914년 행정지역 개편에 따라 지역이 장성군 삼서면 보생리로 바뀌었다. 하나말교회는 지금의 보생교회를 말한다. 조선예수교장로회 사기에는 보생교회가 1902년 설립되었다고 한다.

지원근과 함께 애쓴 동역자 변창연 조사도 있다. 변창연은 원래 서울에서 예수를 믿었으며 남장로교 최초 선발 7인의 한 사람인 리니 데이비스의 어학선생이었다. 후에 유진 벨이 서울 딕시에 나타나자 데이비스의 소개로 벨의 조사로 일하게 된 것이다.

장성의 초기 교회들, 하나말(보생), 영신(율곡),
배치교회에 대한 스트래퍼 선교사의 소개(더 미셔너리, 1904년 6월).

미국 남장로교 조선선교사들이 전라북도에 이어 1897년 전라남도에 선교부를 개설하려던 첫 지역은 나주였다. 그해 3월 유진 벨이 변창연 조사와 함께 나주에 와 선교하려는데 지역 주민들의 반발이 컸다. 결국 벨 선교사는 철수를 하였지만, 변창연은 남아서 계속 일을 하도록 했다. 진사 신분이었던 변창연으로서는 나주의 유생들에게 상대적으로 위화감이 덜 했을 것이다. 목포로 선회한 벨 선교사가 일하던 시기에도 나주에서는 변창연이 머물며 개인 전도에 주력하였다. 그리고 지역을 넓혀 장성 지역까지 선교 활동을 하였을 것이다. 나중에 지원근 조사가 합류하여 영광 장성 지역의 교회들을 개척하였던 것이다.

유진 벨의 조사로서 매서인 역할을 겸하며 교회 개척과 기독교 책자 보급에 힘쓰던 변창연은 영신(율곡)교회에서 1908년 장로 장립을 받았다. 1919년에는 전남노회에서 학습문답권 인허 받았으며 1921년 섬기던 영신교회에서 광주 지역으로 이주하였다. 변창연의 자녀들인, 아들 변영득과 딸 변미희, 변영은 등도 광주에서 기독교 학교를 마치고 아버지처럼 광주 전남의 교회를 섬기는 일꾼들로 충성했으리라 여긴다.

장성 2
민족의 운명과 함께하였던 교회

1919년 일제 식민에 대항하여 일어난 한민족의 자주독립 혁명운동. 서울 파고다공원에서 3월 1일 개시된 이후 전국으로 확대되었는데, 전라남도에서 가장 먼저 일어선 지역은 장성이다. 장성의 3.1운동은 소룡리, 장성읍내, 그리고 모현리 등지에서 일어났다. 특히 초기에 일어난 소룡리와 장성읍의 운동은 기독교인들이 주동한 일이었다.

삼서면 소룡리에서는 송주일 선생이 앞장서고 성도들과 주민 70여 명이 거리에 나섰다. 마을에 있던 소룡리교회 신도로서 교회 부설 소학교의 교사이기도 했던 송주일은 광주 숭일학교의 은사 송홍진으로부터 3.1 운동에 대한 소식을 듣게 되고 3월 10일 정오를 기해 학생들과 신자들을 규합하여 태극기를 흔들며 독립 혁명을 벌였다. 그리고 2차 모임을 3월 17일 열기로 계획하고 교회 청년 조병렬, 조병권, 조병철 등과 공모하던 중 사전에 발각되어 체포되었다. 송주일 선생은 4월 11일 보안법 위반으로 광주법원에서 징역 1년을 선고받아 대구 형무소로 이감되었으며, 5월 9일 경성복심법원에서도 징역 1년을 언도받았다.

장성읍에서는 3월 21일 정선유 선생이 학생들과 신자들, 읍내 청년들과 함께 만세 시위를 벌이려 계획하였는데 역시 사전 발각되었다. 정선유는 평양 숭실학교 출신으로 장성읍 성산 부락에서 신자 150여명의 교회를 이루어 목회하면서 숭실학교(삼일학교)를 세워 청소년들을 교육하던 이였다.

삼서면 소룡마을의 기독교 공동체

장성 3.1운동의 기폭제가 되었던 소룡리교회는 1905년에 세워졌다. 보생리, 율곡리, 황룡리에 세워진 공동체에 이어 장성에서는 4번째인 셈이다.

> 1905년 장성군 소룡리교회가 성립하다. 먼저 선교사 배유지와 조사 김문삼, 이계수 등이 전도한 결과로 성성옥, 정도명, 조세겸, 성재원, 조경선, 최한익 등이 신종한 후 교회가 점점 발전하니라.
> 1918년 장성군 소룡리교회에서 백용기를 청빙하여 선교사 남대리와 동사 목사로 시무하게 하니라(조선예수교장로회사기).

장성 지역의 교회는 3.1운동에 앞장설 정도로 신앙과 민족애가 남달랐지만, 교회 사역자로 일했던 백용기 목사의 이탈은 큰 아쉬움이었다. 최중진 목사의 자유교회 운동에 함께하여 '자치교' 운동을 전개한 것이다.

한국 기독교가 성장하고 부흥하자 일제가 교묘하게 공작한 교회 분열 혹은 파기 작전 와중에 한국교회 스스로도 분파적 일탈이 일어났는데, 전라북도 최중진 목사의 자유교회 사건이 대표적이다. 최중진 목사는 김필수, 윤식명과 함께 평양신학교 2회 졸업생이며 호남에서 배출된 첫 목회자들이었다. 1910년 1월 최중진 목사는 전주에서 열린 전라대리회에서 다섯가지 요구 조건을 내걸었다.

1. 원입교인에 대한 현 교회의 규율이 엄격하니 이를 폐지하고 학습인을 내세워 누구나 자유롭게 신앙생활을 하도록 할 것.
2. 군산 지방으로 편입시킨 부안 지방은 나의 지역에 되돌려 줄 것과 무장도 가능하면 나에게 맡겨줄 것(일은 믿음과 역량대로 하는 것이 합리적이라 생각함).
3. 나의 지역에 중등학교 하나를 세워 교육할 수 있도록 허락할 것.
4. 교회마다 상구위원 2인 씩을 두어 교회 이름으로 가난하고 어리석은 백성들을 구제토록 할 것.
5. 집 한 채를 사주어 선교하는 일에 재정적 어려움이 없도록 할 것 등이었다.

전라대리회는 이를 거부하였고 최중진은 대리회를 탈퇴하였다. 선교사들에 대한 불만과 적개심이 큰 이유였다. 자기 관할 지역에 선교부가 없고, 선교부가 경영하는 학교나 병원도 없었으며, 특히 선교사들의 월급에 비해 한국인 목사의 월급이 지나치게 낮은 것에 분노했다.

그는 음주하는 자, 첩 있는 자 불문하고 교회의 회원으로 받아들여 교회의 성결을 실추하였고 군산과 광주를 지역을 포함하여 20여개의 자유교회 그룹을 형성하였다. 한국교회가 외국 선교사들의 종속에서 벗어나야 한다는 자립정신을 내세웠지만, 실제로는 지역 선교사들에 대한 개인적인 반감과 일탈일 뿐이었으며 오히려 교회와 민족을 저버리는 일을 저질렀다.

그의 분파적이고 일탈적인 자유교회 운동은 오래가지 못하고 소멸하였으며 일시적으로 합류하였던 교회들도 다시 돌아왔지만 이런 영향으로 1923년에는 장성 백용기 목사가 '자치교'라는 이름을 내걸고 또다시 일탈하는 행동을 저질렀던 것이다. 1918년 평양신학교를 졸업하고 장성 지역의 여러 교회를 순회 담당하였던 백용기 목사인데, 그의 분파적 행동이 두고두고 흠이 되었다.

> 1923년 장성군 월평교회에서는 조선예수교자치교라는 명칭과 집사교라는 것이 백용기, 정선진, 손동선 등의 주창으로 발생되어 당시 부근 일대의 교회를 소란하게 하고, 교인 정판성 외 부인 2명이 배교하였더니 머지않아 자치 주창하던 자들이 오해를 깨닫고 노회에 자복하므로 자연히 해산되었다(조선예수교장로회사기).

1910년 최중진의 자유교 주창으로 인하여 부안, 정읍, 흥덕, 임실, 태인 각 교회가 큰 타락이 있었더니 선교사와 교역자들이 성심 기도하며 협력 공직함으로 교회가 차차 갱신하여 발전의 도에 이르니라.

1910년 목사 최중진이 자유교를 주창하매, 태인, 부안, 정읍 임실 등 각 교회가 더해서 전북교회에 큰 어려움을 일으키니라(조선예수교장로회사기).

교회가 배출한 하늘 일꾼들

소룡리교회는 1920년에 장로 장립을 하였다. 정도명, 최한익, 성재원 3인이 장로가 되어 도대선 선교사를 당회장으로 하는 첫 당회를 구성하였다. 교회는 조사 이계수와 김방호 등이 연이어 시무하였다.

김방호는 1895년 경북 경산 출신인데 3.1만세 운동을 벌인 후 만주로 망명해 독립운동을 했었다. 독립자금 모집책으로 국내외를 오가던 어느날 함경도 산골지역의 부흥회에 참석하여 기독교인이 되었다. 서울 한영서원에서 공부한 후 교사가 되어 서천과 김제, 장성 등지에서 교편생활을 하다 소룡리교회를 섬기게 되고 장로가 되었다. 닷슨 선교사의 도움으로 평양신학교를 졸업하고 영광읍교회와 나주상촌교회를 거쳐 염산교회를 담임하던 중 6.25를 만나 좌익에 의해 순교를 당했다.

소룡리교회가 배출한 일꾼으로 조세환 장로도 있다. 그는 1924년 소룡리에서 태어났다. 부친 조병열은 광주 숭일학교 출신으로 고향 소룡리에서 교회를 지도하며 사숙을 통해 후학 양성에 힘쓰는 한편 독립운동에 열심이었던 이다. 모친 전택성은 이화학당을 졸업한 기독교 신여성으로 그녀의 아버지는 목포와 광주 교계의 지도자였던 주형옥 장로였다. 신실한 기독교 집안에서 자란 조세환은 신앙과 학업에 전념하며 호남 교회의 지도자로 교육자로 충성했다. 광주 서중을 거쳐 수원 고등농림학교(서울대 농과대학)를 마치고, 수피아학교와 전주 기전여학교 교사를 지냈다. 이후 기전여학교 교장과 기전대학을 설립하여 운영하였다. 교회로는 전주 성암교회를 세웠으며 총회 장로부총회장을 역임했다.

> 덕삼 조세환 장로는 호남지방이 자랑할 만한 훌륭한 기독교 교육가이시다. 그는 상당기간 전주기전여학교의 교장직을 맡아 수고했고, 기전여자대학을 설립하여 여성교육에 평생을 헌신했다. 신앙이 두터웠던 그는 성암교회를 개척하여 동 교회를 전주의 중견교회로 발전시키는데 기여했다. 또한 그는 장로교 총회(통합)의 활동에도 적극 참여했으며 제 66회 총회에

서는 부총회장(1981~1982)에 선출되어 교계를 위해 봉사하기도 했다("호남교회춘추", 2014년 5월).

장성군은 장성읍과 10개의 면으로 되어 있다. 그중 장성의 맨 남서쪽 끝에 위치한 삼서면, 바로 이웃하여 영광군이 있는데, 예전에는 영광군에 속하던 곳이다. 삼계현의 남쪽이라 하여 삼남면이라 하였고 봉동, 비금, 죽산 등 50여 마을이 있었다. 1914년 함평의 일부와 장성 외서면 일부 등을 포함하여 새롭게 지역 경계를 구분짓고 기존의 삼남면과 외서면에서 한 글자씩 따 '삼서면'이라 하였다.

14개리 60여 마을이 있는 삼서면의 한 곳이 소룡리다. 논과 들이 넓게 펼쳐진 이 마을에 세워진 기독교 공동체인 소룡리교회. 1905년 유진 벨과 조사들의 수고로 시작하였으니 110년을 훌쩍 넘긴 긴 역사를 지니고 있다. 일제 강점기, 6.25 전쟁 등 민족의 수난 시기마다 신앙과 민족애로 충성을 벌이며 선한 싸움을 벌여온 소룡리교회. 선한 일꾼들로 지역과 나라를 섬기던 그 복의 역사가 지금도 크게 이어져 가리라.

장성 3
하늘 부름받은 떠돌이 인생

목포와 광주를 중심으로 한 전라남도 서북부 지역의 초기 교회들은 이곳에 맨 처음와서 사역한 유진 벨 선교사가 거의 대부분 개척하고 지도하였다. 비슷한 시기에 온 오웬 선교사가 목포에서 순천으로 이어지는 전남 동남부 지역교회 대부분을 개척하였다. 역할분담이었으리라. 1904년 성탄절에 오웬과 유진 벨이 거점을 광주로 옮기고 뒤이어 후배 선교사들이 합류하면서 광주 선교부도 역할 분담을 하였다. 유진 벨은 광주, 순창, 곡성, 탈미지는 화순과 담양, 닷슨은 영광, 고창, 장성을 맡았다. 1912년 광주에 온 닷슨(도대선) 선교사가 유진 벨에 이어 장성 지역의 교회를 이었기에, 조선예수교장로회 사기에도 장성의 교회를 소개할 때마다 어김없이 그의 이름이 나온다.

> 1903년 장성군 황룡리교회가 성립하다. (중략) 선교사 배유지, 도대선, 조사 변창연, 김문삼 등이 시무하니라.
> 1906년 장성군 대악리교회가 성립하다. (중략) 선교사 배유지, 타마자, 도대선과 조사 변창연, 이영희, 김정선, 김명안, 오사순, 이중화가 계속 시무

하니라.

1907년 장성군 신호리교회가 성립하다. (중략) 선교사 배유지, 도대선과 조사 변창연, 오사애, 이영희 등이 차제 시무하니라.

1910년 장성군 황룡면 월평교회가 성립하다. (중략) 선교사 도대선, 타마자와 조사 이영희, 오사순 등이 차제 시무하니라.

1912년 장성군 읍교회가 설립되다. (중략) 선교사 도대선과 김세열이 인도할 때에 영수 정의가 열심 진력하니라(조선예수교장로회사기).

1923년까지의 기록을 담고 있는 조선예수교장로회 사기는 당시에 보생리교회, 소룡리교회, 두월리교회, 화평리교회, 역전교회 등 장성의 거의 모든 교회에서 그가 시무하였음을 보여 준다. 광주를 떠나 고국에 돌아간 1928년까지 도대선 선교사는 영광 고창과 함께 장성지역의 교회를 지도하며 섬겼다.

닷슨(Samuel Kendrick Dodson, 도대선) 선교사는 1884년 5월 12일 버지니아에서 태어났다. 다니엘 베커 칼리지와 오스틴신학교를 졸업하고 목사 안수후 1911년 조선 선교사로 내한, 광주 선교부에 배정되었다. 그가 광주에 왔을 당시는 조선이 일제의 강점으로 병탄되었고 총독부가 들어서 있어 그동안 교회 성장이 주춤하고 사역이 위축되던 시기였다. 정치 사회적으로 어려움에 처한 한민족은 시베리아나 만주로 이주하기도 하고 국내에서는 서양 문화에 대한 부정적 영향이 늘며 그동안 성장일로에 있던 교회도 자립이 둔화되고 있었다. 상대적으로 선교사들의 후원아래 조사들의 노력으로 시골 곳곳에도 신자들이 생기고 교회가 많이 생기기도 하였지만, 상대적으로 훈련된 복음 전도자나 목사는 질과 양에서 따르지 못해 교회마다 목회자를 청빙하기도, 책임지기도 어려운 상황이었다.

순회 전도자 도대선 선교사

도대선 선교사에게는 영광, 무장을 포함한 고창, 장성 지역이 담당 구역으로 주어졌다. 상당히 넓은 구역이었다. 이들 지역을 봄 가을에 최소 한차례 이상 순회하며 전도하고 세례문답하며 성례 베푸는 게 큰 임무였다. 어찌보면 떠돌아 다니는 사역자요 떠나가는 선교사였다. 예수님도 "떠돌이"로 두루 다니시며 전도하셨고 또 다른 곳을 향해 떠나시는 선교사였다.

예수께서 온 갈리리에 두루 다니사 그들의 회당에서 가르치시매 천국 복음을 전파하시며 백성 중의 모든 병과 모든 약한 것을 고치시니 그의 소문이 온 수리아에 퍼진지라. 사람들이 모든 앓는 자 곧 각종 병에 걸려서 고통 당하는 자, 귀신 들린 자, 간질하는 자, 중풍병자들을 데려오니 그들을 고치시더라(마 4: 23~25).

예수께서 열두 제자에게 명하기를 마치시고 이에 그들의 여러 동네에서 가르치시며 전도하시려고 거기를 떠나 가시니라(마 11:1).

예수님은 당신의 제자들도 "떠돌이"로 부르시고 "떠나 다니며" 일하게 하셨다(마 10장). 사도 바울도 아시아와 유럽을 부지런히 돌아다니는 순회전도자의 일생을 보냈다. 고향, 친척, 부모 형제, 모든 지위, 신분을 버리고 그분의 뜻을 가슴에 품고, 아무런 보장도 안전도 없는 세계로 떠나는 "떠돌이(Wandering)"의 삶, 전도자의 인생이 선교사의 행복한 사역 아니런가.

도대선 선교사는 일제 강점기에 고통과 아픔의 질병을 안고 살아가는 장성 지역의 농촌 사람들을 찾아 하늘 생명을 전하고 치유하며 소망을 불어 주었다. 그의 부지런한 발걸음과 수고로 인해 장성의 교회들이 든든히 세워져 갔고 하늘 백성들의 삶이 일어났다. 무지와 가난, 죽음과 절망의 터널에서 하늘 생명과 소망의 빛으로 나온 인생들은 삶을 바꾸고 민족과 사회를 바꾸는 일에도 적극적으로 나서며 십자가의 뜻을 지역사회에 비쳐냈다.

코리아, 아침이면 싱그러움이 새록새록 돋아나는 나라

태고적 진귀한 전설들이 차고 넘치고

그 누가 제 아무리 옛적의 찬연함을 뽐내며 으스대다가도

그대 앞에 비추이면 초라하고 너무도 작아지지요.

우툴두툴한 산들이 빽빽하게 들어서고,

골짜기 사이사이마다 초록빛으로 여울지고,

강줄기 이어져 흐르며 도처마다 샘물 솟고,

철따라 바뀌는 그대의 경관에 눈길이 가시지 않네요.

자연이 손수 빚어 격조 높은 그대의 사람들

하얀색 한복입고 나긋나긋 너울거리지만

분연히 일어나 노를 발하며 맹렬히 싸워

정의를 지켜내죠.

그래서 승전보를 올리고 나면

자유의 기치로 그대의 나라를 다스리니

그대의 미래에 찬란한 영광이 더 많이 아로새겨지도록

하늘 지존자의 손이 친히 이끄실 거라오(도대선, "코리아").

20여년동안 조선의 산하를 떠돌며 복음전도자로 청춘을 다한 도대선. 조선의 산과 들, 내를 건너며 품었던 열정과 감동이 그가 남긴 시에 아름답게 새겨져 있다. 조선을 마음에 담고 조선 사람들을 사랑했던 전도자 도대선은 1922년 해리엇과 결혼하였다. 해리엇(Harriet Octavia Knox)은 1886년 북 캐롤라이나 출신으로 1921년 언니를 보러 광주에 들렀는데 두 사람이 사랑에 빠지고 결혼까지 하였다. 그녀의 언니 베스는 그보다 먼저 1907년 목포에 와서 사역하였고 윌슨 의사와 결혼하여 광주에 있었으니 도대선 목사와 윌슨 의사는 동서지간이 된 셈이다.

그러나 해리엇은 1924년 첫 아이를 출산하면서 그만 사망하고 말았고 양림 선교동산에 묻혔다. 아내를 잃은 도대선 선교사는 미국으로 돌아가 1926년 처제인 바이올렛(Violet Blythe Knox)과 재혼하여 다시 조선 광주에 왔고 2년 후인 1928년 미국으로 돌아가 1956년까지 그곳에서 목회하였다.

누나 도마리아 선교사

20대 청년기에 조선에 와서 40대 초반까지 젊은 날을 광주와 장성 등 시골 농촌교회를 섬겼던 도대선 선교사가 미국으로 돌아가자 그가 못다한 미션과 하늘 유업을 세 살 위 누나인 도마리아 선교사가 대신 감당했다. 메리(Mary Lusy Dodson, 도마리아)는 1912년 동생 도대선과 함께 광주에 왔다. 그녀는 광주를 거점으로 하여 동생과 광주 북서지역의 농촌 사역을 맡았으며 서서평과 함께 부인조력회 사역과 교육 사역까지 담당하였다. 1950년 6.25로 인해 선교사들도 철수할 수 밖에 없을 때까지 38년을 사역했으며 이듬해 은퇴하였고, 1972년 텍사스 오스틴에서 심근경색으로 92세를 일기로 소천하였다.

그녀는 은퇴한 이듬해 1952년에 책을 하나 내었다. 조선 광주에서 38년을 지내며 사역한 이야기를 담은 "조선에서의 반평생"인데 양국주 선교사가 이를 기초로 우리말로 번역하고 편저하여 "도마리아 조선의 길을 묻다"라는 제목으로 2015년 펴냈다.

> 저는 지금 시골로 나와 있습니다. 이번에는 13일간 집에서 나와 있어서 누
> 군가 일부러 가져다주는 사람이 없다면 우리는 편지도 받을 수 없게 될 것
> 입니다. 아름다운 10월의 날씨는 순회전도와 교회들을 방문하기에 좋은
> 계절입니다. 날씨가 추워지면 사람들이 교회에 나오기가 힘들어 집니다.
> 많은 교회들이 비싼 연료비를 감당할 수 없어 겨울 내내 난로도 없이 지냅
> 니다(도마리아, 1914년 10월 12일).

떠돌이의 일생, 예수님을 따라 바울을 따라 조선의 시골 농어촌 마을을 다니며 전도을 했던 선교사들, 닷슨 선교사 남매의 수고와 열정이 오늘 장성교회의 생명과 축복으로 이어져 왔다. 그들이 청춘을 다해 이 땅에 뿌린 헌신들로 우리는 하늘의 은혜를 덧입고 십자가 그늘아래 놓였으니, 우리도 그 유업따라 우리 발길 닿는 곳곳에 복음을 전하고 전함이 마땅하지 않을까나.

도마리아 선교사가 38년 조선 광주에서 사역하며 쓴 일기를
2015년 양국주 선교사가 번역 편저하여 "서빙더피플"에서 책으로 냈다.

장성 4
농촌을 살리고 마을을 바꾸고

　20세기 산업화, 도시화를 이루며 숨 가쁘게 성장하고 탈바꿈해 온 대한민국, 상대적으로 농어촌 산간 지역은 뒤쳐지고 젊은이들이 사라지며 피폐와 공동화로 치닫고 있다. 우리의 농촌 현실은 신자유주의 세계 경제 아래 모든 생명의 물리적 요소와 존엄이 훼손되고 있다. 이윤의 극대화를 꾀하는 자본주의 논리 앞에 생명의 존립 자체가 위협받고 있으며 경제 성장이라는 괴물 앞에 인간의 생존권과 삶의 행복 추구권이 심히 무시되고 있다. 마을마다 공동체가 파괴되고 학교가 없어지듯이 교회 역시 몇 안되는 노인들만 옛 신앙을 지키고 있을 뿐이다.

　갈수록 상황이 악화되는 농어촌, 그리고 농어촌에 있는 교회는 변화된 사회와 환경을 어떻게 이해하며, 무슨 전략과 방도로 하나님나라의 예배 공동체로 존재하고 선교적 책무를 제대로 감당할 수 있을까? 창조 세계가 죄로 물들어 신음하고 죽어가는 현실을 외면하지 않으시고 자신이 인간의 몸으로 내려와 생명이 되시고 소망이 되셨던 예수 그리스도의 삶과 가르침을 따라 오늘의 교회도 생명을 일구는 공동체로 거듭나야 한다.

신자유주의, 경제 세계화의 대안은 '생명'이다. 생명 신학과 생명 살림이라는 명제는 당연히 신자유주의와 경제 세계화의 반대편에서 진영을 구축해야 한다. 농촌 교회 현장에서 마찬가지다. 신자유주의를 수용하면서 생명 살림에 대해 말하는 것은 모순이고 어불성설이다. 그러므로 생명 선교의 현장은 지구화의 흐름 속에서 인종, 성, 종족, 나이, 경제적, 사회적, 문화적 및 종교적 세력을 통한 소외 혹은 주변화를 지적하면서, 화해와 사랑의 복음으로 이를 극복해야 할 것이다. 신자유주의는 단순히 경제적 문제는 물론 GMO를 위시한 반생명적 먹거리의 문제, 한미 FTA와 같은 불공정 국제교역의 문제, 이주 노동자와 이주 여성같은 이주민의 문제 등 다양한 방면에서 우릴 곤혹스럽게 할 것이다. 이에 농촌교회에서는 적절한 대응 논리와 신학적 입장을 가지고 생명을 살리는 일에 적극 나서야 할 것이다(남상도 목사).

하나님의 선교(Missio Dei), 패러다임을 바꾸라

1986년 신출내기 목사는 순전한 마음과 열심을 담아 성경을 낀 채 배추밭 사잇길을 부지런히 다녔다. 무더운 뙤약볕에서 뻘 뻘 땀흘리며 쪼그려 앉아 농사를 짓고 있는 농민들 곁에 다가가 무릎을 낮추고 그들의 손을 붙잡으며 간절히 기도하였다. 농사가 잘 되고 배추 수확이 많게 해 달라고. 진심어린 초년병 목사의 말을 하나님이 들어 주신 걸까, 농부들이 열심히 일을 잘 해서 일까. 상당히 많은 수확을 거두었다. 그러나 그들의 기쁨은 잠시였다. 그해 전국적으로 풍작을 이룬 탓이었는지 배추 값이 폭락하였다. 한 포기에 10원도 제대로 못받았다. 수고하며 땀흘린 농민들은 절망하였고, 목사는 낭패스러웠다.

개개인의 문제로 치부하고 넘어갈 수는 없는 일이었다. 구조적인 문제가 풀리지 않고는 농민들에게는 소망도 미래도 불투명할 뿐이었고, 간과할 일이 아니었다. 하나님나라의 정의와 평등이 가난한 농촌 사람들에게도 절실하며 신앙과 신학이 결코 현실의 삶과 유리되어서는 안되는 것 아닌가? 목사는 자신이 믿고 신념을 가졌던 기독교와 하나님이 저 세상이 아닌 이 세상에서의 생명이고 소망이며 십자가라 생각했다.

남상도 목사는 교회 성도들과 함께 이 문제를 논의하며 함께 해결 방안을 찾는 일에 나서자고 제안했다. 그는 장성군농민회를 만들어 물세 거부 운동을 벌이고 적십자의 일방적 회비 수금도 지적하며 차츰 지역 농민들의 의식을 바꾸고 새로운 변화의 운동을 전개해 나갔다.

1990년 우선 60여 농가를 중심으로 '한마음 공동체'를 만들었다. 몰려드는 값싼 외국 농산물에 대항하여 안전하고 건강한 먹거리 생산과 유통을 내세웠다. 제초제를 쓰지 않고 농약짓는다니 처음에는 주변의 반대와 냉소가 컸다. 그럴 때마다 땀 흘려 일하는 우리 농민보다는 유통업자들이 훨씬 많은 이득을 챙기는 현실을 지적하였다. 우리 스스로 좋은 농산물을 소비자들에게 직접 판매하며 정직한 땀과 제대로 된 소득과 분배를 역설하자 하나 둘 성도들과 마을 주민들이 따랐다.

초기에는 어려움이 많이 따랐지만 인내하며 바른 먹거리 생산에 힘을 쏟았고, 인근 대도시인 광주의 지식인과 좋은 소비자들이 호응하여 판로가 점차 늘어갔다. 남상도 목사가 끊임없이 생산자들을 설득하고 교육하고 도시의 소비자들도 찾아 다니며 함께 할 것을 권하고 호소하니 비약적으로 발전을 거듭하였다. 광주의 아파트 단지를 돌며 좋은 먹거리를 소개하고 판매 소비가 이루어지자 광주광역시 동구 학동에 첫 매장까지 열 수 있었다. 간판에는 무당벌레를 로고로 새겼다. 유기농 재배의 대표적 해충인 진딧물의 천적을 상징으로 한 것이었다. 현재는 전국에 걸쳐 수많은 직판장을 가지고 있고 한 해 매출도 백억 원을 상회한지 오래 전이다.

생산과 유통에서 좋은 성과를 거두자 농촌 마을을 살리고 문화와 교육을 진흥키 위한 사업도 시작했다. 농촌 체험시설인 자연학교를 비롯해 어린이들이 다니는 유치원을 설립해서 운영하고 있고 노인대학도 운영하고 있다.

2000년 폐교를 인수하여 '한마음 자연학교'를 열었다. 도시민들이 찾아와 농촌 생태 체험을 하기 위한 공간이다. 천적 배양실, 나비 곤충관, 도예체험장, 천연염색장 등 다양한 체험과 견학으로 어린아이와 부모 모두 놀이하며 자연을 배우는 귀한 시설이다. 상당히 많은 황토방 집이 있어 숙박도 할 수 있다. 유기농 음식으로 식사하고 천연 염색 옷을 입으며 친환경 생태 황토방에서 하루 밤 묵을 수 있다면 도시에 찌든 몸과 마음이 회복되고 생명력을 되찾을 수 있을리라.

시골 농촌의 변화와 생명을 일궈낸 남상도 목사는 1956년 목포에서 출생하였다. 운동을 좋아하던 고등학생 시절 교회에 관심을 갖게 되었고 군 복무 후 1981년 호남신학대학교에 입학하였다. 1984년 졸업반 때 장성 백운교회 전도사로 부임하였다. 장성군 남면 마령리에 있는 백운교회는 1960년에 설립되었다. 남상도 목사는 교인과 주민들을 규합하여 생명 공동체 운동을 펼쳤고 교회 목회자로서 19년을 봉사하다 2006년 사임하였다.

성도와 주민들이 좋아하는 교회

지역주민들의 삶을 개선하고 경제적 수익도 커지자 목사와 교회에 대한 태도와 반응도 좋아질 수 밖에 없었다. 1988년 교회를 건축할 때 성도는 물론 불신자 주민들까지 합세하여 공사를 하고 5개월 만에 120평의 2층 건물을 지었다. 교회 머릿돌에는 "이 교회는 지역 농민들의 협조로 지어진 교회입니다"라는 글이 새겨졌다. 교회당 안 전면에는 '하나님을 위하여', '민족을 위하여', '농민을 위하여'라는 슬로건이 걸려 있다. 교회 강대상은 쌀 뒤주로 되어 있고, 찬양은 국악 악기를 사용하며 헌금 바구니도 곡식 담는 바구니로 쓴다. 우리 고유의 삶과 문화, 농촌 마을에 있는 환경과 도구로 교회의 공간을 채우고 예배한다.

남상도 목사가 목양과 더불어 생명운동과 지역운동을 전개할 때 함께 힘이 되어주며 동역한 이들은 백운교회 전춘섭 장로와 성도들이다. 전춘섭 장로 역시 인생을 농사꾼으로 지내며 하나님을 믿고 교회를 섬겼다. 그는 특별히 유기농 사과 농사를 짓는다. 1962년 군 복무를 마치고 고향에 돌아와서부터 농사를 했다. 경제개발과 산업화 붐이 일던 당시 젊은이들이 농촌을 떠나 도시로 갔지만, 그는 고향에 돌아와 농촌에서 일하며 공부하였고 지금까지 마을을 지키며 남상도 목사와 함께 지역에서 멋지고 선한 생명의 공동체를 일구어 냈다. 그가 생산하여 판매하는 '기적의 사과'는 농약을 일체 쓰지 않고 비료도 쓰지 않는다.

젊은 시절부터 느꼈던 것이 있습니다. 교회와 세상의 분리입니다. 교회 다니는 사람과 교회 다니지 않는 사람들의 분리가 마음 아팠습니다. 교회의 담을 허물고 마을 사람들과 함께 살아가는 것, 그것이 진정한 선교라 생각합니다. 교회는 벽을 허물고 세상으로 나아가야 합니다. 함께 살아가야 합니다. 또한 종교는 이념에 빠져서는 안됩니다. 하나님나라는 생명과 평화, 정의, 공동체라고 하는 본질적 가치의 삶입니다(전춘섭 장로).

농어촌교회는 확연하게 예전만 못하며 위기감에 사로잡혀 있다. 단지 농촌경제 붕괴와 도시화 탓으로만 돌릴 수는 없다. 도시의 여느 교회들처럼 내부적 '성장'과 제자훈련 도식으로만 매여 있어서는 곤란할 것이다. 지역을 직시하고 생명과 공동체 회생에 마음을 돌리고 선교 패러다임을 바꾸어야만 한다. 농어촌이야말로 인류 생명의 가장 기초적인 터전이며 공동체이다. 지역 주민들을 유기적 생활 구조로 일구는 생명 공동체로 일구어야 한다. 전통적 교회관과 성장 논리로부터 지역 중심으로 선교 패러다임을 바꾸고 변화하는 애씀이 오늘의 농어촌 교회에 주어진 하나님나라 미션 아니런가.

장성 5
십자가 군병들아 주를 위해

조선말 쇄국 정책을 폈던 흥선 대원군, 며느리 명성 황후와의 세력 다툼에 밀려 권좌에서 물러나자 그는 전국을 유람하였고 호남 땅을 밟은 적이 있었다. 정확히는 남원과 제주를 포함하여 전남의 곳곳을 돌면서 각 지역의 뛰어난 아름다움이나, 사람들의 인심, 그리고 자연의 풍요로움을 발견하고 '~~팔불여(八不如)'라는 찬사를 붙였다.

'호불여영광(戶不如靈光)'은 열심히 살아가는 모습은 영광만한 곳이 없다. '곡불여광주(穀不如光州)'는 곡식은 광주만한 곳이 없다. '지불여순천(地不如順天)'은 기름지고 풍성한 땅은 순천만한 곳이 없다. '결불여나주(結不如羅州)'는 세금 거둬 들이는 곳은 나주만한 곳이 없다. '인불여남원(人不如南原)'은 인물 많기로는 남원만한 곳이 없다. '전불여고흥(錢不如高興)'은 돈 많은 곳은 고흥만한 곳이 없다. '여불여제주(女不如濟州)'는 여자가 많기로는 제주만한 곳이 없다. 그리고 그가 마지막으로 들른 장성에서 발견한 것은 '문불여장성(文不如長成)'이니 곧 문(학문)으로는 장성만한 곳이 없다고 하였다. 학문과 선비의 고장 장성답게 곳곳에 필암서원, 고산서원, 봉암서원 등 서원과 사우가 많다.

특히, 황룡면 필암리에 자리 잡은 필암서원은 호남 지방의 유종(儒宗)으로 추앙받는 하서 김인후의 위패를 모신 곳으로 장성 사람들의 꼿꼿한 기질과 은근한 자존심의 바탕이 되어 온다. 장성 출신의 김인후는 1540년 문과에 합격하였으며 인종의 세자 시절 스승이었다. 인종은 스승에게 묵죽도를 선물하며 존경하였는데, 인종이 1545년 즉위 8개월 만에 일찍 세상을 떠나고 사화가 발발하는 바람에 김인후는 고향에 돌아와 서원을 세우고 후학 양성으로 여생을 보냈다. 정조대왕은 조선 개국이래 도학(道學), 절의(節義), 문장(文章) 어느 하나도 빠뜨리지 않은 사람은 오직 하서 한 사람뿐이라며 그를 문묘(文廟)에 종사했다.

진원면에 있는 고산서원은 조선 후기 학자 기정진 등의 위패를 모신 교육시설이다. 노사(蘆沙) 기정진(奇正鎭)은 조선 후기 성리학의 대가이다. 순조 31년(1831) 과거에 급제한 후 많은 관직에 임명되었으나 모두 사퇴하고 이곳에서 학문 연구와 후학양성에 힘썼다. 고종 15년(1878)에 담대헌이라고 이름짓고 학문을 가르치던 곳이며, 1924년에 후손들이 다시 서원을 지었고, 1927년 '고산서원' 이라고 쓴 현판을 걸어 오늘에 이르고 있다.

장성읍에 있는 봉암서원은 조선후기 변이중을 추모하기 위해 창건하였다. 1697(숙종 23)년에 지방 유림의 공의로 변이중(邊以中)의 덕행과 업적을 추모하기 위해 창건하여 위패를 모셨다. 그뒤 1707년에 변경윤(邊慶胤)을, 1728(영조 4)년에 윤진(尹軫), 변휴(邊烋)를 추가 배향하여 선현 배향과 지방 교육의 일익을 담당하였다. 흥선 대원군의 서원 철폐로 훼철되었다가 1974년 전라남도 유림에 의하여 복원되어 오늘에 이르고 있다.

문(文)의 고장, 지금은 무(武)의 고장

흥선 대원군이 21세기 현재의 장성에 들렀다면 아마 또다른 명성을 붙이지 않았을까 싶다. '무불여장성(武不如長成)'. 문의 고장 장성이 지금은 무의 성지로 거듭나고 있다. 우리나라 구국 강성의 심장, 육군 장교 후보생을 배출하는 상무대가 자리하고 있기 때문이다. 육군교육사령부 예하부대로서 보병학교, 포병학교, 기계화학교, 공병학교, 화생방학교 등이 있으며 이들 군 간부 육성을 지원하는 군무지원단, 군수지원단 등이 있다. 육군 장교나 부사관, 사병들의 후반기 교육뿐만 아니라 해군과 공군, 해병대는 물론 경찰의 위탁을 받아 교육하기도 한다. 이쯤되면 장성의 남다름이 '문'에서 '무'로 확실히 바뀌었다고 해도 될 것이다.

상무대가 장성으로 이전한 것은 1995년일이다. 전에는 광주시 서구 치평동 일대에 있었는데, 광주의 신시가지 조성으로 옮겨간 것이다. 우리나라 군 부대에도 군종제도에 따라 웬만한 부대에 종교시설이 있고 사역자들이 배치되어 있다. 상무대 역시 교회가 있고 병사들의 신앙을 돌보는 군종이 있었다. 1980년 5월 광주 민주화 운동의 역사 속에 광주 시민은 물론 이곳에 있던 상무부대나 교회라고 해서 비껴갈 수 있는 게 아니었다.

5 · 18 광주 민주화 운동은 1980년 5월 18일부터 열흘간 광주시민과 전라남도민이 함께 한 민주화 운동이었다. 소위 신군부 세력의 퇴진 및 계엄령 철폐, 그리고 조속한 민주정부 수립 등을 요구하며 전개하였는데, 군부에 의한 폭력적 진압으로 뜻을 이루지 못한 채 끝나고 말았으며, 무수한 시민이 희생되었다. 당시 광주시민은 신군부 세력이 집권 시나리오에 따라 실행한 5 · 17 비상계엄 전국 확대 조치로 인한 헌정 파괴와 민주화의 역행에

항거했으며, 신군부는 공수부대를 투입해 폭력적으로 진압하였던 것이다.

신군부의 무자비한 학살로 수많은 사람이 죽고 부상자가 속출했다. 문용동 전도사도 아까운 청춘을 희생당했다. 민중항쟁에 시민군으로 같이하여 무기와 화약고를 사수하다 계엄군에 피살된 것이다. 문용동 전도사는 당시 호남신학대학교 4학년 학생으로, 이미 한 해 전인 1979년 7월부터 전남여전도연합회 파송으로 광주 상무대교회 전도사로 시무 중이었다.

80년 5월, 화약고를 지켜낸 전도사

이미 군대를 다녀온 경험이 있고 상무대 교회 사역자이다 보니, 당시 도청 지하실에 있는 탄약고를 지키는 것은 광주의 안녕을 지켜내는 일로 그에게 다가왔다. 그곳에는 화순 탄광에서 들여온 다이너마이트를 비롯해서 상당한 양의 폭발물, 무기들이 있었기 때문에 현장에서 사고가 발생한다면 광주시가지는 물론 엄청난 인명 피해가 예상되는 일이었다. 평소 다정다감하고 유순하며 내성적이면서도 정의감에 불탔던 그는 보다 큰 피해를 예방하기 위해 탄약고를 사수하고 폭약을 제거하기로 결정했다.

상무대 교회 전도사였기에 군 부대 지휘관들과 친분이 있었기 때문에 계엄분소 지휘관과 의논하여 군무원과 함께 비밀리에 뇌관을 다 제거할 수 있었다. 16시간에 걸쳐 이루어진 작업으로 폭약 뭉치 2,100개의 뇌관이 제거되었고, 수류탄 450여발의 신관이 제거되었다. 공수부대가 마지막 날 도청에 들이닥쳤을 때 이들 폭약이 터졌더라면 너무나 끔찍한 사고가 더 했을 것이다.

군의 투입, 공수부대 개입 드디어 터질 것이 터져 버렸다. 안 터져야 하는 것을, 안 벌어져야 하는 것을 무자비한 공수부대 곤봉과 군화 발질로 학생들을 피투성이가 되도록 두들기고 군화로 짓이겨 군용 트럭에 싣는다. 학생이나 시민이나 달려들어 개 패듯이 끌고 간다. 목사님(항의하는)도 군화 발질. 반 기절한 시민을 업어다 병원에 치료했다. 맞은 상처도 치료했다. 도청 앞 분수대 위의 시체 관 32구, 남녀노소 불문 무차별 사격을 한 그네들 아니 그들에게 무자비하고 잔악한 명령을 내린 장본인. 역사의 심판을 하나님의 심판을 받으리라(문용동 일기).

문용동은 1952년 9월 6일 영암 태생으로 고등학교 2학년 때인 1970년 친구의 전도로 광주제일교회 부흥회를 갔는데, 강사가 김용기 장로였다. 그의 메시지에 감화를 받은 문용동은 신앙을 갖게 되고 김용기 장로의 영향을 받아 가나안농군학교의 야학을 모델로 한 성경구락부 교사로 봉사하는 등 신앙과 봉사에 열심인 일꾼이었다.

문용동은 5월 27일 새벽 진압에 나선 공수부대에 사살되고 말았다. 그의 의로운 희생은 오히려 신군부의 프락치 공작으로 매도되었다. 시민들로부터는 군의 공작요원으로 오해되었기 때문이다. 의로운 사람은 당대에는 늘상 오해받기 십상이고 매도되기 일쑤다. 역사를 제대로 조사하고 바르게 평가해야 하는 몫은 그 덕에 살아남고 안녕된 세상을 지내고 있는 우리 후배들의 마땅한 몫이다.

장성 상무대교회는 광주와 장성 지역의 교회들과 연합하여 군부대 장교나 사병들의 신앙과 삶을 돌보는 일에 헌신하고 있다. 각 병과별로 주어진 학교에서 몇 달씩 훈련을 거치며 새롭게 탄생되는 초급간부들을 격려하고 위로하는 감사예배도 함께 하고 지원하기도 한다. 그들을 영적으로 돕고 함께하는 군부대 선교로 모든 대한민국의 군부대와 군인들의 영적 정신적 선한 힘이 되며 나라의 안녕과 수호가 하나님 은혜아래 충만하기를 소원해 본다.

호남신학대학교 교정에서 무등산을 등지고 있는
문용동(상무대교회 전도사) 추모비

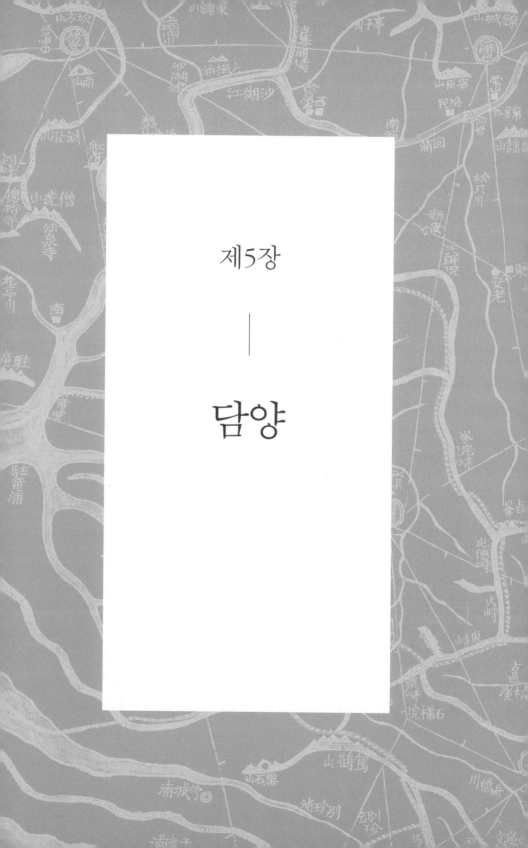

제5장

—

담양

담양 1
교육을 바꿔 행복한 학교를

감나무 씨앗은 감나무로, 소나무 씨앗은 소나무로 자라야 한다. 사람도 기질과 자질에 따라 각기 자라고 살아갈 수 있어야 진정 행복한 인생이 된다. 피조된 인간은 저마다 다양한 은사와 달란트를 가지고 있다. 어느 누구라도 한 가지 이상은 잘하는 게 있고, 남들보다 탁월하게 지어진 존재가 인간이다. 그러므로 어렸을 때부터 남과 다른 자신의 길을 찾고 배울 수 있도록 해주는 것은 공교육의 중요한 책임이다.

그러나 우리의 현실은 여전히 집단적 획일적 권위주의적이다. '21세기 아이들을 20세기 학교에서 19세기 교사들이 가르친다'는 말이 얼마 전까지 회자되었다. 10여 년의 세월동안 경제적 혜택에 힘입어 하드웨어는 물론 소프트웨어도 상당한 발전을 이루었다. 이렇게 학교도 21세기를 달리게 되었지만, 교육행정이나 일선 교사는 여전히 19세기 전근대적 사고에 머물고 있다.

학교별 통폐합과 학교별 성과급 제도를 시행하려는 전남도 교육위의 사고 발상도 그렇다. 학생들이 줄어들고 있는 현실이야말로 진짜 좋은 교육을 할 수 있는 기회임에도 오히려 경제적 비용이나 편익의 효율성만을 생각하는 것은 얼마나 단견인가. 교육청이 단지 학교 하나 없애는 정도가 아니라 그 지역사회 공동체를 붕괴시키는 악행을 저지르는 셈이 된다. 학생들의 다양하고 각기 다른 면들을 고려하여 교육하고 책임질 수 있어야 하는데, 무슨 기준으로 학교별 평가를 하며 경쟁을 시키려 하는지. 경쟁과 효율보다 훨씬 더 소중하고 중요한 가치를 구현하고자 하는게 공교육인데, 정작 관료들부터 자신들의 직무를 호도하고 교육의 가치를 배신하는 꼴이다.

교육은 전적으로 학생 때문에 시작한 일이다. 당연히 학생 한 사람 한 사람에 대한 이해와 배려를 기초로 하여 교육이 집행되고 이루어져야 한다. '사농공상'의 편견과 시장 만능주의로 학생들을 무한경쟁으로 내몰 것이 아니라, 실존적 인간으로서 자기에게 주어진 달란트를 가지고 자기의 인생을 배우고 살아갈 수 있도록 도와주는 것이 공교육이다. 학생들 개개인이 다 다르고 다른 길을 가야하는 것을 인정하고 어느 누구에게나 각자에게 맞는 교육이 이루어지고 기회를 가질 수 있도록 바뀌어야 한다. 학습자 중심의 교육 정책으로, 모든 아이들의 다양성을 실현할 수 있는 학교로, 그리고 '학생들이 주인이고 아이들을 섬긴다'는 리더십을 지닌 교사들로 바뀌어야 한다.

아무리 바꾸려 해도 잘 되지 않는다. 오랜 체제와 관행에 너무 굳어진 탓에 변화와 개혁을 이루어내기란 애시당초 어렵다. 대안 교육이니 홈스쿨이니 하는 다른 방식의 교육 활동이 그렇게 나왔다. 1990년대쯤 기독교 대안 교육운동이 일어났고 기독교 대안 학교도 세워지기 시작했다. 성경의 가르침을 따라 하나님이 요구하는 교육을 해보고자 종래의 미션 스쿨의 한계를 극복하는 취지의 운동이었으며 2020년 현재는 전국에 걸쳐 백여 개 넘는 대안 학교가 운영중이다.

담양에 세워진 기독교 대안 학교

담양에도 이런 취지 아래 '한빛고등학교'가 세워졌다. '하나님사랑, 이웃 사랑, 자연사랑'을 교훈으로 1998년 수북면에 개교했고, 2001년 2월 1회 졸 업생을 시작으로 지금까지 20여 년 다른 교육을 전개하고 있다. 모든 공교 육 인문계 학교들이 교과에 집중하며 대학 입시에만 몰두하는 우리나라 현 실에서 한빛고등학교는 하나님 중심의 영성을 강조하며 균형잡힌 인간 교 육에 힘쓰고 있다. 기독교 정신 아래 참 사랑을 배우고 하나님의 창조 세계 를 둘러싼 인간의 삶과 자연의 조화에 관심을 두며 하나님으로부터 받은 각자의 달란트를 개발하여 미래 사회의 큰 나무로 자라게 한다.

봄, 가을로 진행하는 섬진강 걷기대회나 지리산 종주 등으로 신체를 단 련을 하며 호연지기를 키운다. 동학 유적지 답사나 15킬로 떨어진 광주 망 월동 묘원까지의 5.18 왕복 도보 등으로 역사의식을 함양하고 자연생태 체 험학습 등으로 자연에 대한 마음을 키우기도 한다. 특성화 활동은 자신의 적성을 발견하며 이 사회에서 다양한 분야에 필요한 인재들로 준비시키는 교육이다.

한빛고등학교의 대안교육은 우리 사회의 교육현실과 아주 동떨어진 것은 아니다. 다른 고등학교와 두드러진 차이점이라면 국어, 영어, 수학 대신 특성화교과나 자립경제교육 특별활동 시간을 좀더 늘려 운영하는 점 정도 다. 전교생이 기숙사 생활을 하는 이 학교에서도 아침마다 교육방송 텔레 비전과의 프로그램을 틀어주고 밤늦게까지 도서관 불을 밝힌다. 2학년들 은 10월말 축제가 끝나면 본격적으로 대학입시 준비에 매달린다.

그러나 담양의 아름다운 자연과 어울려 아이들의 생활은 도시에 비해 훨씬 풍요롭다. 틈날때마다 학교 뒤쪽에 있는 텃밭을 가꾸고 토끼나 닭을 돌보며, 일주일에 한번씩 직접 빵을 구워 나눠 먹기도 한다. 다른 고등학교들이 자율학습시간으로 돌리기 일쑤인 특별활동 시간에는 매주 전문강사를 모셔와 음악, 연극, 조각, 에니메이션 등 다채로운 경험을 쌓는다. 공부도 하지만 노래도 부르고 시도 읽고 공도 차는 생활, 요란하지 않는 대안교육인 셈이다(한겨레신문, 1999년 11월 16일).

요즘은 웬만한 도심지 학교에서도 기숙사 시설을 갖추고 있고 학생들이 가까운 집에서 등 하교 하기보다는 학교 기숙사에서 숙식하며 공부에 전념하기도 한다. 대안학교들도 대부분 그렇듯이 한빛고등학교 학생들도 기숙사 생활을 한다. 공동체 교육의 일환이기도 하다. 한 학년에 3개 반으로 되어 있으며 한 학급은 20여명이니, 약 200명의 전교생이 기숙사에서 함께 공동체 생활을 하니, 선후배가 다 알고 지내고 가족같이 지낸다. 방 청소도 하고 세탁기도 쓰며 화장실, 세면실을 나누어 써야 하니 티격태격 서로 감정이 상하기도 하고 말싸움도 제법 하지만, 그렇게 남을 이해하고 배려하는 훈련이 되는 셈이다.

이 학교 학생들은 기숙사생활을 한다. 주일 낮, 저녁예배와 밤 11시 기숙사생 큐티, 월요기도회 등에 참여하고 교사 성경모임이 따로 진행된다. 학생 선발기준은 학과성적 30% 봉사활동 50% 면접 20%이다. 성적은 중상위권 아이들이 온다. 면접은 부모와 함께하며 이들에게 '하나님 사랑·자연 사랑·이웃 사랑'이란 교육 이념을 설명하고 학교정신에 동의하는 학생들을 선발한다. 올해 첫 졸업생을 배출했다. 대학진학률은 80%정도이다.

한빛고등학교를 방문했을 때가 점심시간이었기 때문인지 교정에는 청소년들의 함성이 금방이라도 쏟아져 나올 것 같았다. 이 학교에서 만난 한 교사의 말이 오랫동안 마음에 남았다. "보편적인 아이들의 지성과 감성을 조화롭게 교육시켜 영혼이 맑은 사람, 이웃과 더불어 사는 사람, 심신이 건강한 사람을 만드는것이 교육의 목표입니다. 우린 아이들이 진정한 행복을 누리며 살기를 바랍니다"(국민일보, 2001년 4월 3일).

플라톤의 '국가'에서 소크라테스는 교육을 씨앗의 양육에 비유하였다. 식물의 씨는 그것이 잘 자랄 수 있는 토양과 날씨, 그리고 충분한 영양분이 공급되는 환경에서 좋은 나무로 성장한다고 하였다. 소나무 씨앗은 소나무로 자라게 하고, 감나무 씨앗은 감나무로 자라게 해야지 달리 키워서는 안 된다. 같은 사람일지라도 학생들 각자가 다 다르고 서로 다르게 살아야 한다면, 어릴때부터 다르게 교육을 받을 수 있고 각자에게 어울리는 좋은 기회들을 가질 수 있게 해줘야 한다. 각성하여 우리의 교육을 바꾸고 학교를 바꿔야 할 것이다. 한 명도 예외 없이 우리 모두의 아이들이 참으로 행복하고 멋진 교육을 받을 수 있도록, 진정 꿈을 이야기하고 희망을 만들어 가는 학교, 담양에서도 하나님을 경배하며 미래의 일꾼으로 자라는 귀하고 멋진 기독교학교, 한빛고등학교에서 그 대안과 희망을 엿본다.

담양 2
우리를 주님께 바칩니다

　"령혼이 살아셔 예수로 더브러 왕노릇ㅎᄂ니라." 광주 양림동 호남신학대학교 교정의 선교동산에 있는 수십여 묘비 가운데 하나에 새겨진 글귀다. 요한계시록 20장 4절의 일부를 새겼는데, 선교사들의 묘에 영문이 아닌 한글로 그것도 1백여 년 전의 표기와 독특한 손글씨 서체로 쓰여져 있어서 의미 깊다. 묘의 주인공은 에머슨(Amelia J. Emersom, 1860~1927).

　에머슨 여사는 딸을 낳고 일찍 남편을 잃은 채 지내오다 외동딸이 성장하여 결혼하고 조선에 선교사로 갈 때에 딸 부부와 함께 조선에 와 17년을 지내다 67세에 사망하였다. 사위와 딸이 7자녀를 낳으며 선교 사역에 매진할 때에 손주들을 돌보며 할머니가 되어 주기도 하고, 조선 시골 여성들의 미국 이모가 되어주기도 했다. 1885년 아펜젤러와 함께 한국 감리교 최초 선교사로 온 스크랜턴, 그리고 아들을 따라 함께 온 스크랜턴 대부인은 지금의 이화학교를 창설하였다.

　친 어머니와 함께 조선 경성에 온 스크랜턴 의사에 비해 탤미지 목사는 아내와 장모를 모시고 1910년 목포를 거쳐 광주로 와서 사역하였다. 탤미지(John Van Nest Talmage, 타마자)는 1884년 12월 30일 뉴저지 주 뉴왁(Newark)

에서 출생했다. 그의 선조들은 유태 민족이었다. 할아버지는 중국에서 40여 년 동안 선교 사역을 했으며, 부친은 미국에서 사업을 하였다. 대학에서 공학을 전공하고 사우스웨스턴 장로교 신학교를 졸업후 프린스턴 신학대학원 1년차 과정 중인 1910년 7월 목사 안수와 결혼, 그리고 곧바로 선교사로 낯선 이방 땅을 향해 떠났다. 신혼여행지가 곧 선교지였다. 그것도 잘 알지 못하는 낯선 조선 땅. 아내와 장모를 모시고 한 달여 태평양을 건너 8월 26일 조선에 도착했는데 그로부터 3일 후인 8월 29일 조선은 일본이라는 섬나라에 강제 병탄되었다.

타마자 선교사는 광주 선교부에 배정받아 그곳에서 어학훈련과 적응훈련을 거친 후 선배 동료들과 함께 선교사로서의 일을 시작하였다. 그는 유진 벨의 관할하에 있던 담양과 순창, 화순 등지의 농촌 지역을 순회하며 전도하고 사역하는 임무를 맡았다. 1942년 일제에 의해 강제추방 될 때까지 32년을, 해방 후 1947년에서 1950년 6.25 전쟁으로 다시 귀국할 때까지, 그리고 휴전이 되자 다시 1954년에 조선을 찾아왔고 이듬해인 1955년 은퇴하기까지 사역 햇수로는 38년이지만, 중간 기간을 합산하면 45여 년을 조선 사람이 되어 조선인을 위해 수고하며 충성하였다.

담양 기독교회의 개척자, 타깍쟁이

타마자는 무엇보다 담양 기독교회를 일으킨 개척자요 선교사라 할 수 있다. 호남에 선교사들이 들어와 일을 벌이고 전남지역도 1898년 목포를 시작으로 대부분 지역에서 1900년대 이미 교회가 개척되고 설립되었지만, 담양은 비교적 늦은 1915년에 이르러서야 시작된 것으로 조선예수교장로회

사기는 밝히고 있다. 타마자 선교사가 본격적으로 담양 지역에 다니며 전도하면서부터 시작된 일이라 할 수 있으리라. 그가 담양과 인근 지역에서 일한 지 25주년 되던 즈음에는 30여 교회를 세웠다.

타마자 선교사 부부

[**타박사 선교 25주년 기념(담양 예배당에서 거행)**]

전남 담양읍 미례산에 사무소를 두고 광주읍 양림정에 거주하는 선교사 타마자 씨는 선교 25주년 기념 축하식을 자기가 세운 30여 교회 연합으로 오는 20일 담양읍 예배당에서 거행한다는데, 타마자 씨는 지금부터 25년 전인 1910년 8월 20일 미국에서 선교 차로 나온 지 금년이 만 25주년인 바 그동안 씨의 사업으로 씨가 설립한 교회가 30여 처로 무산아동 교육기관이 6교요, 빈민을 위하여 토지를 사주기도 하며 돈없이 공부 못하는 학생들을 학비를 대여준 일도 30여명이나 된다고 한다(동아일보, 1935년 8월 13일).

타마자 선교사는 시골인 담양에서 거주하며 선교하였다. 당시 남장로교 선교사들이 광주, 목포 등 도시 거점에 집단 주거지(콤파운드)를 형성하고 지내며 시골은 순회하는 것으로 사역했던 것에 비하면 타마자는 유독 남달랐다. 현장에서의 선교활동을 중요하게 여겨 지역 주민들 속에 파묻혀 살며 복음을 전하고자 하였다. 그는 담양읍 백동리의 미례산 언덕을 매입하여 그곳에 자신의 집을 짓고 살았다. 신자를 얻어 교회를 세워 나갔고, 미례산 자락에 사역자 양성을 위한 성경학원을 설립하였다. 순담성경학원은 담양의 젊은이들에게 하늘 소망을 심어주며 천국 사역자로서의 자질을 키워냈다. 일반 아동들을 위한 교육을 위해 광덕학교도 운영하였다. 그는 이 일을 위해 철저한 검소 절제의 삶을 살았다.

사람들은 그를 '타깍쟁이'라 불렀다. 놀림이 아니라 칭송이었을 것이다. 선교사라면 미국 총회에서 보내주는 일정한 사례비가 있었고 활동 사역비는 따로 있었다. 당시 조선 사회에서 그만한 재정이면 가히 부유하다 해도 과언이 아니다. 그럼에도 타마자 뿐만 아니라 남도에서 사역하는 대다수 선교사들은 거의 가난한 자와 같이 살았다. 사역비는 물론 자신과 가정의 사적인 생활비도 거의 전부를 조선의 교회와 자라는 아동, 청년들의 교육비로 내놓았다.

어떤 선교사 중에는 자동차를 타고 일하기도 했지만, 타마자는 고무신에 자전거를 타고 다녔고, 학생들에게도 사재를 털어 자전거를 사주며 전도하라고 가르쳤다. 조밥과 보리밥을 먹으며 아낀 돈으로 더 많은 아이들에게 교육의 기회를 주려고 애썼다. 30여 교회를 후원하고 많은 아이들을 가르치려고 자신을 위해서 아끼고 쓰지 않았으니 사람들에게 깍쟁이처럼 보였으리라.

1930년대 후반기에 들어서 일제는 아시아에 대한 지배력을 더욱 키우고 한국교회에 신사참배를 강요하였다. 일제에 굴복한 한국 교회들이 늘어설 때 미국 선교부는 운영하던 학교도 폐쇄하며 맞섰으나 1940년대 들어 태평양 전쟁을 벌이면서 선교사들마저 강제 추방하였다. 호남의 미 남장로교 선교부 재산을 관리하고 책임지고 있던 타마자 선교사는 끝까지 거부하며 떠나지 않으려 했다. 일제는 갖은 죄목을 씌워 그를 구속하였다. 그는 1941년 12월 8일부터 1942년 4월 9일까지 120여일을 교도소에 강제로 투옥되었고, 6월 1일 결국 미국으로 돌아갈 수 밖에 없었다. 복음을 위하여 갇혔던 시간 동안의 일을 기록한 게 "한국 땅에서 예수의 종이 된 사람(A prisoner of Jesus Christ in Korea)"이다.

> 많은 사람들이 일제 탄압에 의해 감옥에 갇혔다. 몇몇 사람들은 "나는 일본 감옥에 갇힌 자였다"라는 제목으로 글을 썼다. 거기에서 그들은 자신들이 당한 불행을 이야기하고 있다. 나 또한 감옥에 갇혔다. 갇힌 직후, "그리스도 예수에게 사로잡힌 바 되었다"는 사도 바울의 말을 기억했다. 내가 갇힌 진짜 이유는 일본 때문이 아니라 그리스도 때문이었음을 느꼈다. 이 책은 오늘날 '그리스도에게 사로잡힌 바 된 것'이 무엇을 의미하는 지 말하고 있다(타마자, "한국 땅에서 예수의 종이 된 사람).

조선이 일제에서 놓여 해방이 되자 그는 다시 조선 광주와 담양을 찾았고, 6.25 동란으로 또 미국으로 돌아갔다가 전쟁이 그치자 재차 이 땅을 찾아왔다. 1954년 그의 나이 70세. 정년을 불과 1년도 안 남긴 그가 왜 그리도 이 땅을 찾으려 했을까. 도대체 이 조선 땅이 그에게 무슨 생명과 행복,

보화였으랴. 궁벽한 땅, 가난과 질병으로 신음하며 고통해 하는 이 땅의 민중들을 참으로 사랑하고 함께 즐거워하며 함께 슬퍼하고자 했던 사람. 자기에게 주어진 십자가를 살아있는 한 끝까지 충성했던 하늘의 사람. 타깍쟁이 선교사 타마자. 담양의 교회와 성도들은 그를 기억하며 그의 유업을 이어야 하지 않겠는가!

부전자전 아버지처럼 기꺼이 조선에

타마자 선교사는 1955년, 평생을 함께 한 부인 엘리자(Eliza Day Emerson)와 함께 은퇴하여 미국으로 돌아갔으며 조지아주 애틀란타에서 여생을 고락하다 1964년 80세로 안식하였다. 그들 부부는 모두 프렝클린, 존, 윌리엄, 재닛, 로이, 마리엘라 등 4남 3녀, 모두 7명의 자녀를 두었는데, 그 가운데 3명이 선교사 2세로 우리나라에서 충성하였다.

두 번째 자녀인 차남 에드워드(John Edward Talmage, 타요한)는 대전대학(한남대학교) 학장을 지내며 아버지에 이어 미 남장로교 한국선교부 총무를 역임했다.

넷째이며 장녀인 자넷(Janet Crane Talmage Keller, 구자례)은 1947년 남장로교회 간호선교사로 내한하여 활동하다가 1956년 켈러(Frank Goulding Keller) 의사와 결혼, 전주 예수 병원에서 함께 근무하였다.

막내이자 3녀인 마리엘라(Mariella Talmage Provost, 부마리아)는 전주 예수병원에서 언니와 함께 간호 선교사로 일했으며 레이몬드(Raymond Provost, 부례문) 선교사와 결혼하여 남편을 따라 대구와 경주에서 사역하였다.

마리엘라 선교사는 부모에 이어 조선에서의 사역을 다하고 미국으로 돌아가 블랙 마운틴에서 지내던 중 2013년 자선전을 내었다. "아이를 주님께 바칩니다(I gave You ti the Hord)"라는 제목은 그의 어머니 엘리자가 막내 딸을 낳을 때 하나님께 기도했던 내용이었다.

주님께 온전히 바친 일생을 산 타마자 선교사 부부, 그리고 그의 자녀들과 손주들로 이어지는 충성으로 오늘 담양의 기독교가 있고 광주 전남의 성도들이 복을 누리고 있다. 부모와 선조들의 유업을 따라 자신들도 하나님께 헌신하였고 그 하늘 위업을 또다시 자녀 손손으로 내려 보내는 그들이 본보기요 사명이다. "너희는 모든 족속으로 제자 삼으라"는 대사명을 오늘 우리의 푯대로 다시 회복하여 한국교회의 회복과 세계 선교사명 다시 일으켜야 하리라.

담양 3
미리산 자락에서 피어오른 용사들

전라남도 담양 곳곳에 흩어진 역사 문화 유산을 정리하며 이를 지정 보존하려는 노력이 일고 있다. 곳곳에 흩어진 오랜 역사와 문화를 연구하고 기념하는 사업과 함께 특히 옛 이름 미례산(현 미리산)을 중심으로 한 백동마을 일대는 기독교 근대 유적지로 떠오르고 있다. 이곳은 미 남장로교 광주부 선교회에 속하여 사역하던 탈미지(타마자) 선교사가 일제 시기 내내 거주하면서 교회와 교육 운동을 전개하던 곳이었다.

타마자 선교사는 미리산 등성이에 자신의 집과 학교를 세웠다. '순담성경학원'을 차려 청년들을 모아 교회의 지도자로 양성하였고, 마을의 어린 아이들을 위한 소학교 '광덕학원'을 설립했다. 타마자 선교사의 사역 무대였던 전라북도 순창과 전라남도 담양의 이니셜을 따 이름 지은 순담성경학원은 원래 조금 떨어진 봉산면 양지리 양지교회에서부터 시작되었다. 대부분 모래로 뒤덮여 아무 쓸모 없는 땅이었던 곳을 사들여 성경학원을 세우고 학생들과 함께 황무지를 개간하였다. 책걸상에 앉아 신학 수업이 이루어진 것과 함께 작업복을 입고 지게를 지며 모래를 져 날라 제방을 쌓아 수해 예방을 하였고 학생들로 하여금 스스로 일해서 학비를 충당하는 노동도 병행하였다.

타마자 선교사는 자신의 돈을 아껴 근검 절약하면서도 학생들에게 자전거를 구입해 주어 전도활동을 펼치게 하였다. 당시로서는 조선 사람의 경우 자전거를 산다는 것은 언감생심이었다. 자전거를 갖게 된 학생들의 자부심과 소명의식은 더욱 컸을 터이고 신명나게 페달을 밟으며 이 고을 저 고을 전도하러 다녔을 것이다.

오래가지 못했기에 몇 사람 안되는 졸업생들 이었지만 순담성경학원 출신들은 남다른 충성과 열정으로 목회하였다. 1회 졸업생은 배길수, 노덕양, 양동석 세 명이었고, 2회 졸업생도 박요한, 김재구, 김만제 세 명이었다. 교수진으로는 타마자 교장을 비롯해 원창권 목사, 허화준 목사 등이 있었다. 첫 3년 간은 양지교회에서 그리고 4년째 부터는 미리산 자락으로 옮겨 학교가 이어졌다.

순담 학원이 배출한 한국교회 지도자

순담성경학원은 역사도 짧고 배출한 목회자도 몇 안되지만 그럼에도 호남과 전국에 걸쳐 한국교회의 일꾼으로 큰 지도력을 발휘하였다. 호남과 대전에서 목회하며 한국교회 보수 신앙을 지켜내고 총회장으로 섬겼던 박요한 목사가 대표적이다.

선친은 신학도로부터 시작해서 50년을 목회와 목양의 길에서 사셨던 분이다. 100세를 일기로 하나님의 부르심을 받으셨는데 18세(1934년)에 신학을 시작하셨던 시대가 일제의 식민통치 시절이었으며, 성경을 배우고 목회자의 길로 접어든 과정에서 가장 크게 영향을 끼쳤던 사람은 담양에 순담 청년성경학원을 세운 미국 남장로교 선교사 타마자였다. 순담 성경학원에서는 성경을 비롯하여 성경개론, 설교학, 구약사기, 교회사, 조직신학, 영어, 개인전도학 등 요즘 신학대학에서 볼 수 있는 과목을 지도하였다. 강사진은 타마자 목사 내외, 원창근 목사, 허화준 목사, 양동혁 목사, 박동환 장로, 유기섭 목사 등이었다. 순담성경학원은 3년 과정으로 학생 대부분이 근로 장학생이었으며, 수업시간 외에는 밭에 나가 일을 함으로써 학비를 면제 받았다. 타마자 선교사는 학생들을 가르쳐 전도사로 배출하되, 철저한 자립정신으로 농촌 교회의 부흥을 꾀하고자 하였으며, 학생들에게 근로 장학제도를 도입하여 지도하였다. 선친은 2회 졸업생이었다. 미국 남장로교의 타마자 선교사는 철저한 보수정통 신앙인이었으며, 그의 감화와 영향 아래 1대와 2대 목회자, 신학자들이 배출되어 한국의 보수 신학을 이끌어 갔다(박정식 선교사).

박요한은 1917년 신안군 흑산도에서 태어났다. 1934년 3월 순담학원에 입학하여 3년 간의 과정을 마치고 1936년 12월 24일 졸업을 하였다. 그가 학업을 마치자 허화준 교수는 자신의 교회 전도사로 초빙하였고, 타마자 교장은 전남노회 재단 사무일을 맡겼다.

미국 남장로교 조선선교회는 1923년 재단법인을 설립하였다. 그동안 선교사 개개인의 이름으로 선교부 부지도 매입하고 건물도 등기했는데, 마자 선교사가 이를 한데 모아 선교부 법인의 이름으로 일괄 등록한 것이다. 호남은 물론 서울 지역에 있는 부동산과 여러 자산까지 관리 운영해야 했으니 회계 재무 처리를 꼼꼼히 해야했고 기록을 잘 해야하는 일이었다.

타마자 선교사는 그의 옥중 수기 "한국 땅에서 예수의 종이 된 사람"에서 1940년 전후한 선교회 부동산과 각종 자산에 대해 자세히 말하고 있다. 호남과 서울, 평양 등지에 있는 선교사 사택을 비롯하여 교회, 병원과 학교 건물, 여름 휴양지에 있는 건물까지 모두 373개의 건물을 소유하고 있고, 건물에 딸린 땅과 정원, 학교 운동장, 실습 농장, 산야와 학교나 병원의 비품까지 모두 포함하면 가히 총액이 엄청났을 것이다. 1940년대 들어 일제가 선교사들을 추방하자 타마자 선교사가 끝까지 거부하며 떠나지 않으려는 것은 일제가 남장로교의 상당한 재산을 빼앗으려 했기 때문이었다.

그 상당한 재산의 장부 관리를 맡아 일하며 주중에는 행정가로서의 경험과 훈련도 쌓았고 주일에는 담양읍교회 전도사로 목회자로서의 사역도 감당했다. 순담학원의 스승 허화준 목사가 담임목회하던 담양읍교회에 전도사로 첫 교역을 한 것이었다. 1937년 21세때의 일이다.

허화준 목사는 교회에서 광덕학교를 세워 배우지 못하는 소년들을 모아 신앙과 일반 교과목을 병행하여 초등교육을 실시하였다. 허 목사는 목회와 생활과 교육에 있어서 가장 이상적인 삼박자 리듬을 갖추었고, 그의 이같은 이상은 젊은 교역자인 나에게 하나의 실체로서 비추어졌으며 목회 일생에 가장 강력한 영향을 끼쳤음을 특별히 고백해 둔다. 그런 점에서 사모하는 선배를 두었던 나는 행복한 후배였다(박요한 목사).

허화준 목사는 1922년 담양읍교회 장로에 이어 1928년 3월 평양신학교를 23회로 졸업하고 목사가 되었다. 그의 형 허상 씨는 동생이 목사가 되었다고 하자 자신도 신자가 되었으며 영광 염산교회 장로와 전도사로 수고하다 1950년 순교했었다. 허화준 목사는 담양읍교회를 시무했으며 철저한 경건생활로 주일성수와 십일조 생활을 성도들에게 강조했고, 타마자 선교사의 후원아래 교회 부설 광덕학교(담양읍 백동리 254번지)를 세웠다. 담양의 청소년들을 모아 성경과 일반 교과목을 가르치는 초등교육 3년 과정을 실시했던 것이다. 1937년 9월 일제의 신사참배를 거부하며 선교부 산하 기독교학교들이 폐쇄할 때 광덕학교도 같이 했으며 이후 다시 복교하지는 못했다.

박요한은 주중에는 미국 남장로교 선교부 사무일을 보았고 주일에는 담양읍교회에서 주일학교와 구역예배를 인도했다. 주일학생이 700여 명이나 되었다니 당시 전국 어느 교회에서도 그만한 곳은 드물지 않을까 싶다. 박 전도사는 영암의 믿음 좋은 여성 노귀례와 결혼한 이후 벌교읍교회에서 시무하였다. 당시 담임하던 김형모 목사가 신사참배 거부로 구속된 탓에 대신 사역을 한 것이었으며 박요한 전도사도 신사참배를 거부한 탓에 일제 경찰에 의해 구타와 감시를 상시로 받았다.

신사참배 강요하던 시기 경찰서에서 출두 명령이 왔다. 경찰서에 가자 일본인 서장이 "무엇 때문에 신사참배 하지 않느냐? 그건 국가의식에 불과한 것이지 종교가 아니다"라고 다그쳤다. 이에 대해 나는 이렇게 대답했다. "비록 국가의식이라 할지라도 하나님의 말씀인 성경 출애굽기 20장 3절, '너는 나 외에는 다른 신들을 네게 있게 말지니라'에 위반되어 절하거나 섬길 수 없습니다." 서장은 그순간 벼락같이 소리지르며 목검으로 나를 내리쳤다. 진검이 아닌 목검이라 할지라도 그것은 매우 기분 나쁜 것이었다. 그는 일본 말로 상스러운 욕을 내뱉으며 나를 시멘트 바닥에다 끓어

앉혔다. 나는 속으로 어쩌면 감옥살이를 각오해야 할지도 모른다고 생각했다. 아니 감옥살이보다 더한 고난과 핍박이 엄습할 수도 있을 것이라 생각했다. 그러나 어떤 경우에도 하나님을 향한 지조에 변절이 있어선 안된다고 자신을 향해 다짐하고 또 다짐했다(박요한 목사).

해방이 되자 박요한 전도사는 조선신학교를 거쳐 남산의 장로회신학교를 1회로 졸업하고 1948년 목사 안수를 받았다. 함평, 영광, 군산, 벌교, 이리 지역교회를 거쳐 1967년부터 대전 남부교회 담임으로 오래도록 시무 사역하였고 1987년 퇴임하였다. 박요한 목사는 노년에도 쉬지 않고 선친이 남긴 섬 선교 유업을 따라 전국의 낙도와 오지를 돌며 선교하는 일에 충성하다 100세 되던 2016년 10월 30일 하늘 안식하였다. 그의 자녀들도 모두 부친을 따라 믿음의 행로를 펼치고 있으며 막내 박정식 목사는 아프리카에서 선교사로 할아버지와 아버지의 하늘 유업을 잇고 있다.

옛 일꾼들의 열심, 선히 기념하길

원창권 목사는 타마자 선교사가 길러낸 인재가운데 단연 수제자였다. 그는 6.25 전쟁 중에 안타깝게도 순교하였다. 그는 해방 후 1947년 10월 영광 염산교회에 부임하여 교역하였다. 당시는 대한민국이 갓 단독정부를 수립하면서 좌우익 간에 혼란과 갈등이 심했다. 영광 일대는 좌익 세력들이 만만치 않았고 원 목사는 장남 원효섭이 헌병대 장교로 있었기에 좌익들로부터 늘 표적이 되었다. 지나친 협박과 회유로 온전하게 목회하기가 어려웠다. 성도들의 안녕마저도 보장하기 힘들었다. 교회와 성도를 지키기 위해서원 목사는 1949년 2월 결국 사임해야만 했다. 원창권 목사는 영광읍내로 이사를 가 지냈는데, 6.25 동란 중 좌익들에 의해 가족과 함께 순교하였다.

양동혁 목사는 담양 출신으로 제주노회 산하의 고산교회에서 담임사역하였으며, 6.25 전쟁 때 담양에서 순교하였다. 순담학원 1회 졸업생 배길수(배영한)는 양지교회 장로로 섬겼다.

한국교회 일꾼들을 배출했던 순담성경학원, 그리고 담양 마을의 아이들에게 꿈이되고 희망이 되었던 광덕학교. 지금 담양읍 백동리 그 자리에는 담양도서관이 들어섰고 지형이 많이 변해 옛 흔적과 터를 알기 어렵다. 타마자 선교사의 사택도 정확히 추정치 못한다. 담양군에서는 '담양지명 천년사업'의 일환으로 이들 지역에 대한 조사와 연구도 한다는데, 실체가 잘 밝혀지고 드러나 옛 충성된 일꾼들의 수고와 땀을 되새기며 오늘 우리가 받은 생명과 복을 잘 기념할 수 있기를 바래본다. 세대를 잇는 하늘 일꾼 용사들이 계속해서 일어서야 하기 때문이다.

담양 4
금일시장에서 호만세(呼萬歲)

1919년 3월 1일, 일제에 저항하며 민족의 자주 독립을 외친 일에 대해 이제는 제대로 된 이름을 붙여줘야 한다. 그것은 '운동' 정도가 아니라 '혁명' 아니었던가. 100여년이 흐른 즈음부터 '3.1 혁명'으로 고치자는 움직임이 상당히 고무적이다. 서구 유럽의 프랑스는 1789년을 기점으로 역사를 구분한다. 절대 왕정과 봉건주의를 무너뜨리고 자유 평등 박애의 원년이기에 대혁명으로 부른다.

100여 년 전 전국에 걸쳐 일어난 우리 민족의 역사적 혁명 역시 고려 조선으로 이어지는 왕정시대를 끊고 시민 민주주의와 민중의 주권을 열었으며 제국주의에 대항하는 민족 운동이었다. 대한민국 헌법 전문에도 맨 서두에 이 일을 기록했듯이 1919년 3월 1일은 한반도 역사를 새로 구분하는 '혁명'이었다.

3.1 혁명은 서울 태화관에서 민족대표가 모여 성명서를 낭독하며 대한의 독립을 선포하였고 탑골 공원에서는 학생들이 만세를 벌였고 이후 거리 행진을 했다. 이날 여타 지역에서도 동시에 벌어진 일이며 이후 1년여 동안 전국에 걸쳐 일어났다. 지역과 계층, 종교와 이념, 남녀노소가 없는 거족적

독립운동이요 민족운동이었다.

이 일은 특히 종교인들이 주도적으로 나섰으며 천도교와 함께 기독교가 그 중심에 크게 자리하고 있었다. 3월 1일 서울과 함께 평양, 진남포, 정주, 안주, 의주, 선천, 원산 등지에서 동시에 시위가 벌어졌는데 대부분 기독교계가 주도하였고 목사가 직접 주도한 곳도 있었다. 이후 벌어진 전국적 3.1 만세 역시 지역별로 교회와 목회자와 신도들이 주동한 곳이 대다수이다.

주목되는 바는 3 · 1운동이 종교계를 중심으로 준비되었다는 점이다. 일제 강점 후 대부분의 언론 · 사회단체가 해산된 가운데 민족운동을 이끌 수 있는 마땅한 조직이 없었다. 그러나 종교단체는 집회가 가능했고 교단마다 산하 지방 기구가 조직되어 있었다. 장로회는 1912년 9월에 총회가 조직되었고 지방에 9개의 노회가 있어 총회→노회→시찰회→당회의 조직으로 연결되었으며, 감리회의 경우, 북감리회는 연회 산하에 10개의 지방회, 남감리회도 연회 산하에 7개의 지방회를 갖고 있어 연회→지방회→구역회로 연결되는 조직망이 있었다. 천도교와 기독교는 2월에 들어서서 각기 독립운동을 계획하다가 2월 중순부터 합작이 진행되었다. 천도교와 불교의 연대에는 최린과 한용운의 노력이 컸고 기독교와의 연대에는 105인 사건 이래 민족운동으로 촉망받던 이승훈이 큰 영향력을 발휘했다. 일제 강점 하에서 종교기관만이 '치외법권적으로' 유일하게 합법적인 집회활동의 공간을 가질 수 있었다는 점이다. 이것이 종교계가 3 · 1운동의 중심 역할을 하게 된 이유라고 말할 수 있다. 또 주목할 것은 한국 기독교인들의 민족운동 참여를 경계했던 선교사들의 '정교분리 원칙'의 강조가 역설적으로 한국 기독교인들이 민족운동에 참여할 수 있는 공간을 확보하게 만들었다는 점이다(이만열 교수).

담양에서 일어난 3.1 혁명

전라남도 광주와 목포 등지에서도 기독교 지도자들이 중심이 된 혁명 운동이 곳곳에서 전개되었으며, 담양에서도 3월 1일 서울의 혁명은 발 빠르게 전해지고 거사가 준비되었다. 서학준은 고종의 인산에 참가하기 위해 서울에 갔다가 생각지도 않게 혁명을 접한다. 그는 4일 독립 선언서를 소지하고 고향인 담양으로 돌아오다 일제 경찰 검문에 걸려 압수당했다.

3월 10일 벌어진 광주 만세 시위를 목격한 정기환은 담양으로 달려와 친구들과 함께 시위를 계획하였다. 지주회 서기였던 국한종, 군청의 직원이었던 정경인, 면작조합의 주사였던 임민호 등과 함께 자신의 집에서 광주 혁명 사건을 소개하고 담양에서의 거사를 준비했다. 태극기를 제작하고 격문을 작성하여 준비하였고 동원은 임기정이 책임을 맡았다. 임기정은 담양의 보통학교 학생들과 시민들에게 이 계획을 알리며 권유하였고, 18일 학생들이 수업이 끝나는 시각인 오후 2시를 기해 일제히 3.1 만세 시위를 벌였다.

> 임기정은 3월 16일 당시 담양보통학교 3 · 4학년인 김홍섭, 김길호와 김탑쇠, 장삼채 등을 규합하였다. 그리고 3월 17일 임기정은 "관조(일제)가 날아와 학(한민족)의 소(巢)를 빼앗아 천칠백여우(七千白餘羽)의 학추(鶴雛)가 비탄에 젖어 있으나 결코 하늘은 이를 방치하지 않을 것이고 언제는가는 관조를 구축할 시기가 있을 것"이라는 요지의 경고문을 작성하고, 끝에 '금일시장에서 호만세(呼萬歲)'라고 붉은 물감으로 썼다. 그리고 오후에 임기정은 경고문을 가지고 김탑쇠 집으로 가서 김길호 · 김홍섭 · 장삼채

등과 태극기와 경고문 등을 등사하였다. 태극기와 경고문 등은 국한종, 임민호 등이 등사기를 구해 등사할 계획이었으나, 여의치 않아 직접 준비하였다. 한편 같은 날인 3월 17일 김길호 · 김홍섭 등은 보통학교 학생들에게 "18일 오후 2시를 기해 장터에서 조선 독립만세를 부를 계획인바 전원 지체없이 장터로 모이라"는 내용의 연설을 하여 학생들을 규합하였다. 그리고 3월 18일 새벽 5시경, 장삼채(잡화상)는 오후에 있을 만세시위에 나누어줄 태극기 약 150본을 담양시장 사거리 다리 밑에 숨겼다. 그러나 이들의 만세시위는 일경에 사전발각으로 전반적인 거사는 이루어지지 못하였다. 그러나 정기환 등을 중심으로 시장에서 산발적인 만세시위를 전개하였다(박이준, "전남지방 3.1 운동의 성격").

담양 장터를 중심으로 읍내에서 일으킨 혁명 시위는 20일부터는 면 단위에서도 산발적으로나마 시위가 일어났고 4월 1일에는 월산면에서 봉화 시위가, 그리고 해를 넘겨 1920년 1월 23일에는 창평면에서 조보근, 한익수 등이 청년들을 규합하여 독립가를 제창하며 거리 시위를 전개하였다. 담양의 3.1 혁명으로 임민호는 체포되어 징역 1년의 선고를 받고 옥고를 치렀으며 함께하였던 다른 동지들도 구금 투옥되었다.

민족의 독립과 자주 운동은 일본의 유학생들에게도 남의 일이 아니었다. 2월 8일 동경 YMCA에서 일어난 유학생 선언에는 담양 출신의 국기열, 최원순 학생도 함께 하였다. 최원순은 학우들과 함께 독립 선언서를 대량 제작하고, 영문과 일문으로 된 문서를 일본 정계는 물론 재일 외국 공관과 언론기관에 사전 배포하였다. 최원순은 일본 와세대 대학 재학하며 재일본동경조선유학생들의 소식지 "학지광"의 편집장을 맡던 중 2.8 독립 선언에 함께 하였다. 학업을 마치고 귀국하여 동아일보 기자를 하다 필화사건으로 옥살이하며 모진 고문을 당하였다. 2.8 선언에 참여할 때부터 당한 고문에 이어 재차 옥고를 치르며 육체가 많이 상하였고, 결국 광주 무등산에서 아내와 함께 지내며 요양을 하다 1936년 사망하였다.

담양읍 양각리 출신의 국채진 역시 광주에서 3.1 만세를 주동하며 4개월의 옥고를 치렀다. 고지면 손곡리(금성면 대곡리) 출신의 고하 송진우는 서울에서 중앙학교 교장으로 있던 당시 3.1 운동이 일어나 민족대표 48인의 한 사람으로 함께 하였다.

오늘 우리에게 주어진 책임

담양 수북면 개동리에 있는 개동교회는 통합 교단 총회로부터 3.1 운동 참여교회로 지정되었다. 이곳 교회 지도하였던 강사흥 장로는 1919년 3월 10일 광주의 3.1 혁명에 함께 하였다. 전남 지역에서 100년 넘는 오랜 기독교 역사를 지닌 교회마다 선교사가 세우지 않은 교회가 거의 없을 정도인데 개동교회는 조선인 신자들에 의해 시작된 게 또한 의미가 깊다. 최인서, 고명주 등이 광주 북구의 삼소동교회까지 다니며 기독교 신앙을 익히다가 자기 마을에 교회를 세운 것이다. 소식을 들은 유진 벨 선교사가 조사 노응표와 강사흥을 잇달아 파송하여 교회를 돌보게 하였다. 개동교회 출신의 허화준과 임동혁은 목사가 되어 담양 지역의 교회를 지도하였다. 교회 조사로 수고하다 1915년 이 교회 최초 장로로 장립되었던 강사흥 장로는 1919년 3.1 운동을 광주에서 함께 벌였었다.

아쉬운 것은 긴 역사를 지닌 농촌의 교회들 대부분의 현실이듯 전형적인 시골 마을의 개동공동체도 그렇다. 평생을 이 마을에서 이 교회에서 신앙하며 농사짓고 살아왔던 노인 신자들뿐이다. 그럼에도 신앙과 생활공동체로서 함께 힘을 내며 지역사회와 함께 소통하고 힘을 쏟는다. '개동마을회'라는 마을 기업을 만들어 김장철 절임배추를 직접 재배 가공 판매하며 지역 경제를 함께 살리는 일에 나서고 주민들과 하나되어 우수마을로 선정되는 등 개동교회는 지역 사회의 구심체요 커뮤니티의 소중한 공간이 되고 있다.

민족의 현실이 암울하던 시기에는 그에 대응하는 방식과 협력으로 세상과 민족의 교회 노릇을 기꺼이 감당하고, 오늘의 피폐해져 가는 농촌의 현실과 이웃을 향해서는 그에 대응하는 대안과 생활 공동체로서의 역할과 십자가를 내세우는 교회. 하나님나라의 정의와 평등, 인권과 행복을 실현하는 하나님의 선교는 사람이 있고 이웃이 있는 현장의 밑바닥에 항상 몸 낮게 다가가며 손 내밀고 함께 더불어 씨름하는 충성이요 열심일 것이다. 2019년 3.1운동 백주년을 맞아 너나없이 그 의미를 되새기며 열변을 토하고 숱한 이벤트를 열었었다. 해가 바뀌고 생각지도 않게 '코로나 19' 사태로 국내외 모두가 극한의 어려움을 겪느라 의기소침해하며 소통이 어려운 까닭에 3.1 정신과 민족교회의 역할 계속 부각하기도 곤란한 처지에 있다. 이럴 때는 또 우리 기독교와 교회가 어떤 모습으로 다가가며 치유와 회복의 손길을 내밀어야 할까. 상당한 영향력을 지닌 기독교 이단 내에서 확산되는 죽음의 공포가 더더욱 기승을 부리는 2020년 3월, 세상 향한 교회의 중보 사역, 또 다른 지금 여기의 문제에 고민하며 책임을 다 할 수 있어야 할 것이다.

3·1운동 100주년을 기념하는 올해, 한국교회는 신앙의 선조들의 그런 신

앙과 행동을 어떻게 봐야 할지 숙고해야 한다. 3·1운동은 민족의 독립을 위해 지역과 계층, 종교와 이념, 남녀와 노소를 초월하여 전개한 항일 독립운동이었다. 특히 천도교, 기독교, 불교가 연대하여 이 거대한 운동을 폭발시켰다. 종교 간의 이런 연대와 협력은 지금 한국교회에 어떤 메시지를 주고 있는가. 3·1운동에서는 일제의 침략 강점을 물리치고자 했는데, 해방 70여년을 넘긴 우리는 외세의 지배를 완전히 벗어나 있는가. 「3·1독립선언서」는 분명히 한국의 자주국임과 한국민의 자주민임을 선언했다. 지금은 어떤 상태인가. 오늘의 상태를 보는 한국교회의 혜안이 필요하다 (이만열 교수).

담양 5
하나님을 노래하며 세상을 섬기며

담양은 대나무의 고장이다. 휘어지지 않고 곧게 뻗어 오른 나무, 꺾이고 망할 지언정 굽힐 줄 모르고 자신의 의지 앞세우는 기개와 정절의 표상이다. 그래서일까. 대쪽같은 선비들이 뜻을 이루지 못하고 낙향하거나 유배된 곳으로 유명한 고을이니 이 무슨 공교로운 조화이런가. 양산보의 소쇄원, 정철과 송순에 의해 만들어진 여러 정원과 정자들, 그리고 그들에 의해 만들어진 한국 문학의 한 기둥, 가사문학의 산실이 바로 전라남도 담양이다.

광주 산수동에서 무등산 중턱쯤 오르다 뒷산으로 넘어가는 길을 따라 내려가면 문학과 절경이 함께 어우러진 세상으로 들어간다. 산 하나를 넘었을 뿐인데, 광주의 도심과 너무도 다른 산골의 정취에 마음마저 숲속으로 빠져들 것 같고, 오래도록 그곳에 묻혀 지내고 싶은 원초적 욕망마저 감추기 어렵다. 조선 최고의 정원이라는 소쇄원부터 들어가 볼까.

조선 중종 14년인 1519년 기묘사화가 일어났다. 조선의 개혁가 조광조와 신진 사림파에서 잘못된 제도를 바꾸고 세상을 개혁하려 급진적 정책을 시도했는데, 훈구파 세력에 의해 좌절되고 살해되거나 귀양 당했던 사건이다. 조광조는 화순에 유배되었다가 이내 사약을 받아야 했다. 어릴 때부터 조광조를 스승으로 하여 글을 익히고 조선의 문신으로 지내고 있던 제자 양산보가 회의를 느낀 나머지 관직을 버리며 이곳 담양에 내려와 '소쇄원'을 짓고 살았다.

무성하게 우거진 왕대나무 숲속을 조금 걸어 올라가면 남도에서도 보기 드문 절경을 마주한다. 계곡을 타고 내리는 조그마한 맑은 내를 사이로 서너 채의 정자가 있다. 돌담에 얹힌 기와의 푸른 이끼는 세월의 두께를 말해주는 듯하고 주위의 쭉쭉 뻗은 대나무와 상반되게 흘러내리는 계곡 물은 돌고 돌아 흐르고 있으니 직선과 곡선의 조화가 비경을 더한다. 가히 별유천지 비인간의 세상에 들어온 느낌이다. 무아지경이란 이럴 때 쓰는 말이렸다.

소쇄원에서 불과 10분도 안된 곳에 '가사문학관'이 있다. 송순의 '면앙정가', 정철의 '사미인곡', '속미인곡' 등 한국문학의 한 줄기, 가사문학의 꽃이 피었던 곳이다. 정극인의 '상춘곡'이 나오면서 그간의 운문문학이 산문문학으로 발전되는 가사문학을 열었고, 담양의 송순과 정철에 이르러 가사문학이 만개하였다. 송순은 이곳에 정자 '면앙정'을 짓고 무등산의 절경을 노래하며 임금에 대한 충정의 마음을 '면앙정가'에 담아 노래하였다.

가사문학의 완성도를 높였다는 정철 역시 정쟁으로 인한 사화로 담양까지 내려와 지내며 송순처럼 산수를 마음에 담고 충정을 노래하는 가사 수편을 지었다. '관동별곡' 등 여러 작품 중에 특히 담양에 머무르며 만든 것으로 '성산별곡', '사미인곡', '속미인곡' 등이 있다. 성산별곡의 '성산'은 창평면 지곡리의 한 지명으로 정철이 당쟁으로 물러나와 이곳에 처음 왔던 25세 무렵에 지은 작품으로 김성원을 위해 노래한 것이다. 당대 문인이었던 김성원 또한 이곳에 '서하당', '식영정' 등을 짓고 살았는데 그의 풍류를 칭송한 것이다. 연군지정을 노래한 '사미인곡'과 그 후속편인 '속미인곡' 등으로 다시 관직에 재 발탁되기까지 정철은 이곳에서 자연과 벗하며 조선시대 충신으로서의 절개와 일편단심을 글로 드러냈다.

(전략)

어와, 허스(虛事)로다. 이 님이 어디 간고.

결의 니러 안자 창(窓)을 열고 브라보니

어엿븐 그림재 날 조출 뿐이로다.

출하리 싀여디여 낙월(落月)이나 되야이셔

님 겨신 창(窓) 안히 번드시 비최리라.

각시님 돌이야ㅋ니와 구즌 비나 되쇼셔(정철, "속미인곡").

문학을 사랑하고 교회를 사랑하여

이들 담양의 숱한 문학과 정자, 정원을 돌면 누구나 옛 선비들의 기개와 풍류에 젖게 된다. 우리도 어느새 물아일체의 경지에 몰입해 가며 그동안의 속세에서 얻은 때와 앙금들이 다 씻겨져 내려가는 힐링의 단계에 오른다. 학창시절 달달 외웠던 시조나 가사의 한 문단들이 띄엄띄엄 생각나기도 하고 즐거웠던 과거가 떠오르기도 한다. 많이 잊어 버렸고 무디어져 있던 옛 감흥을 새롭게 떠올리게 하고 회상시켜 주는 해설사가 옆에 있다면 금상첨화다.

담양 가사문학관을 중심으로 문화해설사로 섬기는 김광훈 목사. 주산교회를 담임하며 목양에 힘쓰면서도 지역사회를 위하는 일에 힘쓰는 청지기이다. 하나님을 믿는 신자요 목회자로서 당연히 세상을 사랑하는 하나님의 마음을 따라 지역사회를 사랑하기 위해 지역을 알려고 했고, 지역의 문제와 일이 있을 때마다 외면하지 않고 적극적으로 함께하며 참여하고 있다. 지역 환경을 보존하는 일에 앞장서 환경연대에서도 일하고, 사회복지 봉사활동에도 힘을 쏟는 한편, 담양의 상징인 가사문학을 찾는 이들에게 소개하며 문학은 물론 지역에 대한 인식을 넓히고 홍보하는 일에도 열심이다.

광주 망월동에서 담양으로 처음 들어서며 접하는 고서면에 위치한 주산교회는 1970년 12월 10일 도남수 집사에 의해 세워졌다. 15년여 년 동안 여러 목회자들이 다녀갔지만, 교회는 답보상태를 벗어나지 못했다. 목회자들이 평균 2년도 되지 않아 타지로 가버렸고, 지역사회와 잘 소통하지 못한 탓에 교인들의 신앙도 잘 자라지 못했고, 지역 주민들도 호의적이지 못했다. 1980년대 중반 교인 수 7명 뿐인 주산교회를 노회는 폐쇄까지 염두에 둔 상황에서 김광훈 목사가 1986년 3월 부임하였다.

김 목사는 맡겨진 교회의 목자로서 책임감을 느끼며 성도들을 격려하고 힘을 내며 정성을 다하였다. 하나님의 은혜가 더하고 더하여서 차츰 교우들이 증가하기 시작하였고, 교회 건물도 교우들 스스로 지었다. 김광훈 목사는 믿음 생활이 비단 교회 내에 머물지 않고 사회 속에 세상 속에 함께 하는 것이라 여겼다. 성도들과 함께 지역 사회를 섬기는 교회와 신앙에 대해 가르치며 하나님나라가 마을 속에도 함께하기를 소원하며 노력을 기울였다. 그렇게 지역사회와의 소통을 넓혀가자 주민들도 마음을 열기 시작했고 믿는 이들도 자연스레 증가하게 되었다.

교회와 사회는 분리된 영역이 아니라 똑같은 하나님의 영역입니다. 교회와 사회를 바라보는 것은 이분법적 시각입니다. 이렇게 보는 것은 결코 이단이 아닙니다. 목사가 세상 사에 관심이 많은 것을 이상하게 봐서도 안됩니다. 목회자가 교회의 일이 아닌 세상 사에 관심 갖는 것을 성역을 벗어났다고 보는 것이 오히려 잘못된 사고입니다. 하나님의 주권은 교회 안에도 교회 밖의 세상에도 똑같이 미치는 것이기에 교회의 역할도 목사와 신자의 책임도 마찬가지로 세상을 향해 있어야 합니다(김광훈 목사).

주산교회는 '옥합선교회'를 조직하여 지역사회 봉사와 선교활동에도 애쓰고 있다. 노인들을 위한 차량봉사와 목욕봉사, 장애인을 위한 복지선교, 담양에 와 있는 이주 노동자들을 위한 선교는 물론 자라는 청소년들을 위한 장학 복지 사역에 헌신하고 있다. 모든 게 세상을 섬기는 하나님나라 공동체로서의 책임이요 사명이라는 김 목사의 의지로 이루어낸 일들이다.

김광훈 목사는 앞으로도 변함없는 섬김과 나눔이 지상과제라고 했다. 복음은 생활로 보여주는 것이라는 것이 그의 지론이다. 현재 실시하고 있는 사회봉사를 중심으로 지속적인 지역사회 발전의 한 축이 되고자 했다. 그는 앞으로 지역의 특성과 농촌 교회의 역량을 모아 재가복지 분야에서 효과적이고 효율적인 복음 사역의 모델을 만들어 가는 것이 목표라고 했다. 어려운 여건에서 신축한 교회 건축의 비용들을 대부분 청산해 가고 있는 주산교회는 완전한 교회 헌당과 함께 본격적인 지역 사회 봉사를 위한 청사진을 만들고 있다(강경구 기자).

오래 전 곧은 선비들이 낙향하여 아름다운 정원을 짓고 산수를 노래하며 나라와 임금에 대한 충성을 토해 냈던 담양. 그들의 마음을 열게 하고 가슴 펴게 했던 천하 절경의 담양 숲속에 지금은 하나님의 은혜를 찾고 경배하는 교회와 신자들이 많다. 담양 주산교회는 이제 설립 50주년이 되었고, 김광훈 목사는 이 교회에서만 35년 넘게 충성 사역하고 있다. 60여 성도들과 함께 하나님께서 부여하신 사명을 따라 아름다운 예배 처소를 짓고 하늘 임금에 대한 찬양과 경배를 더하여 담양 지역사회 속에 소금과 빛으로 다가서는 충성이 참으로 아름답고 멋지도다.

제6장

—

화순

화순 1
호남 기독교 영성을 일구다

　주로 모래가 뭉쳐서 굳어진 사암으로 이루어졌다는 해발 497m의 천태산. 산 전체의 모양은 원뿔처럼 생겼는데, 산정상에는 변성된 바윗덩어리가 노출되어 있다. 여기저기 수다한 바위와 함께 토양이 잘 발달해 있어 여러 식생들도 많이 자란다. 천태산과 맞닿아 있는 개천산도 높이가 같은 해발 497m로 이 두 산은 쌍봉을 지닌 하나의 산으로 보기도 한다. 소위 호남 정맥의 한 가운데 쯤에 있어 위로는 광주의 무등산과 전북 내장산으로 이어지고 남으로는 화학산을 거쳐 광양의 백운산으로 이어지는 길목인 셈이다.

　호남정맥의 기운이 특별했을까! 호남의 영맥이 또한 이 지역 일대에서 크게 일었으니 이세종, 최흥종, 강순명, 이현필, 이준묵... 특히 천태산과 개천산 사이에 자리한 화순 도암면에서도 한국 기독교를 대표하는 이들이 나왔다. 도암면 지역은 천불천탑 와불이 누워 있는 곳으로 유명한 운주사와 함께 한국의 성자 이세종과 이현필 선생의 삶이 서린 곳으로도 유명하다.

　등광리 마을의 농사꾼 이세종이 언제 태어났는지 이설이 많다. 제자들과 학자들 사이에서는 1883년, 1880년 그리고 1878년 설도 있는데, 관공서 등본에는 1877년 7월 1일 출생으로 기록되어 있다. 조선의 국운이 쇠하여 가던 때 3남으로 태어났는데, 그의 가정은 가난했고 부모도 일찍 사망하고 말았다. 나이 차이가 많은 큰 형 집에서 사랑을 받으며 성장했다. 다른 아이들보다 키도 크고 인물도 준수하였고 착하고 성실하게 자랐다. 1936년 환갑에 가까운 나이의 이세종을 처음 대하였던 윤남하 목사(강순명 목사와 함께 독신전도대 일원이었으며 목포 죽동교회 초대 담임)는 "키는 170cm 되어 보였고 체중은 50kg 쯤 되어 보이는 깡마른 분으로 한복을 진한 회색으로 물들여 입었고 맨발에 고무신을 신고 있었다"고 했다.

이세종은 어렸을 때 동네 사람들로부터 이영찬이라 불리었다. 세종은 호적상의 이름이었다. 형님 내외를 부모처럼 따랐고 일을 참 잘했다. 그러나 형 가족도 너무 가난했다. 그는 아홉 살 무렵 마을의 부잣집 머슴으로 들어갔다. 세경이라도 벌어서 형을 도울 기특한 생각이었다. 열심히 일해서 번 세경을 형에게 가져다 주었더니 몇 해 지나 형은 영찬이가 준 돈으로 집도 사고 땅도 사게 되었다.

이세종은 30세쯤 되던 노총각 시절 14세된 문순희와 결혼하였다. 나이 차이가 열여섯이나 되었다. 부부가 열심히 일하면서도 낭비하거나 돈을 허투루 쓰지 않고 고리대금업까지 해가며 재산을 불려 나갔다. 돈을 빌려 간 사람이 갚지 못하면 대신 논과 밭을 얻었더니 40세 무렵에는 도암 일대에서 지주요 큰 부자가 될 수 있었다. 문제는 시간이 오래 지나도록 자녀가 생기질 않았던 것이다. 임신에 좋다는 갖가지 약을 써보기도 하고 무당을 불러도 효과가 없었다. 무당의 말만 듣고 천태산 자락에 산당을 만들고 여러해 굿을 하였지만, 수태 소식은 없고 간혹 지나가던 사람들이 하나님을 믿어야 한다고 귀띔했다.

이세종은 어느 순간부터 성령에 이끌리듯 성경을 읽기 시작했다. 한글도 모르고 자라 왔는데 한글을 깨치며 성경을 읽었다. 창세기부터 읽기 시작했고 산당 옆에 돌로 단을 쌓고 하나님께 경배하였다. 야곱의 돌 제단 같았다. 출애굽기의 십계명을 읽으며 무당에게 공 들이고 삼신에게 절하던 모든 게 우상숭배였음을 알았다. 너는 나외에 다른 신을 두지 말라했는데 하나님만이 참 신이고 그동안 다른 신을 섬기는 배반자였음을 알자 부끄러웠다. 산당의 삼신을 쫓던 모든 제물과 기구들을 다 불살라 버렸다. 성경을 읽으며 하나님 만이 참 신이며 그동안 자식 얻고 잘 살아야 보겠다는 꿈이 다 부질없게 느껴졌다. 하나님을 잘 믿는 것이 참 기쁨이요 진정한 인생임을 깨달았다.

말씀의 사람, 인생이 뒤바뀌다

성경을 읽고 성경의 사람이 된 인생, 삶이 바뀌고 전혀 다른 사람의 전형적 모습이 이세종이다. 그는 가진 것을 전부 이웃들에게 나누어 주었다. 고생하며 돈을 벌어 부자가 되었을 때는 한껏 폼나게 옷도 입고 있는 티를 내었지만, 성경을 읽고 그가 하나님을 믿게 되자 180도 다른 사람이 되었다. 성경에 나오는 예수의 말씀대로 실천하였다. "가진 것을 다 팔아 가난한 자들에게 주라. 그리하면 하늘의 보화가 네게 있으리라. 그리고 날 따르라."(마 19:21)는 말씀을 따랐다. 부자청년은 근심하며 불순종하였지만 이세종은 순종하였다.

아시시의 성 프란체스코도 그랬다. 부자집 아들이었던 프란체스코는 가난과 결혼했다. 가진 재산을 다 이웃들에게 나눠주고 그는 가난한 자가 되었으며 탁발하며 수도자의 삶을 살았다. 프란체스코의 수도 방식이란 예수의 눈, 예수의 마음, 예수의 행동을 온전히 좇아가는 예수 따라하기였다. 이세종 역시 그 본을 따라 그대로 하였다.

이세종은 자신의 땅 절반에 해당하는 약 3천평의 땅을 전남노회에 기부했고 도암면사무소에 논 두 마지기 4백평을 기부했다. 나머지 땅도 마을 주민들에게 나눠 주고 자신에게 빚을 지고 있던 사람들의 빚 문서는 다 불태워 없애 버렸다. 신사참배 강요가 있자 그는 거부하며 산속으로 들어가면서 남아있는 재산마저 모두 나눠줘 버렸다.

수도사들이 그렇듯 그도 금욕적 영성을 추구했다. 하루 한끼만 먹었고 육식도 금했다. 밥을 먹을 때는 그냥 땅 바닥에서 먹었다. 손님이 있을 경우 그에 제대로 된 밥상을 차려 주면서도 자신은 그냥 땅 바닥에 음식을 놓고 먹었다. 마음이 교만해진다고 자신은 죄인이라며 자기 나름의 독특하고도 금욕적인 원칙을 지켰다.

"인간은 식욕이 폐하면 색욕도 폐한다"며 부부관계도 아예 멀리했다. 이세종은 결혼도 자녀를 낳는 것도 죄라고는 안했지만, 이미 자신은 결혼하여 부부간에 오래도록 생활을 같이 하였고, 이제는 자녀에 대한 욕심도 내려 놓은 지 오래이니 이제라도 '영적 순결'과 함께 '육의 순결'을 지키자고 아내와 더 이상 잠자리를 같이하지 않았다. 부부라기보다 한참 연하의 아내를 남매처럼 대했다. 기독교의 준칙이 있으니 이미 부부지간에 이혼은 할 수 없고 잠자리는 같이 하지 않는 해혼(解婚)은 제자들에게도 이어졌으니 최흥종 목사가 오방을 내세우며 부부와 가족을 멀리하였고, 유영모와 이현필도 아내와 떨어져 지냈다. 자신의 신앙과 삶의 기준이 중요하긴 해도 아내에게는 대단히 무례하기 그지없는 일이니 성자의 삶에도 부분적으로는 다 동의하기 어렵도다.

남한 지방 화순이란 곳에 이상한 사람이 한 분 계신다. 그는 학식도 지위도 없는 산골 농부이다. 그러나 그가 그리스도의 사랑을 배운 후로는 그리스도를 위하여 모든 것을 버리고 인고를 즐겁게 받고 있다. 그는 음식을 먹어도 사람이 차마 먹지 못할 만한 것을 먹고 있다. 아무리 좋은 음식을 드려 보아도 밥이나 맛있는 반찬이 목에 걸리어 넘어가지 아니한다고 하였다. 그는 잘 때에 이불을 덮어도 몸을 절반만 가리우고 잔다. 왜 다 덮지 아니하느냐고 물으면 추울 때 잘 곳이 없어 길가에서 떨고 있는 사람들을 생각하면 차마 이불을 끌어 덮기 어려워 손이 떨린다고 한다. 우리는 그의 미숙한 사상이나 독단적인 이론을 반박할 수도 있고 그의 기괴한 생활형식을 배격할 수도 있을 것이다. 나는 그가 이단인지 정통인지 그것조차 심판하여 보려고 하지도 아니하였다. 나는 다만 그의 순진한 사랑과 그리스도의 곤고를 본받아 실천하여 보려는 열성 만을 존경하고 사표삼고 싶다 (정경옥 목사).

어떤 것들은 너무 다르고 이해하기 어렵다. 기독교 신앙이 상식을 무시하거나 지나친 금욕주의를 주창하지 않음에도 자기 나름의 독특한 신앙과 삶을 추구하는 이들이 혹 있다. 이세종 역시 때론 상식과 거리가 먼 언행을 일삼기도 한다. 사람들에게 바보처럼 보이기도 하고 틀어진 기인처럼 보이나 세월이 흐르다보니 유한한 인생으로 그만한 족적을 남겼으니 고개가 수그러지고 경외심이 느껴진다. 성자라 평가하며 부르게 된다. 다석 유영모 선생도 그를 성자라 평했고 엄두섭 목사도 그렇게 불렀다.

이세종의 수도자 삶은 이현필과 엄두섭 목사에게 깊은 영향을 주어 수도원 공동체를 낳게 하였다. 이현필은 동광원을 세우고 한국 교회 최초 수도 공동체를 이루었으며 뒤이어 엄두섭 목사도 은성수도원을 세워 수도적 영성과 삶을 살았으며 엄 목사는 "호세아를 닮은 성자"라는 이세종 평전을 내었다. 이세종의 남도 영맥은 전술 하였듯이 최흥종, 강순명, 이준묵 목사들에게 이어졌고, 여성으로서는 오복희 전도사가 있었다. 이세종 성자는 1942년 6월 4일 천국의 부름을 받았으며 장흥 유치면에 묘가 있다.

이세종의 성경구락부, 등광교회

등광교회는 이세종의 예배 공동체로부터 시작한다. 천태산 산자락에 산당을 짓고 처음에는 무당 굿을 벌이다 성경을 읽게 되고 회심한 이후에는 청년들을 모아 함께 성경을 함께 읽으며 예배 공동체를 이루었다. 오로지 성경만 읽고 성경만 배우며 함께 성경구락부를 일구던 마을 몇 사람들로 교회가 이루어졌다. 1925년 등광리 산 14번지에 기도처(현 수양원)로 시작하였으며 노라복 선교사와 유화례 선교사가 방문하며 지도하였다. 1930년에는 김영실 집에서, 1954년부터는 이상복 씨 집에서 예배 모임을 하였다. 이공의 제자 이상복 씨는 교회 장로로 장립되었고, 그의 아들 이세철 목사, 그리고 지금의 정칠용 목사로 담임이 이어졌다. 1982년 등광리 193번지에 땅 208평을 매입하여 예배당 10평, 사택 15평을 건축하였다. 이 교회 바로 옆에 이세종 생가가 있다.

2015년 8월 화순군 도암면 등광리 이세종 생가 복원 작업이 완료되었다. 정면 3칸, 측면 2칸 규모의 초가집을 현대식으로 지었다. 훌륭한 인생을 살며 후대에 귀감이 되는 이를 기념하고 보존하며 배우기 위한 노력은 마땅히 장려되어야 할 일이다. 무지와 무관심으로 팽개쳐지는 역사와 문화 행태에 비하면 잘한 일이긴 하나, 그 취지와 바램만큼이나 방법과 과정도 선하고 잘하였으면 하는 아쉬움은 늘 감춰지지 않는다.

필자는 생가 복원작업이 이루어지기 직전 이곳을 찾아 오래되어 다 쓰러지기 직전의 생가를 본 적이 있었다. 선생을 존경하는 마음에 비해 무너지기 직전의 남겨진 집의 형체는 참으로 안쓰럽고 민망스러웠다. 한편으로 생가를 다시 잘 복원한다니 고맙게도 느껴졌지만, 행여나 선생의 명성을 외려 흩트리지나 않을까 하는 우려가 교차했었다. 옛 생가의 흔적은 완전히 없애 버리고 지극히 현대적인 감각과 말쑥함으로 새 집이 들어섰는데, 고마움과 기쁨이 그리 크지 않다. 투박하고 촌스럽기 그지없는 선생의 그 숨결과 뜻깊은 울림마저 뭉개져 버리고 소멸된 것같아 심히 불편하다. 선대의 멋지고 훌륭한 역사와 문화를 이어가는 후대의 노력과 열심은 선인들의 뜻과 삶을 바르게 이해하는데서부터 기본기를 다시 형성해야 하리라. 이공 이세종 선생의 나눔과 비움의 참 맛이 오늘 한국교회와 사회에 잘 우러나올 수 있으면 좋겠다.

화순 2
예수 사랑의 화신

　화순군 청풍면과 도암면 일대에 걸친 해발 613m의 화학산(華鶴山). 산세가 굽이치듯 유연하고 완급의 경사를 이룬 모양새가 마치 학이 날개를 펼친 모양이라고 붙여진 이름인데, 황학산(黃鶴山)이라고도 부른다. 산이 제법 높긴 해도 그리 지형이 험하진 않다. 바위도 그다지 없는 유순한 산세이며 공룡의 등줄기마냥 기다란 주능선은 남북 방향으로 길게 뻗어 있다. 산 기슭에는 문바위와 두 개의 폭포, 각수바위가 볼거리이고, 나주호의 풍경을 볼 수 있다.

　도암면의 천태산이 이세종의 영성이 발원한 곳이라면 그보다 조금 아래 있는 화학산은 이세종의 제자 이현필의 영성이 키워진 곳이었다. 이현필과 제자들이 함께 기도하며 수도하던 화학산 골짜기는 동학농민운동, 6.25같은 한민족 격동의 근현대사와도 밀접하다. 남으로는 장흥 유치와 인접하여 동학군이 주둔한 요충지였으며 의병이 봉기한 까닭에, 그리고 한국 전쟁중에는 빨치산이 은거하여 치열한 전투가 벌어진 탓에 각기 사상자가 많았고 그때마다 민간인 학살과 희생도 컸다.

　화학산 기슭의 청소골(도암면 봉하리)을 중심으로 화학산 곳곳의 골짜기는 이현필이 기도하며 묵상하고 성경공부에 전념하던 예배 처소였으며, 제자들과 초기 공동체를 이루었던 영적 도장(道場)이다. 1940년 출가하여 이곳에서 2년 넘게 하루에 한 끼만 식사하며 홀로 말씀과 기도로 기독교의 도리를 깨쳤다. 일제말기 교권주의와 세속주의에 기울어진 교회, 특히 신사참배나 동방요배에 빠져 배교에 물든 현실에 실망한 사람들이 몰려 들었고 이현필의 가르침을 따르고자 하는 제자들이 생겨났다. 이세종에 이은 이현필과 그를 따르는 무리들이 호남의 기독교 영맥, 한국 교회의 수도원적 영성공동체를 일으켰다.

1948년 여순 사건으로 인해 고아들이 늘었는데 이듬해 8명의 아이들을 돌보며 함께 지내게 되었다. 의사 김상욱의 도움을 얻어 청소골에 초가삼간을 구하고 제자 김준호로 하여금 실무를 돌보게 하였고 정귀주 수녀에게 보모일을 맡겼다. 고아들에 대한 구제 사업은 1950년 광주에 본격적인 고아 시설 '동광원' 설립으로 이어졌다. 전남 최초의 고아원인 목포의 공생원을 운영하던 윤치호의 제안으로 광주 유지 70여명으로 뜻을 모아 시작했으며 초대 원장 일을 광주 YMCA 총무로 있던 정인세에게 맡겼다. 6.25 이후에는 한때 고아들이 600여 명이나 되었다.

도구박골(도암면 우치리)은 동광원 가족들이 몰려 있는 곳이었다. 수레기 어머니로 불리는 이세종의 여제자 손순임이 아들 이원희와 함께 수도회를 이룬 곳으로 이현필의 제자들인 오북환, 김준호, 김금남, 정귀주 등도 한때 함께 모여 공동생활하였으며 1947년에는 근처 도암 중촌에 농사를 지으며 자급자족하였고 지금은 동광원 화순분원으로 있다.

화학산에 큰 바위 두 개가 마치 우뚝 선 문과 같다하여 붙여진 '문바위'는 이현필의 제자 오북환 장로가 6.25때 숨어 지낸 곳이다. 전쟁중 동광원 식구들도 수 명이 피살되었다. 특히 유화례 선교사를 보호하다 대신 순교당한 가족들의 아픔은 더욱 컸다. 전쟁으로 인해 외국 선교사들이 모두 부산이나 일본으로 피난 가 있던 즈음, 유화례 선교사는 성도들을 남겨두고 떠날 수 없다며 광주를 지키다 결국 동광원 식구들의 도움을 얻어 화학산 골짜기에서 노숙하며 77여일을 숨어 지냈었다.

고아와 과부, 나그네 돌보는 경건주의

이현필은 1913년 화순 도암면 권동리에서 농사꾼의 둘째 아들로 태어났다. 초등학교를 졸업하고 영산포에 돈을 벌러 나갔던 1925년 일본인 기독교도의 전도를 받고 예수를 처음 만났다. 12살 때의 일이었다. 이현필은 같은 도암면에 살며 기독교 영성을 추구하던 이세종을 만나 그를 선생으로 하여 천태산 수도처에서 함께 성경을 읽으며 기독교의 도리를 익혔다. 이때 동문수학하던 최흥종, 강순명, 오복희 등은 평생 동지였다.

최흥종의 도움으로 1933년 광주 YMCA 농촌운동 전개하던 어비슨 선교사의 농업학교에서 기숙하며 신학문을 익혔다. 1934년 21세 때는 신안동 재매교회(광주신안교회) 전도사로 시무하면서 백춘성 장로와 교분을 시작했고, 강순명이 일으킨 독신전도단 활동에도 함께했다. 1936년 서울로 올라가서 YMCA 야간학교에서 영어를 공부하며 신지식을 익혔다. 여기서 현동완 총무를 만났으며 풀무원 창시자 원경선 선생도 만났다.

1938년 25세 때 다시 고향으로 내려와 황홍윤 씨와 결혼하였다. 그녀는 백영흠 목사의 처제였다. 백영흠은 화순읍교회 조사를 거쳐 광주 YMCA 일을 했으며 해방 후에는 수피아학교 교장을 지냈고, 1946년 광주동부교회를 개척하고 1978년까지 담임했다. 어느 교단에도 가입하지 않은 독립교회를 이룬 동부교회와 백영흠 목사는 동서지간인 이현필과 상통하는 면이 많았던 것이다.

일제 말기인 1940년대, 그는 결혼한지 2년 만에 아내와의 해혼을 선언하며 출가하여 산 속으로 들어갔다. 한편으론 신사참배를 피하기 위함도 있었다. 화학산 산 속에서 성경을 읽으며 기도생활에 몰두했으며, 전북 남원에서 역시 비밀리에 예배하던 오북환 집사 집에 모여든 이들에게 성경을 강해하며 전도하였다.

그의 경건과 영적 훈련은 철저히 예수님 따라하기였다. 산속 깊은 곳에 들어가 자연의 침묵 속에 펼치는 묵상하기, 오래도록 무릎 끓고 앉아 기도하기, 무릎 위에 두 손을 가지런히 모으고 찬송하기. 차림새는 검소한 무명옷이었고, 고무신을 신었으며 먹는 음식은 너무도 소박했다. 메뚜기와 석청을 먹었던 세례 요한보다 덜하면 덜했으리라. 일체의 형식에서 벗어난 단순한 삶이었고 겸손을 지향하였다. 무엇보다 기도에 몰두하는 사람이었다. 밤새도록 이슬을 맞아가며 산 속에서 기도하며 묵상하는 일에 몰입했다. 그리고 찾아오는 이들과 함께 성경을 읽고 가르치며 수도 공동체를 이루었다. 스승 이세종 때부터 함께 동문수학했던 오복희 전도사부터 해서 여러 제자들이 생겼고, 그들은 화순은 물론 남원 곡성 등지의 산중에 들어가 노동하며 기도하고 성경을 읽었다. 기성교회에서는 그들을 '산중파'라 하여 이단시하기도 했다.

이현필과 제자들의 경건과 수도적 영성은 성경 말씀 읽었던 대로 세상의 가난한 자, 병든 자, 소외된 이들을 돌보는 실천으로 드러났다. 1949년부터는 본격적으로 사회 구제활동에도 나서기 시작했다. 전술한 바대로 이때 고아원을 시작하였다. 이듬해 '동광원'을 설립했으며 1951년에는 현동완 총무의 도움을 얻어 방림동에 집을 짓고 집없이 떠돌아 다니던 이들을 위한 '귀일원'을 세웠다. 1956년에는 결핵환자들을 돌보는 '송등원'을 설립하였는데, 이때도 동광원에 수양회를 왔다가 소식을 들은 현동완 총무가 정부로부터 후원금을 얻어 내어 무등산 산수동 골짜기에 시설을 지을 수 있었고 카딩턴 선교사의 후원으로 운영이 이어졌다.

안타까운 것은 이때쯤 이현필 자신도 결핵에 걸려 중년의 시기를 고통스럽게 보냈다. 광주 기독병원에 입원하여 카딩턴과 여성숙 의사로부터 치료를 받았으며 3개월 만에 증상이 사라지고 몸 상태가 많이 좋아졌다. 의사와 간호사들에 대한 존경과 예의 때문이었는지 평생 금기로 여기던 수칙들도 잠시나마 접어 두고 식사도 하며 치료에 순순히 응했다.

> 이현필 선생이 입원한다고 해서 자리를 마련하였다. 그는 이 고장에서는 꽤 알려진 도인이라서 조심스럽게 맞았다. 열은 40도를 오르내리고 목이 아파서 말도 못하고 음식도 들지 못한 지가 여러 날 되어서 몹시 쇠약해져 있었다. 결핵 치료제가 있어서 입원시키고 집중 치료를 했더니 회복이 빨라 한 열흘 후에는 겨우 목소리가 나오게 되었다. "음식은 어떻게 할까요?" 물었더니, "병원에 입원하였으니 병원 규정에 따라야지요."하고 아량을 보인다. 고기는 물론 생선도 안 먹고 스스로 가꾼 채소로만 식생활하던 분인데, 병원 식사를 그대로 먹겠다고 해서 놀라면서도 그분의 아량을 반갑게 생각했다(여성숙 선생).

독한 결핵 약을 먹으려면 그만큼 식사도 잘해야 하고 고기도 좀 먹어줘야 했다. 어찌보면 그동안 독선과 아집으로 자신만의 성을 쌓고 살던 그였는데, 의사와 간호사들에게 마음을 내보이고 순순히 치료에 응했으니 그것도 쉽지 않은 배려(?)라고 해야 하려나. 여성숙 의사의 치료와 의외로 환자가 협조를 했던 까닭에 이현필은 3개월 만에 호전을 보이기 시작했다. 그러나 완치된 것도 아닌데 이번에는 막무가내로 퇴원하겠다고 하며 병원을 나가 버렸다. 간호사가 약봉지나마 챙겨줬는데, 나중에 보니 전혀 약을 먹지 않았다. 스승 이세종도 그랬듯이 당신들 나름의 경건과 삶의 원칙을 병원 밖에 나가서는 다시 고수하였다. 어찌하든지 의사로서 그를 고치고 살리고 싶었던 여성숙 의사로서는 너무도 안타까운 일이었고 그의 생각과 행동을 이해하기 어려웠다.

이분의 고집을 그대로 놔두어서 죽게 할 수는 없다는 생각에 주사기에 약을 담아서 찾아갔다. 치료해야 한다고 아무리 권해도 막무가내로 거절한다. 더 이상 말이 소용이 없기에 당신이 죽는다 해도 나는 다시는 오지 않을 거라고 약간 화난 소리를 던지고는 돌아오고 말았다. 그후 한 일 년을 살았을까, 그대로 세상을 뜨고 말았다. 그의 죽음을 어떻게 받아들여야 할까? 치료하고 싶어도 못하고 죽어가는 한국의 많은 결핵환자와 함께 고통을 겪으며 죽음까지도 짊어져 보고자 하는 따뜻한 이웃 사랑을 엿볼 수는 있다. (중략) 그렇게 하여 그는 성자가 되었는 지 소극적인 사람이 되었는지 평가할 수는 없지만, 그분은 자기 뜻대로 자기를 살다 간 사람이기에 나의 주관을 곁들인 평가는 삼가야겠다(여성숙 선생).

광주의 카딩턴(고허번), 순천의 로이스 린튼(인애자)과 함께 광주 전남의 결핵환자들을 돌보던 목포의 여성숙 선생은 평생 수많은 환자들을 살리고 치료하였지만, 이현필 선생은 두고 두고 아쉬움이 크게 남았던 환자였다. 그가 사람들로부터 어떻게 해서 성자라 불리게 되었는지는 모르나 의사에게는 그저 환자일 뿐이고 의사 말을 들어야 하는 병자였을 뿐인데, 상식과 의료 과학을 불신하며 주저하면 어쩔 도리가 없는 게다. 이현필은 결핵이 악화된 상황에서도 자신의 몸을 챙기지 않고 극기와 금욕의 수도 생활을 실천하며 흩어진 제자들의 공동체를 순회하며 돌보다 51세되던 1964년 3월 벽제분원에서 천국의 부름을 받았다.

그는 종종 병원 가지 말고 학교 가지 말고 고기 먹지 말자고 했다. 세월히 더 흘러 풍요와 배금주의가 넘치는 오늘 한국사회의 상대적 부작용을 예견이라도 한 것일까? 지나친 약물 남용에 대한 주의가 새롭고, 공교육에 대한 모순으로부터 대안 교육과 홈스쿨 운동이 일어나며, 패스트푸드 등 현대화된 가공 식품을 우려하며 유기농 자연식품과 로컬 식품을 이야기하는 세상이니, 오래 전 이세종, 이현필이 펼친 삶의 준칙과 행동은 가히 새겨듣고 챙겨야 할 일이다. 성경의 가르침이 우리의 일상 생활과 따로 있지 않지 않으니, 삶과 신앙이 어찌 괴리 쌓으리오?

이현필과 제자들이 보여준 공동체의 신앙과 철학, 섬김과 나눔의 삶은 참으로 귀하다. 제자훈련과 성장의 목표 못지않게 오늘 한국 교회와 신자들이 본보기 삼아 실체적 삶으로 따라야 할 것이다. 탁발과 노동을 하며 순결과 청빈, 청명을 추구하는 수도공동체 동광원은 전북 남원에 본원을 두고 경기 벽제와 화순 도암에 분원이 있으며 그 외에도 곡성, 순천, 해남, 진도 등지로 여러 제자들이 흩어져 각자의 천명을 이어가고 있다.

화순 3
성신께서 죽은 교회를 다시 살려

낙스(Knox, Robert, 1880~1959, 노라복) 선교사는 미국 텍사스 주 출신으로 1907년 11월 조선에 선교사로 와 목포와 광주를 거점으로 화순과 나주를 비롯하여 함평, 무안, 강진, 그리고 멀리 광양 지역까지 전라남도 농어촌 곳곳을 다니며 전도하고 교회를 세우고 사역하였다. 또한 수피아학교와 이일학교 등의 교육 사역도 병행하였으며, 전남노회에서 임원으로도 수고하였다.

> 선교사 배유지 씨는 내외와 구보라 씨와 노라복 씨 3인은 자동차로 동차하여 행하다가 경부선 간에서 기차와 충돌되어서 배 부인과 구보라 씨는 참혹한 모양으로 세상을 이별하였고 노라복 씨는 생명에 관계는 없었으나 오른 눈을 잃어 버렸고 배유지 목사는 부인을 먼저 천당으로 전송하고 자녀들을 데리고 본국으로 돌아간 일도 있삽고 구보라 부인도 남편을 삼만 리 외국에서 육신을 영별하고 어린 아해를 데리고 고국으로 돌아갔사오며 (조선예수교장로회 제8회 총회 전남노회 보고서, 1919년).

1919년 광주와 전남에서 하나님나라 사업에 충성하던 주요 일꾼들이 큰 화를 당하는 사건이 발생했다. 서울 출장을 다녀오던 길에 자동차 사고를 당하여 그만 2명이 사망하고 1명이 큰 부상을 당했다. 배유지 선교사 일행 4명 중 그의 아내 마가렛 벨과 목포에서 사역하던 구보라 선교사가 사망하였고, 노라복 선교사는 한 쪽 눈을 잃고 만 것이다.

노라복의 아내는 1909년 결혼한 버든(Maie P. Borden)이다. 버든 선교사는 광주의 스와인하트 선교사가 하는 확장주일학교 운동에 열심이었는데, 그녀는 귀머거리였다. 아내는 귀를 잃고 남편은 눈을 잃어 버렸으니, 그들 부부는 사랑에 귀 멀고 선교 충성에 눈 먼 부부인 셈이려나. 노라복 부부는 일제 말기에 신사참배를 끝까지 반대하며 조선에 있으려 했으나 강제 출국 당하고 말았고 일제가 물러간 해방이 되자 다시 조선을 찾아와 헌신하였다.

화순과 동복 일대 교회를 세우며

전남 농어촌 곳곳을 순회하며 전도하고 교회를 세운 노라복 선교사는 화순과 동복 일대에서도 크게 활약하였다. 화순읍에서 동복면과 그 일대 산골짜기에 모두 그의 발걸음이 닿았던 까닭에 2천년 전 예수 십자가의 복음이 전해졌고, 칠정리교회, 수리교회, 원리교회와 학천리교회 등이 세워졌다.

1907년 화순군 칠정리교회가 성립하다. 먼저 이 마을 사람 여러 명이 믿고 전도한 결과 신자가 늘어 예배당을 짓고 교회를 설립하니라.

1908년 화순군 수리교회가 성립하다. 먼저 선교사 타마자가 전도인을 파송한 결과로 교회를 설립하고 그후 선교사 도대선과 조사 최원갑이 차제 시무하니라.

1920년 화순군 원리교회가 성립하다. 먼저 선교사 노라복과 도대선, 조사 최원갑 등이 차례로 전도하여 교회를 설립하고 인도하였다.

1921년 화순군 학천리교회가 설립되다. 먼저 선교사 노라복과 조사 최원갑이 전도하여 설립되었다(조선예수교장로회사기).

1907년 배유지와 오웬 선교사의 전도로 화순 동복 칠전리에도 신자들이 생기고 예배 공동체가 만들어졌다. 당시에는 마을 이름을 따 '칠전리교회'라 하였다. 이후 노라복 선교사가 이 지역을 담당하며 조사 최원갑과 함께 지도하였다. 우상숭배가 가득한 마을이었음에도 신자들이 회개하고 힘을 내었으며 첫 예배당을 지을 수 있었다.

[동복군 읍내 칠전리 오민보 씨가 OOO에서 몇 주일 예배 보더니]

본 군은 부읍이요 우상을 숭배하는 곳인 고로 핍박이 극심하여 낙심하였더니 1910년에 다시 자기 죄를 회개하고 또 몇 형제를 인도하며 자기 형을 권면하여 그 형님 집에서 예배보다가 민보 씨가 독당하여 16원 연보로 초가 4간을 사서 주고 예배보더니 일년 후에 온 교회 교우가 연보 100원을 거두어 예배당 6간을 다시 잘 짓고 예배보오니 오늘날 생각하면 하나님의 능력으로 오민보 씨의 감화하심과 온 교우의 열심 부흥함을 감사하옵나이다(예수교회보, 1912년 2월 13일).

신앙의 모범을 보였던 것으로 보이는 오민보 씨와 형제간인지 아니면 이름은 다르나 동일인인지 확인이 어려우나 1913년에는 오태욱 성도가 장로로 장립하였다. 새 예배당에서 부흥하던 칠전리 공동체는 1919년 민족적

3.1운동이 일어날 때 교인들이 가담하고 주도하였던 이유로 3년여 정도 큰 핍박을 받았으나 교회는 다시 곧 흥왕하게 되었고 이 무렵 교회 이름을 다시 동복읍교회로 개명하였다.

1925년 배움을 갖지 못한 지역민들을 위해 초등과정의 야학을 개설하였고 1933년에는 전남노회 유지재단에 등기를 하였다. 이때쯤 마을 이름이 타 지역과 통폐합되며 칠정리로 바뀌자 교회 이름도 1935년 '칠정리교회'로 바꿨다. 아마 동복읍내 칠정리에 있었으니 칠정리교회라고도 하고 동복읍교회라고도 하였을 것 같다.

교회를 담임 지도하던 노라복 선교사가 일제에 의해 강제 추방당하자 1942년부터는 목포의 박연세 목사가 지도하였다. 신사참배와 동방요배등이 강요되는 상황에서 박연세 목사가 이를 거부하며 투옥되었고, 교회도 굴복할 수 없었던 까닭에 1944년 결국 폐지하였는데 이듬해 곧바로 해방이 되었고, 교회가 다시 복구되었다. 좌우익이 극하게 대립하던 1949년 무렵 조선 호남을 다시 찾은 유화례 선교사가 이곳 마을과 교회에 와서 부흥회를 인도하였으며 이듬해 벌어진 6.25 전쟁으로 그만 교회 건물이 전소되었고 모든 교회의 자료도 소실되고 말았다. 동복읍교회는 1981년 가까운 천변리로 이전하여 대지 300평에 50평 예배당 건물을 건축하였고 현재에 이르고 있다.

동복읍교회와 멀지 않은 곳에 거의 동시대에 세워져 타마자 선교사가 전도인을 파송하고 노라복 선교사의 조사 최원갑이 시무하며 수고했던 수리교회의 미담도 알려지고 있다. 동복읍교회의 최초 장로이며 당시 조사로도 활동했던 오태욱 씨가 1914년에 예수교회보에 기재한 글이다.

[부흥한 교회 - 오태욱 조사]

동복 물골교회는 1908년에 시작되어 형제 자매가 평균 40여인이 예배하더니 그후로 점점 낙심되어 1912년에는 교회에 모양이 통 없어지게되고 죽은 교회라 칭함을 받았는데 그러나 하나님의 신령한 종자가 그대로 썩지 않고 불과 23인이 생각나면 주일에 예배 보고 그렇지 않으면 무심히 지내더니 성신께서 도우사 그곳에 이왕 집사 일보시던 형제 박도인, 최영화, 김사인 3사람에게 은혜로 열심을 주사 그 곳 불쌍한 생명을 구원할 방책으로 3사람이 합심하여 교회를 다시 붙잡고 일할새 최영화 씨가 세상을 좇아 주앞에 거의 낙심되던 마음을 새로 돌이켜 열심 전도하며 형제를 권면하고 주야를 불관하며 동리 낙심된 형제를 일으키고 심지어 재정을 내어 교회를 도와주는 중 성신께서 또 최영화 씨의 부인께 은혜를 주사 평생에 주를 반대하고 세상 풍속을 좋아하던 마음을 곧 돌이켜 주앞에 도리어 충성된 전도인이 되어 동리에 모든 부인을 권면하니 세상사람이 다 비소를 하되 조금도 부끄러이 생각지 않고 열심전도하오며 심지어 동복 읍내에 있는 자기 식족은 다 부호권문에 성족이온바 무수한 핍박을 많이 당하되 조금도 낙심치 않고 점점 더 열심전도하므로 교회가 왕성하여 지금 예배보는 형제자매 평균 40인이오니 참 잃은 것을 도로 찾아 주앞에 인도함이 되오며 죽었다가 다시 산 새교회라 할 만합니다. 각 교회에서 이 교회보를 보는 때에 우리 주안에서 역사하시는 이는 어떻든지 교회가 좀 낙심된다고 우리는 낙심치 마시고 성신께 열심기도하오면 성신께서 죽은 교회를 다시 살게 하시는 능력으로 소망을 이루나니 이 일을 진실로 믿고 기도하여 부지런히 일합시다(예수교회보, 1914년 5월 5일).

화순 4
높은 산 깊은 골에 복음이 들어오다

　화순 적벽은 가히 절경이다. 중국에 있는 적벽에 비견하여 붙인 이름일 정도이니 예사롭지 않다. 동복천의 상류인 창랑천 유역을 따라 약 7km에 걸쳐져 있다. 물염적벽, 노루목적벽(이서적벽), 보산적벽, 창랑적벽 등에서 뿜어져 나오는 자연의 아우라를 마주할 때마다 경이에 사로잡힌다. 굽이져가는 강변을 따라 휘어져 잇댄 적벽은 적절한 자연경관과 함께 어우러져 보는 이마다 걸음을 오래도록 멈추게 한다. 이곳에 동복댐이 건설되기 오래전부터 이미 널리 알려진 명승지다.

　적벽이라 이름은 1519년 기묘사화 후 동복에 유배중이던 신재 최산두가 붙였다. 중국의 소동파가 선유하며 그 유명한 적벽부를 지어 자연의 아름다움을 노래했던 것을 떠올렸을 게다. 중국 북송대의 소식 동파 선생이 호북성(湖北省) 황강현(黃岡縣)의 성 밖에 위치한 명승지인 적벽을 배를 타고 노닐면서 지은 시가 '적벽부'이다. 1082년경 지은 노래로 소식이 손님들과 함께 배를 타고 적벽 밑에서 놀았는데, 이때 청풍이 솔솔 불고 물은 잔잔하여 술을 마시면서 명월지시(明月之詩)를 읊었다. 중국의 또 다른 적벽은 삼국시대인 208년 위나라 조조가 오나라의 손권, 촉나라의 유비 연합군과 후베이성의 양쯔강 남안에서 벌인 전투 장소도 있다. 천하통일의 야망을 품던 조조로 하여금 패전과 좌절을 안긴 곳이 적벽대전이었다.

화순의 적벽은 조선의 떠돌이 시인 김삿갓(김병연)도 방랑을 멈추게 했던 곳이다. 그는 절경에 빠져 이곳에서 생을 마칠 때까지 곁에 있었다. 김삿갓을 비롯한 많은 시인, 묵객들이 좋아했던 상류의 노루목적벽(이서적벽)은 1985년 동복댐 준공을 계기로 수몰되어 잠겨버렸다. 현재 노루목적벽과 보산리적벽은 광주광역시 상수원 보호구역으로 출입이 제한되어있어서 명절 때 벌초 및 성묘를 오는 실향민을 제외하고는 일반인의 출입은 금지되어있다. 출입이 허가되는 물염적벽은 경치면에서 노루목적벽보다는 미치지를 못하지만, 이곳 언덕 위에는 을사사화로 관직에서 물러나 내려와 있던 물염 송정순(宋庭筍)이 세운 물염정이 있다. 물염(勿染)이라는 말 뜻이 '티끌 세상에 물들지 마라'라는 뜻인데 김삿갓이 이 정자에 올라 자주 시를 읊었다. 이곳에는 김삿갓의 동상과 주변에 조성된 여러 시비가 있다.

화순 교회의 시작

천하의 제 1 절경, 적벽을 품고 있는 화순군은 전라남도의 중앙부분에 위치해 있다. 북으로는 광주와 담양군, 동으로는 곡성과 순천이 있고 남으로는 장흥과 보성, 서쪽에는 나주가 있다. 화순읍과 능주면이 있는 중서부 지역은 영산강 유역이고, 동복면이 있는 동부 지역은 섬진강 유역이다. 이서면에 무등산 공원이 잇닿아 있고, 백아면에는 약초로 유명한 해발 804미터의 백아산이 있고, 이웃한 순천과 경계하는 사평면에는 고려 인삼의 시원지인 해발 918미터의 모후산이 있다. 이들보다 조금 낮은 해발 600여 미터의 천운산, 화학산도 있다. 행정 구역으로는 화순읍과 12개의 면으로 되어 있으며 인구는 3만 명 밑으로 떨어진 게 얼마 전이다.

이곳 화순에 기독교 복음이 전해 지고 교회가 시작된 곳은 1902년 자포리교회부터이다. 이경래는 복음을 접하고 자신의 마을 사람들을 모아 시작하였으며, 1935년 대포리교회로 이름을 바꿔가며 1944년까지 예배 공동체로 모였으나 일제의 간섭과 강요에 폐지되고 말았다. 1904년 도곡면 앵남리에 앵남리교회가 설립되었는데 화남교회로, 원화리 마을로 이전하여 원화교회로 이름을 바꿔 오늘에 이른다. 1904년에는 칠전리교회(동복읍교회) 세워졌고 1907년에는 오웬 선교사와 전도인 신나열에 의해 화순 읍내에 교회가 설립되었다.

> 1907년 화순군 읍교회가 성립하다. 먼저 선교사 오기원과 여전도인 신나열이 전도한 결과로 신자가 증가하여 화순군 향청에 모여 예배 처소로 임시 사용하니라.
> 1910년 화순군 읍내교회에서 선교사회와 협력하여 예배당을 짓고, 그후 선교사 타마자, 원가리, 노라복, 도대선, 조사 한종구 등이 이어서 시무하니라(조선예수교장로회사기).

광주를 중심으로 전남의 중부와 동남부를 책임졌던 오웬 목사는 광주에서 너릿재 고개를 넘어 화순으로 전도의 발길을 향했고, 계속해서 장흥과 보성, 순천까지 나아갔을 것이다. 화순의 읍내에서 신자들을 얻어 초가집에서 시작한 화순읍교회는 오웬 목사의 사망으로 바통을 이어받은 노라복 목사의 지도아래 성장을 거듭하였다. 미 남장로교 선교부의 후원으로 훈리 마을에 1910년 예배당을 건축하였고 1937년에는 36평의 목조건물로 예배당을 지었으며 1941년에는 46평짜리 함석지붕을 올린 예배당을 신축했다. 복음의 왕성이 일어 지역 주민들이 교회를 찾았고 하나님을 믿는 성도들이 날로 성장하였던 것이다.

초기 선교사 오웬과 노라복이 지도하였는데 1915년경 부터는 한국인 조사들이 교회를 리드하였다. 공공 조사를 필두로 한종구 조사, 주서집 조사, 박종철 조사, 백영흠 조사등이 연이어서 시무하였다.

박종철 조사는 1924년부터 34년까지 약 9년 동안 본 교회를 사역하였고, 1935년부터 39년까지는 최원갑 장로와 함께 시무장로로 본 교회를 섬겼다. 전남노회는 1929년 6월 4~7일에 개최되었던 제 21회 노회록을 통해 당시 본 교회에 박종철이 조사 자격으로 시무하였고, 미조직교회였다고 기록하고 있다. 그런데 다음에 열린 제 22회 노회(광주양림교회당, 1930. 6. 3~7.)는 박종철이 전도사 자격으로 시무하였다고 기록하고 있다. 즉 박종철은 1929년까지는 조사 신분으로 본 교회를 담임하다가 1930년부터는 전도사 신분으로 본 교회를 섬긴 것이다.

본 교회가 조직교회로 된 것은 박종철 전도사가 시무하던 1933년이다. 조사였던 최원갑이 장로가 되어 수리교회 등을 섬기다가 1933년부터 본 교회의 시무장로로 섬기기 시작했고, 이때 박계홍 장로도 본 교회의 시무장로로 섬겼다(화순중부교회 110년사).

박종철 조사도 장로로 장립되자 백영흠 조사가 이어서 목회 지도를 하였고, 1936년부터는 목사 자격을 지닌 이들이 담임하였으니 양윤묵 목사, 이병열 목사, 송동은 목사로 해방이 될 때까지 이었다. 1941년 전남노회 33

회 회의록 통계자료에는 당시 화순읍교회는 이병열 목사가 담임이었고 교회 주소는 화순면 훈리였으며 장로는 최원갑 한 사람이었다. 교인 총수는 70명, 주일 평균 90명이 출석했으며 예산인원 수는 30명이었다.

고난과 분열의 상처 이겨내며

성장과 부흥을 거듭하여 연이어 교회당도 넓히고 건축을 새로 하였지만, 화순읍교회도 일제 말기에는 신사참배 강요로 인해 수난과 핍박을 피해 갈 수 없었으며 위축되기도 하였다. 해방 후 다시 교회가 회복되어가나 싶었는데 이번에는 한국교회의 분열이 이곳 시골 지역까지 파고들어 교회가 갈라서는 아픔을 겪어야 했다.

해방 후 문철 목사, 정동민 목사에 이어 강삼보 목사가 1951년 부임하여 이듬해에는 위임목사가 되었다. 개인 복음의 은혜와 함께 사회 참여에도 관심이 깊었던 강삼보 목사 시절 교회는 유치원과 자애원을 설립하여 어린아이 교육에 힘썼다. 유치원 교육을 사모가 전담하였으며 율동과 찬송, 책 읽기와 그림 그리기 등으로 오전에만 수업이 이루어졌다.

그런데 이 시절 서울의 신학교에서는 김재준 교수의 자유주의 신학이 몰아치고 있었고 이를 지지하는 이들과 반대하는 이들로 극명하게 갈렸다. 마침내 한국장로교단이 기장과 예장으로 갈라서게 되었고, 강삼보 목사는 지지하는 편에 섰다. 이를 반대하며 갈라섰던 교인들 일부는 결국 따로 나가서 박기호 목사를 청빙하여 새로 예장교회를 구성하였다. 송창엽 장로의 동생인 송창술 집사의 미화사진관에서 임시 예배로 드렸으며 교회 이름을 '새일교회'라 하였다.

교회는 분열의 상처를 딛고 하나님 은혜 덧입어 새롭게 성장하며 발전하였고, 1961년 예장에서 또 갈등을 빚었을 때는 다행스럽게도 혼란 없이 합동측 편에 서서 지속하여왔다. 여러 명의 선한 일꾼들이 목회자로 다녀가고 성도들이 자라며 장로들도 세워졌고 1982년 새 예배당 기공식에 이어 1984년에는 '화순중부교회'로 개칭하였다. 1999년에는 이양면 초방리에 수양관과 교회 묘원을 조성하였고, 2009년 화순중부교회 21대 목회자로 신은균 목사가 부임하여 2020년 현재도 성도들과 함께 하늘의 은혜를 사모하며 천국 공동체를 이루고 있으며, 노인 급식은 물론 외국인 노동자와 다문화가정의 여성들을 돌보는 등 낮은 곳을 향한 사랑과 섬김을 실천하고 있다.

화순 적벽을 끼고 있는 이서면 보월리 마을에도 오랜 역사를 지닌 교회가 있다. 1920년 타마자 선교사에 의해 시작된 보월교회. 당시 이곳 면장을 지낸 조석규를 비롯하여 홍재명, 문종환, 김자홍 등의 가족들이 조석규 집에 모여 예배하였다. 처음에는 김대진 조사가 수고하였고 1925년엔 최원갑 조사가, 그리고 1930년부터는 박갑주 조사 등 화순 일대의 교회를 순회하며 섬기던 일꾼들이 일제시기에 교회를 섬겼다. 해방 이후에는 1946년 이호 전도사를 시작으로 전도사들이 부임하여 충성하였고, 목사로는 1971년 신도식 목사를 시작으로 여러 일군들이 목양하였으며, 1975년 처음으로 김영태 장로를 장립하였다. 2020년 현재 보월교회는 2008년에 부임한 전보규 목사가 위임목사로 담임하고 있으며, 2018년 장립한 문병길, 김선태, 유영석 3명의 장로를 비롯한 90명의 장년 성도, 30여명의 초중등 학생들이 함께 예배하며 2020년 4월 오늘! 100년의 역사를 이어 지역사회의 복음화에 충성하고 있다.

牧師	傳道師	管轄敎會名稱所在地		堂準別職名氏名	代表者氏名	敎人總數	主日平均數人員數	豫算人員數
李丙烈		和順邑	和順郡和順面訓里	準代表	崔元甲	七〇	九〇	三〇
〃		朱道	道岩面朱道里	執事	曺賢	八	六	二
〃		綾州	綾州面石庫里	執事	鄭圭賢	三〇	二〇	二〇
〃	李宗珉	馬山	東面馬山里	堂長老	李宗珉	四〇	六〇	二七
〃	〃	保月	二西面保月里	準執事	洪在明	一五	二〇	八
〃	〃	水里	北二面水里	〃	鄭哲文	一二	一五	六
〃	〃	同福	同福面添井里	代表	朴德基	一〇	八	七
〃	〃	寒泉	寒泉里	〃	申泰熙	一五	一八	八
〃	〃	鸚南	和順面鸚南里	領袖	孫章旭	一五	一〇	一〇

1941년 제 33회 전남노회록 통계(화순 지역)

화순 5
믿음의 유산, 저 땅끝까지

    1914년 능주와 동복을 포함하여 화순군의로 통합되었지만, 그 이전만 해도 이 일대에서는 능주가 오히려 큰 고을이었다. 화순이나 동복은 현(縣)이었지만, 능주는 그보다 상위 체계인 목(牧)이었다. 능주가 군에서 목으로 승격한 것은 조선시대 인조가 즉위한 1632년부터다. 인조의 어머니인 인헌왕후의 관향이란 특혜가 있었다. 인헌왕후는 '능성 구씨'인데 능주의 옛 이름이 '능성'이었던 것이다. 능주목은 능주, 춘양, 청풍, 도곡, 도암, 한천, 이양 일대를 관할하였다.

    구한말까지만 해도 능주는 화순이나 동복보다 큰 고을 대접을 받았고 화순군을 합해 거느리고 있었다. 영산강 상류의 지석천 일대에 광활하게 펼쳐진 농토를 끼고 있어 물산이 풍요로웠고, 화순, 동복보다 인구도 많았다. 1759년에 발행된 "여지도서"의 호구와 인구 조사 기록에 따르면 능주목은 5,033호에 19,650명에 비해 화순은 1,715호 5,770명, 동복은 2,106호 7,390명이었다. 화순과 동복을 합쳐도 능주만 못했던 것이다. 1910년 통계연보에는 능주는 12,837호에 55,696명의 인구가 있었고 관할하는 면은 17면이었으며, 동리 숫자는 323리에 달하였다. 당시만 해도 상당한 규모였는데, 1914년 일제에 의한 지방행적 조직 개편에서 능주는 동복과 함께 화순에 합해졌고, 능주는 면으로 격하되었다.

능주는 조선의 급진적 개혁가 조광조의 유배지로 유명하다. 조광조는 중종때 기묘사화로 인해 관직을 박탈당하고 이곳까지 밀려왔다. 1519년 11월의 일이었으며 12월 사약을 받아 사망하였다. 불과 한 달여 남짓한 유배 기간이었지만, 이 지역의 유림사회가 발달하는 중요한 계기가 되었다. 당시 문신이었던 양산보는 스승이 사사되자 '개처럼 사느니 흙이 되겠다'며 관직을 내려놓고 담양 창평에 내려와 소쇄원을 짓고 문인들과 지내며 일절 세상에 나오지 않았다.

조선 사회가 근대 개화기를 열고 서양의 문물과 기독교 선교가 들어오면서 능주도 하늘의 큰 수혜를 덧입었다. 이곳에 미국 남장로교 선교사가 들어온 것은 1900년대 초기의 일일 것이다. 유진 벨과 오웬 선교사가 화순 지역에도 복음을 전하였고, 능주에는 1910년대 노라복 선교사와 타마자 선교사가 찾아들던 곳이었다.

능주교회는 1918년 능주면 석고리에 설립되었다. 1925년 여자 야학과 유치원을 세웠으며, 1935년 석고리교회, 1944년 능주교회로 각각 개칭하였다. 2018년 6월 9일 능주교회는 성도들과 함께 "복음의 빛 100년" 감사예배를 드렸다. 설교를 한 황영준 원로목사는 "복음을 힘써 전하고 조국과 한국교회를 위해 열심히 기도해 온 지난 100년을 하나님께서 기뻐하실 것이기에 오는 100년도 하나님의 은혜를 크게 나타내는 믿음의 공동체가 되자"고 강조했고 담임 천병기 목사는 "초창기 능주교회는 신사참배 강요와 전쟁 등으로 고난과 순교의 역사가 있지만 선배들의 믿음의 유산을 다음세대에게도 잘 물려주겠다"며 다짐했다.

아프리카 사막에 핀 능주의 백합

섭씨 50도를 넘나드는 그야말로 모래가 타도 모를 정도의 열사의 땅, 아프리카 북서쪽에 있는 모리타니. 누군들 이름이나 기억하며 들어나 보았을까나. 사하라 사막 남쪽 모로코와 세네갈 사이에 있으며, 프랑스 식민지였다가 1960년에야 독립한 모리타니이슬람공화국은 이름에서 느끼듯 국민 100퍼센트 거의가 이슬람 수니파다. 2003년부터 지난 10여년간 쿠데타가 일곱 번이나 일어나 치안과 정치 질서가 어지럽고 경제적으로 매우 가난한 나라다.

이곳에는 하나님의 사람으로 살며 기독교 선교활동에 매진한 전남의 여성이 있다. 권경숙 선교사. 화순 능주 출신으로 광주 방림교회 여전도사로 일하다, 예기치 않은 하늘의 새 부름에 순종하여 37살이던 1994년 이곳 모리타니에 왔다.

전혀 낯선 먼 나라, 지독한 모래 바람과 싸우느라 처음부터 기진맥진이었다. 바람이 불때마다 붉은 모래 회오리가 키 1미터 50의 작고 갸날픈 여인의 몸을 덮쳤다. 기온은 50도를 상회하니 숨만 겨우 쉬고 있어도 지칠 수밖에 없었다. 그럼에도 참 희한한 것은 그녀가 얼마 전 여행했던 유럽의 파리나 런던에서는 느끼지 못한 감동과 전율이 그를 감쌌다. 온 몸을 흰 천으로 감싼 자신보다 훨씬 키가 큰 사람들이 검고 큰 눈을 껌뻑껌뻑하며 다가설 때, 그녀는 거룩한 환상에 사로잡혔다.

사막에 피어나는 백합화! 작열하는 흰 사막이 젖과 꿀이 흐르는 푸른 초지로 변하는 환상이었다. 사막에 샘이 넘치고 하늘 향내가 진동하는 그림이었다.

수도에서 떨어진 누아디브에 사역의 터전을 일구고 거기에 버젓이 십자가를 달고 기독교 예배를 드리기 시작하기까지 갖은 고초와 박해, 인내의 시련을 겪어야 했다. 척박한 황무지, 그동안 경찰이나 당국의 갖은 감시와 협박은 이루 말할 수 없었다. 애시당초 선교가 금지되어 있기에, 초기에는 장애인과 여성을 위한 직업교육 등으로부터 시작하였다. 태권도, 음악, 컴퓨터 등 다양한 교육 사업으로부터 인정을 얻어가면서 차츰 복음을 전하며 교회를 이루어 나간 끝에 오랜 시일이 걸려서야 비로소 예배를 드릴 수 있었다.

환난과 핍박을 견디며 교회를 세우고 하나님나라의 사역을 펼친 지 어느덧 30여 년 가까이 되어간다. 이제 그곳에서는 아프리카 주변 나라 15개국에서 교인들이 찾아와 주일에도 5개의 언어로 일곱 번이나 예배를 드릴 정도로 괄목할만한 열매를 이루고 있다. 모래 땅을 개간하여 농사 짓는 법을 가르치고, 에이즈의 공포에도 불구하고 몸을 팔아 생계를 유지하는 여인들에게는 바느질과 뜨개질을 가르쳤으며, 문맹 퇴치를 위해 유치원도 세웠다.

또한 권 선교사는 그 나라의 스포츠 지도자이기도 하다. 축구 교실을 통해 국가 대표급 선수들을 배출했고, 태권도 도장을 개설, 사범이 되어 직접 지도하기도 한다. 이뿐만이 아니다. 그녀는 눈이라고는 전혀 볼 수 없는 열사의 땅 모리타니아에서 스키선수들을 양성했다. 지난 2013년 평창에서 열린 스페셜 동계올림픽에 참가, 금메달을 따는 영광도 얻었다.

바람이 불어 아픈 사람들도 있지만 우리교회에 성도들의 기도가 많아지고 믿음을 나누어 감에 힘을 내어 갑니다. 사순절 기간에 한인들에게는 성경필사를 시작했고 아프리카 성도들에게는 성경통독과 암송을 진행하고 있습니다. 귀를 막아도 사람들을 만나도 코란경에서 떠날 수 없는 이곳에서 말씀의 잔치를 벌이고 있습니다. 더 많이 말씀이 들려지고 입에서 흘러나오는 힘 있는 믿음의 세상을 나누어 갑니다. 이제 교도소를 방문할 때면 교도관들이 할렐루야로 맞이해 주기도 합니다. 길거리를 거닐 때는 아이들이 달려와 살롬 샬롬합니다. 태권도 도장에도 아이들의 기합의 함성이 가득합니다. 부모들도 더불어 행복해 합니다. 이렇게 주님이 있어 행복한 땅을 우리는 기도의 힘 사랑의 힘 보내주신 선교비로 합력하여 선을 이루어가는 희망의 봄입니다. 그 봄의 부활절 행사를 준비합니다. 교도소의 530명을 만날 것이며 샬롬하며 달려오는 아이들에게도 부활을 알리는 일을 준비하고 있습니다. 그리고 사막의 우물을 2개 더 팠습니다. 물 기르던 아이들의 지친 하루가 웃음을 찾고 마음껏 마시는 물이 허기를 달래고 20킬로까지 뜨거움에 시달리지 않는 모두가 덩실덩실 춤추며 사막에 큰 기쁨을 이루어 가고 있습니다(권경숙 선교사, 2019년 기도편지).

지금은 아프리카 사람들의 존경과 칭송을 받으며 그 나라의 마마로 통하는 권경숙 선교사. 지난날의 불신과 냉대 속에 마녀 취급 받을 때가 많았는데, 이제는 이방민족의 어머니로 칭송받아 '모리타니 마마'라 불릴 정도로 인정받는 하늘의 천사. 권경숙은 아프리카 사막에 피어난 화순 능주의 예쁜 백합화로 지금도 그들에게 생명과 희망을 전하며 충성을 다하고 있다.

Appendix

—

부록

1. 조선예수교장로회 사기 전남북부편

2. 조선예수교장로회사기 전남노회편

부록 1
조선예수교장로회사기
전남 북부(1898~1923) 편

* 주: 조선예수교장로회사기(상.하)의 전남 북부지역 관련만 발췌하여 현대어로 고침.

1. 광주

1901년 광주군 송정리교회가 성립하다. 먼저 선교사 배유지, 오기원의 전도로 신자가 점차 늘어감에 김일서방에 회집하다가 우산리에 예배당을 짓고 회집하더니, 그후에 송정리에 이전하니, 조사는 조상학 외 여러 사람이 시무하니라.

1904년 광주군 양림리에 (북문내)교회가 성립하다. 초에 선교사 배유지, 오기원이 조사 변창연과 교우 김윤수를 동반하여 목포로부터 이 마을에 도착하여 사택을 정하고 열심 전도한 결과로, 최흥종, 배경수 등이 신종하여 자기 사저에서 예배하다가 신도가 점차 증가됨으로 북문내에 기와집 예배당을 건축하고, 후에 김윤수, 최흥종 두 사람을 장로로 장립하여 당회가 조직되었고, 그후 남궁혁, 이득주, 홍우종이 계속 시무하니라.

1905년 광주군 삼소지교회가 성립하다. 초에 김권명, 백부근 두 사람이 믿고 장성 영신교회로 내왕하더니 신자가 증가됨으로 교회를 분립하였고, 선교사 배유지와 조사 김기찬, 조석일, 변창연, 고시중, 박정필 등이 시무하니라.

1905년 광주군 요기리교회가 성립하다. 먼저 김윤수의 전도로 장창화가 믿고 우산교회에 5년간 내왕하다가 금년에 예배당을 지었는데, 선교사 변요한, 남대리, 배유지와 조사 노응표, 조상학, 이계수, 이덕희 등이 상속 시무하니라.

1907년 광주군 중흥리교회가 성립하다. 먼저 이 마을 사람 이방언과 여신도 서천년, 조능주, 김맹동, 김연시, 하순이 등이 믿음으로 교회를 설립하고 선교사 배유지, 오기원 등과 전도인 이태호, 서로득 등이 이어서 시무하니라.

1909년 광주군 일곡교회가 성립하다. 먼저 이주상이 미국에 머물러 지내다 선교사 최의덕과 목사 양주삼에게서 복음을 듣고 신자가 된 후, 금년에 귀국하여 선교사 배유지와 합력하여 이 마을에 교회를 설립하고 열심 전도하여 신자가 증가함에 예배당을 지으니라.

1912년 광주군 봉선리교회가 설립되다. 먼저 선교회 의사 우월순이 나병(癩病)자 20여인을 산속에 집합하고 의약으로 치료할새 선교사와 제중원 사무인 최흥종과 이만준 등이 3년간 전도하여 신자를 얻어 교회가 설립하게 되니라.

1913년 광주군 송정리교회에서는 남선의숙을 설립하여 학령기 가난한 아동에게 더욱 유익을 주니라.

1914년 광주군 봉선리교회에는 올해를 위시하여 선교사 타마자가 시무하게 되고, 남녀 10여인에게 세례를 베풀어 김태옥을 영수로, 정덕범은 집사로 선거한 후 교회가 점진하니라.

1915년 광주군 북문안교회에서 목사 이기풍을 청빙하여 시무하게 하니라.(이것은 1916년의 일이다)

1916년 광주군 월성리교회가 설립되다. 먼저 선교사 배유지가 전도하여 신자가 점점 늘어가니 가옥 1채를 매수하여 예배당으로 사용하였고 조사 이계수가 여러해 시무하니라.

1916년 광주군 봉선리교회와 장성군 소룡리교회에서 각기 소학교를 설립하여 많은 학생을 가르치게 하니라.

1917년 광주군 일곡교회에서 이주상을 장로로 장립하여 당회를 조직하였고 교회는 점차 발전되어 반촌, 용전에 교회를 분립하게 되니라.

1917년 광주군 봉선리교회에서 이종수를 장로로 장립하여 당회를 조직하였고 선교사 원가리, 목사 김창국, 김영직, 조사 고려정과 장로 김용옥, 오근욱, 박춘갑이 상속하여 성심 공직하니라.

1917년 광주군 금당리교회가 설립되다. 먼저 선교사 배유지가 2,3년간을 전도하여 삼정지교회가 설립되고 올해에 이 마을에 교회가 분립하게 되니라.

1918년 광주군 봉선리교회에서 원용혁을 제주에 파송하여 5년간 전도하게 하고, 그후에는 김재진을 파송하여 계속 전도하였다.

1918년 광주군 요기리교회에서 여신도 선신애가 학교 건축에 대하여 커다란 금전과 밭 3두락을 기부하였다.

1918년 광주군 송정리교회에서 2년간 이단의 교파가 침입하여 교회에 많은 해독을 주었다.

1919년 광주군 북문안교회에서 예배당을 금정에 이전 증축한 후 북문외로 교회를 분립하였고, 목사에 남궁혁, 김창국, 장로에 김강, 황상호, 장맹섭 등이 이어서 봉직하였다.

1919년 광주군 북문안교회에서는 청년전도회를 조직하여 전도사업에 활동하였다.

1920년 광주군 요기리교회에서 김응선을 장로로 장립하여 당회를 조직하였고, 그후 목사 백용기와 장로 장창화 등이 재직하여 이어서 시무하였다.

1920년 광주군 송정리교회에서 김원숙을 장로로 장립하여 당회를 조직하였고, 그후 목사 백용기, 유내춘과 장로 박춘봉이 이어서 봉역하였다.

1920년 광주군 북문외교회가 금정교회에서 분리하여 별도 설립되다. 북문안교회가 예배당을 금정에 이전 건축함을 인하여 교회를 분립하였다.

1921년 광주군 월성리교회에서 구경모를 장로로 장립하여 당회를 조직하였다.

1921년 광주군 향사리교회가 북문외교회에서 분립하다. 지리상 형편과 거리의 관계로 모임의 편익을 위하여 분립하게 되었고, 당시에는 목사 유내춘이 봉직 시무하였고, 그후 목사 김영식과 영수 최석현이 교회를 인도하였다.

1921년 광주군 내방리교회가 북문외교회에서 분립하다. 먼저 내방리에 거주하는 이춘삼, 이춘화 형제가 믿고 북문외교회에 다니며 예배하더니 선교사 서로득이 김기석으로 주일학교를 설립하고 인도하게 하매, 신자가 점차 늘어 교회를 분립하게 되었고, 목사 유내춘과 선교사 남대리, 영수 이춘삼이 교회를 인도하였다.

1921년 광주군 비아리교회가 설립되다. 먼저 조사 고시중의 전도로 약간의 신자를 얻어 계리 유병식 집에서 모이다가 이 마을에 예배당을 짓고 이전하여 모이니 교회가 완성되었고, 선교사 도대선과 조사 박정필이 시무하였다.

1921년 광주군 금곡리교회가 설립되다. 먼저 선교사 타마자와 조사 이주상과 전도인 정나선 등의 전도로 신자가 점차 증가하여 교회가 시작되었고, 장로에 변창연이 이주하여 교회를 인도하였다.

1922년 광주군 금당리교회가 고시중을 장로로 장립하여 당회를 조직하였고, 그후 선교사 도대선과 조사 변창연, 박정필, 홍우종 등이 나중에 시무하였다.

1922년 광주군 향사리교회에서는 주일학교를 기초로 하여 배영학교가 설립되어 교실을 새로 짓고 많은 학생을 교육하였다.

1922년 광주군 봉선리교회에서는 목사 김익두를 좋게 여겨 부흥사경 중에 60여 명의 신자가 대감동을 받아 결심자가 70여명이고, 교역자를 위하여 100여원을 연보하였다.

1923년 광주군 중흥리교회에서는 16간 함석제의 예배당을 건축하고, 머지않아 8간을 증축하였다.

1923년 광주군 중흥리교회는 이해에 시작하여 북문외교회와 연합하여 목사 최영택, 이수현의 치리를 받았고, 장로 최병준이 조사로 시무하였다.

2. 나주

1899년 나주군 삼도리교회가 설립하다. 초에 정원삼, 이문오, 윤상삼 등이 믿고 광주 우산교회로 다니며 예배하더니, 이문오는 술장사를 그만두고 그곳을 예배당 처소로 사용할새, 선교사 배유지의 지방에 속하여 전도인 마서규가 인도하였으며, 그후에 영광군 하라리와 광주 구소 두 곳으로 교회가 분립되니라.

1900년 나주군 삼도리교회가 가옥을 매수하여 예배당으로 사용하다가 수년후에는 12간을 증축하고 교회가 부흥하여 함평군 성정, 마암, 방동 등 교회를 분립하니라.

1903년 나주군 광암리교회가 성립하다. 먼저 김윤환의 전도로 김치묵, 김영환, 최치삼, 김동섭, 이유장 등이 신종하여 김치묵 집에서 예배하다가, 후에 교우들이 합심 연보하여 6간 예배당을 짓고 선교사 오기원, 변요한, 조사 김윤환, 오태랑 등이 시무하니라.

1904년 나주군 덕림리교회가 성립하다. 초에 김영숙의 전도로 강국서 외 10여 명이 신교하고, 박문삼 집에서 예배하므로 교회가 성립되니라.

1905년 나주군 방산리교회가 성립하다. 초에 박창학이 신창리로 내왕하며 전도하여 교우를 얻어 교회가 성립되므로, 선교사 오기원과 조사 배경수가 시무하니라.

1905년 나주군 덕림교회에서 가옥을 매수하여 예배당으로 사용하니라.

1906년 나주군 상촌교회가 성립하다. 먼저 이윤삼 집에서 임시로 예배하다가 다음 해에 합심 연보하여 예배당을 지으니라.

1907년 나주군 덕림교회와 방산교회에서는 의병의 피해와 협박을 인하여 일시 대환란을 당하였느니라.

1908년 나주군 내산리교회가 성립하다. 먼저 선교사 오기원과 전도인 지원근의 전도로 윤상삼, 이군신 등이 믿고 골말교회에 다니다가 예배당을 짓고 교회를 분립하니라.

1908년 나주군 서문정교회가 성립하다. 먼저 선교사 배유지가 조사 변창연을
파송하여 나주읍을 선교센터로 작정하려고 땅을 사고 예배당으로 사용
할 집을 경영하며 열심히 전도하더니, 나주 청년들이 작당하여 무례히
축출하므로 부득이 매수하였던 토지와 건물을 되팔고 광주에 이설하였
으며, 그후 나주군 동부면 학교에 예배당을 설립하고 여러 교인이 모이
다가 금년에 서문정에 예배당을 신설하고 선교사 오기원, 타마자, 남대
리, 조사 마서규, 임성옥, 노응균, 조상학 등이 이어서 시무하니라.

1909년 나주군 덕곡리교회가 성립하다. 먼저 덕림교회에 다니며 예배하던 이
마을 교인 김대홍 등이 집에서 임시 모이다가, 열심 연보하여 예배당을
짓고 교회를 분립하니라.

1909년 나주군 상촌교회 영수 조경주는 학교 부지 800평과 예배당 증축 자금을
교회에 기부하니라.

1910년 나주군 상촌리교회에서 김운삼, 이윤삼, 조경주를 장로로 장립하여 당
회를 조직하고, 그후에 선교사 오기원, 남대리, 목사 유내춘, 조사 오태
도 등이 이어서 시무하니라.

1915년 나주군 삼도리교회에서 이계수를 장로로 장립하여 당회를 조직하니라.
그후 선교사 배유지, 오기원, 남대리, 변요한과 목사 백용기와 장로 양
문주, 김찬지와 조사 변창연, 마서규, 임성옥, 노응균, 조상학 등이 봉
직 시무하니라.

1915년 나주군 덕림교회에서 이문규, 김대홍을 장로로 장립하여 당회를 조직
하니라.

1915년 나주군 토계리교회가 설립되다. 먼저 조상학 장모의 전도로 인하여 정
문겸의 아내와 김영희 등이 신종하여 서문정교회에 내왕하면서 정유
익, 정순선, 심귀례, 김덕례, 이재모, 양준희 등을 인도하여 신자가 점
진하므로 합심 연보하여 110원으로 초가 8간을 사서 예배당으로 사용
하고 선교사 남대리와 조사 허원삼 등이 시무하니라.

1916년 나주군 덕곡리교회에서 정도행을 장로로 장립하여 당회를 조직하니라.

선교사 오기원, 변요한, 마라복, 남대리와 목사 유내춘과 조사 오태욱, 조경주, 이문규 등이 차제 시무하니라.

1916년 나주 대안리교회가 설립되다. 당시에 상촌교회 교인 조경주와 70여명이 분립하여 이곳에 교회를 설립하고 열성으로 전도하여 점차 발전되어 선교사 노라복, 남대리, 목사 유내춘, 장로 조경주, 조형률이 계속 시무하니라.

1917년 나주군 삼도리교회에서는 기독광명의숙을 설립하였고 강진군 서산교회에서는 교실 6간을 새로 지었고 동중서당 정관산림과 마당을 학교에 부속하니라.

1918년 나주군 대안리교회에서는 6간 예배당을 증축하고 그후 180원으로 종각을 건축하였다.

1921년 나주군 내산교회에서 정순모를 장로로 위임하여 당회가 조직되었다.

1921년 나주군 방산리교회에서는 경영하던 학교에 교사를 새로 짓고, 여자부를 새로 모집하여 남녀학교를 유지하였다.

1923년 나주군 송촌교회가 설립되다. 먼저 선교사 남대리가 조사 손장욱, 윤운호 등을 파송 전도하여 교회가 설립되었고, 그후 선교사 민도마와 조사 박화윤이 계속 시무하였다.

3. 영광

1899년 나주군 삼도리교회가 설립한 이후 영광군 하라리와 광주 구라 두 곳으로 교회가 분립되니라.

1903년 영광군 대전리교회가 성립하다. 초에 본토인 표익선, 문양삼 두사람이 김문삼, 변창연의 전도를 듣고 믿은 후, 교회가 성립되었고 5간 예배당을 지으니라. 선교사는 배유지, 남대리와 조사는 박인원, 이계수, 이경필 등이 시무하다.

1904년 영광군 신천리교회가 성립하다. 먼저 노응표, 강사홍 두 사람이 목포에 다니며 복음을 듣고 신교한 후, 열심 전도하여 150여명의 신자를 얻어 교회가 대발전하였고, 선교사 배유지와 조사 김문삼이 시무하니라.

1905년 영광군 무령리교회가 성립하다. 초에 선교사 배유지와 조사 김문삼, 박인원의 전도로 최봉륜 외 남녀 56명이 신종하여 최봉륜 집에서 예배함으로 교회가 성립되다.

1906년 영광군 무령교회에서 선교사 배유지의 기부금으로 8간 가옥을 매수하여 예배당으로 사용하고 조사 변창연, 이계수, 이경필이 이어서 시무하니라.

1908년 영광군 염산리교회가 성립하다. 먼저 마을 사람 문영국, 정정옥 등이 일진회를 대항하기 위하여 봉산교회에 다니다가 점차 진리를 깨우친 후에 열성으로 전도하여 신자가 증가함에 교회를 설립하고, 선교사 배유지, 도대선, 남대리, 이아각과 조사 박인원, 이경필, 최흥종, 이계수 등이 차제에 시무하니라.

1911년 영광군 염산리교회 교인 문영국, 김성종 등이 의병에 체포되어 핍박을 받고 교회는 일시 불안중에 있었느니라.

1916년 영광군 백년리교회가 설립되다. 먼저 신자 2,3인이 목포에서 이 마을에 이주한 전경윤 집에 회집하여 예배하더니 그후 교우들이 성심 출연하여 4간 예배당을 신축하였고 선교사 남대리, 이아각과 조사 김종인, 김판대, 노성빈 등이 차제로 시무하니라.

1919년 영광군 법성포교회가 설립되다. 먼저 선교사의 지방전도인과 성서공회 권서가 이곳에 내왕하며 복음을 전파한 결과 여러 명의 신자를 얻어 청년회관을 빌려 예배하다가, 그후 김동주 집에 모였다.

1920년 영광군 무령교회에서 이 마을에 이주한 장로 오태욱을 본교회 장로로 위임하여 당회를 조직하였고, 그후 목사는 선교사 배유지, 남대리, 이아각과 장로 조두현, 편진옥 등이 이어서 시무하였다.

1920년 영광군 무령교회에서는 1,800여원을 연보하여 연와제 12간 반의 예배당을 새로 짓고, 영광군 서문정교회에서는 6간의 예배당을 증축하였으며,

광주군 북문외교회에서는 1,000여원을 연보하여 기와집 36간 예배당을 새로 지었고, 그후에 1,000여원으로 반 서양식 18간을 증축하였다.

1921년 영광군 지양리교회가 설립되다. 먼저 현지인 조우형이 광주병원에 입원하였을 때 전도를 듣고 믿은 후에, 귀가하여 자기 집 1동을 예배당으로 공헌하고 열심히 전도하여 교회가 설립되었고, 선교사 남대리, 이아각과 조사 이도숙, 김정인 등이 시무하였다.

1923년 영광군 법성포교회는 예배당을 새로 짓고, 선교사 남대리, 이아각과 전도인 김판대, 노성빈, 편종옥, 김양보 등이 계속 전도하며 교회를 인도하였다.

4. 장성

1902년 장성군 보생리교회가 성립하다. 먼저 선교사 배유지의 전도로 김문삼, 김근중, 두 사람이 주를 믿고 광주 우산리교회로 다니며 열심 전도하여, 이성화, 김춘경, 두 사람이 믿고 집에서 예배하다가 교우의 증가됨을 따라 4간 예배당을 지었으며, 변창연이 조사로 시무하니라.

1903년 장성군 율곡리(영신)교회가 성립하다. 먼저 선교사 오기선과 조사 도정희의 전도로 신자를 얻고, 예배당을 짓고 선교사 배유지와 선응칠을 2년간 파견하여 전도하니라.

1903년 장성군 황룡리교회가 성립하다. 먼저 봉덕거, 김도인이 지원근의 전도를 듣고 신종하여 영광군 하라리교회로 다니며 전도한 결과로, 이문영, 박경칠, 김경수, 양대중, 김성태, 박문칠, 강윤칠, 백경삼 등 7(8)명이 믿고, 예배당 6간을 지은 후, 선교사 배유지, 도대선, 조사 변창연, 김문삼 등이 시무하니라.

1903년 장성군 보생교회 설립 초기에 마을 몇 사람이 협의하되, 신자는 무명 잡세를 내지 아니한다 하여 수성군인 40여명을 데려와 각기 총검을 지니고 폭행을 가함으로 3개월간 회집을 정지하였다가 그후 정리되니라.

1905년 장성군 소룡리교회가 성립하다. 먼저 선교사 배유지와 조사 김문삼, 이
계수 등이 전도한 결과로 성성옥, 정도명, 조세겸, 성재원, 조경선, 최
한익 등이 신종한 후, 교회가 점차 발전하니라.

1906년 장성군 대악리교회가 성립하다. 먼저 이 마을 사람 김장화, 신치삼, 문
학삼, 문태원, 임화일, 최경중 등이 믿고, 열심 연보하여 예배당을 지었
고 선교사 배유지, 타마자, 도대선과 조사 변창연, 이영희, 김정선, 김
명안, 오사순, 이중화가 계속 시무하니라.

1906년 장성군 소성리교회 설립 초기에 해당 마을 이준서가 무례히 교우를 포
박 폭행하며 성운서는 교우를 협박하고 그 자녀와 조카들은 회당의 대
문과 창을 부수고, 휘장을 찢고 등대와 강단 등을 파괴하며 회당 내에
어지럽히니 교회의 어려움이 되니라.

1907년 장성군 신호리교회가 성립하다. 먼저 이 마을 사람 강응삼이 믿고, 백치
리교회에 다니며 인근에 전도하여 신자가 증가함으로 교회를 분립하여
김요중의 산정에 회집하다가 다음해에 예배당을 짓고 선교사 배유지,
도대선과 조사 변창연, 오사애, 이영희 등이 차제 시무하니라.

1908년 장성군 율곡리(영신)교회에서 변창연을 장로로 장립하여 당회를 조직하
니라.

1910년 장성군 황룡면 월평교회가 성립하다. 먼저 마을 사람 이중화가 강태양
의 전도를 인하여 믿고, 인근에 전도하여 예수 믿는 자가 있으나 여러
해 지나도록 교회를 설립치 못하더니, 금년에 지방 대직회의 도움을 얻
어 200여원의 연금으로 예배당 7간을 건축하고, 선교사 도대선, 타마자
와 조사 이영희, 오사순 등이 차제 시무하니라.

1912년 장성군 읍교회가 설립되다. 이보다 먼저 선교사 배유지가 조사 변창연,
김기찬 등으로 전도하여 3,40인의 신자가 집회하였고, 그후 선교사 도
대선과 김세열이 인도할 때에 영수 정의가 열심 진력하니라.

1918년 장성군 보생리교회에서 이재현을 장로로 장립하여 당회를 조직하고,
그후 목사 백용기, 선교사 도대선, 장로 김문삼이 시무하니라.

1918년 장성군 소룡리교회에서 백용기를 청빙하여 선교사 남대리와 동사목사로 시무하게 하니라.

1919년 장성군 신호리교회에서 김명안을 장로로 장립하여 당회를 조직하였더니 그후 타처에 이거함을 인하여 당회가 폐지되었다.

1920년 장성군 소룡리교회에서 정도명, 최한익, 성재원 등을 장로로 장립하여 당회를 조직하였고, 선교사 도대선과 조사 이계수, 김방호가 차제 시무하였다.

1920년 장성군 두월리교회가 설립되다. 먼저 장병식, 장기수 두 사람이 입석교회에서 와서 영신교회에 다니며 이 마을에 전도하여 신자가 늘어가게 되므로 예배당을 새로 짓고 교회가 성립되고, 선교사 도대선과 조사 고신중, 박정필, 홍우종 등이 재직 노력하였다.

1920년 장성군 화평리교회가 설립되다. 먼저 권윤석이 청운교회에 내왕하면서 전도하여 김상규, 김양중, 김변수 등이 서로 주를 믿었고, 현지 보통학교 교원 중 한 사람은 황해도에서 온 신자인데, 권윤석 등과 동심 협력하여 교회가 설립되었고, 선교사 도대선이 와서 김상규 집에 예배 처소를 정하였다가 그후 최윤호의 집에 이전하였다.

1921년 장성군 율곡리교회는 변창연이 다른 곳으로 이주해 가므로 인하여 당회가 폐지되었다.

1921년 장성군 영신교회에서는 신자가 500여명에 달하더니 울산 김학규 3형제의 핍박을 인하여 400여명이 타락하였다.

1921년 장성군 월평교회에서는 비신자 김주환의 방해로 교회가 분쟁하다가, 이해에 교회가 진흥되어 100여명에 달하였다.

1922년 장성군 읍교회가 선교사와 협력하지 못할 일이 생겨 신도가 타락되며 학교가 폐지되었더니, 선교사 도대선, 조사 고시중이 열성을 다하여 권면하며, 광주에서 이주한 문태원이 협동 노력한 결과 교회가 다시 진흥되었다.

1922년 장성군 역전교회가 설립되다. 먼저 목사 백용기가 전도하여 남녀 수십

명의 신자를 얻어 자택에서 예배당을 정하고 예배하더니, 교회에 분쟁이 일어나 1년간 폐지되었다가, 목사 이영희와 선교사 도대선이 동사로 전도에 노력한 결과 교회가 점차 발전하고, 그후에 조사 고시중이 교회를 인도하였다.

1923년 장성군 월평교회에서는 조선예수교자치교라는 명칭과 집사교라는 것이 백용기, 정선진, 손동선 등의 주창으로 발생되어 당시 부근 일대의 교회를 소란하게 하고, 교인 정판성 외 부인 2명이 배교하였더니, 머지 않아 자치 주창하던 자들이 오해를 깨닫고 노회에 자복하므로 자연히 해산되었다.

5. 담양

1915년 담양군 개동리교회가 설립되다. 먼저 장성 사람 김순보가 이 마을에 이주하여 열심 전도 중에 강사홍 장로가 계속 내왕하여 손경필 외 여러사람과 더불어 합력 활동하므로 교회가 완성되니라.

1916년 담양군 읍교회가 설립되다. 먼저 선교사 배유지가 조사 노응균을 파송 전도하여 서다비다와 김사라 외 여러 사람의 신자를 얻어 개동리교회에 다니며 예배하다가 만성리에 예배당 3간을 매수하더니 교인이 점차 증가하여 객사리에 초가 8간을 330원에 매수하여 170원으로 수리하여 사용하였고 그후 선교사 타마자의 연보를 얻어 반 양옥식 2층예배당을 지었느니라.

1922년 담양읍교회에서 강사홍, 문남선, 허화준, 송홍진 등을 장로로 장립 당회를 조직하였다.

1922년 담양군 읍교회에서는 광덕학교를 설립하여 남녀 80여명씩 교수하였다.

1922년 담양읍교회에서는 교회가 발전되어 100여명의 신자가 연보한 500여원과 선교사 타마자의 연보로 반양식 2층 36평의 예배당을 건축하였다.

6. 화순

1902년 화순군 대포리교회가 성립하다. 초에 이 마을 사람 이경래가 먼저 믿고
　　전도함으로 교회가 성립되어 1간 셋집에서 예배하였고, 선교사 오기
　　원, 조사 배경수가 열심 시무하니라.
1907년 화순군 대포리교회에서 예배당을 짓고 그후에는 선교사 변요한, 고라
　　복, 남대리, 길변하, 타마자, 원가리, 도대선 등과 조사 오태욱, 이형숙,
　　김정선, 주서집 등이 이어서 시무하니라.
1907년 화순군 읍교회가 성립하다. 먼저 선교사 오기원과 여전도인 신나열이
　　전도한 결과로 신자가 증가하여 화순군향청에 모여 예배 처소로 임시
　　사용하니라.
1907년 화순군 칠정리교회가 성립하다. 먼저 이 마을 사람 여러명이 믿고 전도
　　한 결과 신자가 늘어 예배당을 짓고 교회를 설립하니라.
1908년 화순군 수리교회가 성립하다. 먼저 선교사 타마자가 전도인을 파송한
　　결과로 교회를 설립하고, 그후 선교사 도대선과 조사 최원갑이 차제 시
　　무하니라.
1910년 화순군 읍내교회에서 선교사회와 협력하여 예배당을 짓고, 그후 선교
　　사 타마자, 원가리, 노라복, 도대선, 조사 한종구 등이 차제 시무하니
　　라.
1912년 화순군 품평리교회가 설립되다. 먼저 신자 O치도가 이 마을에 이주하
　　여 진력 전도하므로 30여인의 신자를 얻어 자택에서 예배하였으며, 선
　　교사 노라복, 타마자와 조사 O태현이 시무하니라.
1913년 화순군 칠정리교회에서 오태욱을 장로로 장립하여 당회가 조직되었더
　　니 그후 장로가 타처에 이주하게됨을 인하여 당회가 폐지되니라.
1918년 화순군 석고리교회가 설립되다. 먼저 타마자 선교사와 전도인의 전도
　　로 인하여 신자가 많이 생기므로 교회가 성립되었고, 그후 선교사 원가
　　리, 배유지, 도대선, 조사 김병렬, 유기섭, 양윤묵 등이 이어서 시무하

였다.

1919년 화순군 칠정리교회(동복읍교회)에서는 3.1운동 사건으로 교회가 3년간 대핍박을 받았다가 그후 다시 흥왕하게 되었고, 장성군 소룡리교회도 그 운동으로 인하여 송두일, 조병권 등이 수감되었으므로 환란과 핍박이 심하였다.

1920년 화순군 원리교회가 설립되다. 먼저 선교사 노라복과 도대선, 조사 최원갑 등이 차례로 전도하여 교회를 설립하고 인도하였다.

1920년 화순군 백암리교회가 설립되다. 먼저 선교사 타마자와 전도인 김태진이 전도하여 신자가 점차 증가하매 최병환 집에서 모여 예배하였으며, 그후 선교사 원가리, 배유지, 도대선과 조사 김태진, 이우열, 유기섭, 양윤묵 등이 차례로 시무하였다.

1921년 화순군 학천리교회가 설립되다. 먼저 선교사 노라복과 조사 최원갑이 전도하여 설립되었다.

부록 2

조선예수교장로회사기
13장 전남노회 편

제13장 전남노회

1. 총론

1) 노회설립

전남 지방은 조선남부의 중요지점으로 비옥한 광야가 넓게 펼쳐져 있고, 물산이 풍부하여 인문이 진보되고, 풍속이 순박하고 후덕하나 유교의 도덕으로 백성의 성품의 수양에 토대가 되었으므로, 타종교를 신봉함에 대하여는 용이하지 못할 뿐만 아니라, 서양 오랑캐 이단이라 하여 배척과 핍박이 아주 심하였으니, 조선조 말엽에 이르러서는 불완전한 정치의 해독과 쇠폐한 유교의 폐습이 인간 생활에 막대한 곤란과 고초를 느끼게 될 적에, 인류의 박애로 현세의 참다운 생활을 도모하며 속죄구령으로 내세의 영원한 복을 누리게 하는 기독교 복음이 선포되고 전파됨에 따라, 목마른 자들이 쉽게 마시는 기세로 주께로 돌아오고 그 도를 재촉하는 자들이 날로 달로 증가할새, 미국 남장로교파에 속한 선교사 배유지가 경성을 경유하여 조선 남부에 다다르기를 시작하여 하위렴 부부, 스트럽퍼 양, 오기원, 변요한, 포싸잇, 노라복, 배의만(버드만), 맹현리 부부가 계속 오게 되어, 각기 온마음을 다하여 선교에 종사할새 혹은 교육, 혹은 자선사업으로 다양한 방면으로 활동한 결과, 교회가 점차 흥하여 사무가 복잡하므로 전라노회가 설립된지 불과 5,6년에 남북이 분리독립의 필요를 각성하고 총회의 승인을 얻어서, 전라도의 경계를 따라서 북쪽은 전북노회, 남쪽은 전남노회라 명명하고 총회의 지시한 시일과 장소에 모여서 일대노회를 조직하게 되니 이는 인위적임이 아니오 천은의 은혜이므로 쌍수를 들어서 천부께 찬송과 영광을 돌려드리노라. 아멘.

2) 노회의 의안

1917년(정사) 9월 17일에 조선 예수교 장로회 전남노회 제1회 조직회로 목포부 양동 예배당에 모이니 임시회장 유서백의 인도로 개회하니 회원은 목사 10인, 장로 13인이요, 임원을 선출하니 회장에 유서백, 부회장에 윤식명, 서기에 김창국, 부서기에 김필선, 회계에 노라복, 부회계에 이득주이러라.

임사부(임원사무부) 보고에 의하여 나주군 봉황면 신창리 쌍동, 반남동, 상촌 등 세 교회에 강도사 유내춘을 노라복과 임시 동사목사로 허락하고, 문답한 후 목사로 임직하는 안수식을 행하다.

전라노회 제7회에 통과한 규칙을 1년간 임시 채용하고 규칙위원에게 맡겨 교정하여 노회에 보고하게 하다.

목포지방 시찰이 보고하되 본 위원 등이 목사 임성옥이 시무하던 강진지방 5 교회에서 목사의 봉급을 지불하지 않는 일을 처리한다는 위탁을 받았으나, 위원 반수 이상이 마땅히 사건에 관계가 있어서 처리하기 곤란함에 오태욱, 이기풍을 특별위원으로 선정하여 명백히 시찰한 후에 판결하게 하기로 결정하다.

임사위원의 보고에 의하여 해남군 초두리 교회에 장로 1인을 택함을 허락하다. 명년을 시작으로 각 당회록과 각항 보고는 노회에 직접 올리고 총계표만 각지방 시찰회가 수집하여 노회에 보고하게 하기로 결정하니라.

1918년(무오년) 7월 6일에 전남노회가 제2회로 강진군 병영 예배당에 모이니, 회원은 목사 10인, 장로 24인이오, 임원을 선정하니 회장에 김창국, 부회장에 노라복, 서기에 남궁혁, 부서기에 최흥종, 회계에 정태인, 부회계에 오태욱이더라.

규칙위원이 전라노회 제7회에서 통과한 규칙을 개정 보고하매 채용하였는데, 노회의 정기회는 매년 봄과 가을로, 오는 회기일은 매 정기회에서 정하고, 시찰은 목포지방, 순천지방, 광주지방, 제주지방의 4구역으로 나누고, 임원은 1년에 한차례씩 바꾸어 선출하되 가을 통상회에 투표선거하고 위원부중 전도, 임사, 규칙, 목사가족구조, 주일학교, 신학준시 위원은 3년조로 나누어 매년 1년조만 바꾸어 선출하기로 결정하다.

광주 북문내교회의 헌의에 의하여 고 원두우 박사를 기념하자고 총회에서 헌의하기를 결정하다.

전도국이 교회 한곳이 신설된 것과 전도국은 남북노회가 합동 경영할 것과 김창국, 윤식명을 제주 전도목사로 1년 더 허락할 것과 목사 봉급은 매월 3원씩 증가하는 것과 미주 하와이에 머물고 있는 강한준이 법환리 자기의 친족에게 전도하여 달라고 매년 미화 60원전 5년간 계속 보내겠다는 일을 보고하여 채용되다.

임사부 보고에 의하여 순천읍 교회에 정태인을 변요한과 동사(협동)목사로, 목포 양동교회에 이경필을 전임목사로 청빙하는 것과 광주 북문내교회 전임목사 이기풍의 휴직청원과 광양군 신황교회, 흥양 신평교회에 장로 각2인, 완도 용계교회에 장로 1인을 택할 일과 선교사에게 각기 지방당회 치리권을 전과 같이 위탁하는 것을 허락하기로 결정하다.

목사 이기풍에 대하여 목사 가족 구조부에 위탁하여 휴양하도록 구조하게 하기를 결정하고, 광주 북문내교회임시 당회장은 배유지로 선정하다. 총회록 열람위원 보고에 의하여 위원 명칭중 정사(定事)는 임사(任事)로, 회(會)는 부(部)로 개정하고, 총회 총대 선정방법을 변경할 것과 사기 수집위원 4인을 택하기로 결정하고, 교육 기본금 수합에 대한 건은 부결하다. 목사가족 구조부 보고에 의하여 매년 2월 첫째주 연보하기로 결정하다.

특별위원이 병영등 5 교회와 임성옥 목사가 상호 호의로 타협됨을 보고하다.

주일학교부 보고에 의하여 목사, 조사는 주일학교 없는 곳을 돌아보아 설립되도록 권면하고, 주일학교가 이미 설치된 교회는 미설립된 교회를 도와 설립되도록 할 것과 대제직회와 대사경회 때에 특별히 이를 권면하여 주일학교를 확장하기로 결정하다.

수양회 준비위원 보고에 의하여 매년 가을 정기회 전에 일주일하여 4일 간으로 한정하여 회집할 것과 금년 감사주일 일주일 앞서 일주간 특별기도회 하기를 결정하다.

교회 사기 수집위원 배유지, 변창연, 이기풍, 변요한을 선정하다.

전도국은 전라남북노회 연합협회에서 결의한 제주전도구역은 셋으로 나누어 제주동편 신좌, 구좌, 동중, 서중, 선의, 우면 등 육면은 황해노회 전도구로, 목사 김창국의 지방은 전북노회의 부담구역으로, 윤식명 목사의 지방은 전남노회의 부담구역으로 정하고 전도비를 잘 수합하기 위하여 본 노회지방을 셋으로 나누어 광주지방에 250원, 목포지방에 200원, 순천지방에 200원, 합하여 650원으로 정하고, 광주 부인전도회 회비 40원과 회계잔금 4원 합하여 44원을 남북노회 전도국이 반으로 나누기로 함을 보고하여 채용되니라. 제주 법환리는 황해노회 전도구역에 속하였으나, 목사 윤식명을 지방에서 보는 것이 지리상 편리하기로 윤식명, 최흥종, 두사람을 위원으로 택하여 황해노회에 교섭하게 하기로 결정하다.

1918년 9월 4일에 전라남북노회 연합협의회가 선천북회당에 모여, 회장에 배유지, 서기에 남궁혁을 선정하고, 제주전도사업에 대하여 황해노회 교섭위원이 황해노회 청원서를 제출하매 전부 채용하고, 제주 전도사업에 대하여 남북노회가 연합경영하던 것을 변경하여 이후로는 양쪽 노회가 전도국을 각기 설립하고 전도구를 나누되 황해노회와 계약한 것과 같이 하고, 구역은 김창국 목사의 지방은 전북노회의 담임구역으로, 윤식명 목사의 지방은 전남노회의 담임구역으로 하기로 역시 결정하다.

황해노회 전도부 청원

- 이미 하락한 제주도 동편 신좌, 구좌, 동중, 서중, 선의, 우면 이상육면을 황해노회 전도부에 허락하되 본 전도부에서 정지하는 때까지 한정하여 줄 일임.
- 본 전도목사는 귀 노회에 이름을 옮겨 회원으로 참여하게 하되 전도하는 일과 목사 변경하는 일을 황해노회에서 주관하게 할 일임.
- 목사의 주택(지기건물)에 대하여 언제든지 본 전도부가 주관하게 하고, 예배당을 건축하는 때에는 귀 노회에서 주관하게 할 일임.
- 장래 당회를 조직하는 일은 귀 노회에서 주관을 하되 전도인과 조사 사용하는 것은 본 전도부가 주관하게 함을 청원함.

1919년(기미) 2월 1일에 전남노회가 제3회로 광주군 효천면 양림리 숭일학교에 모이니, 회원은 목사12인, 장로 21인이요, 부서기 최흥종이 광주 북문 외교회에 전속한 결과 총회 대표가 되지 못하므로, 회장에 곽우영으로 자원보임하다.

황해노회 목사 임정찬의 명부 옮김의 증명을 받고 회중이 환영하다.

피택장로 강병담이 장립되다.

임사부 보고에 의하여 선교사 배유지 지방중 하나리등 세 교회에서 백용기를 6개월간 강도사로 청원하는 것과 유안동교회, 하나리교회, 구소교회, 조실교회, 골말교회, 나주읍교회, 송정리교회에 장로 각 1인씩, 장천교회에 장로 2인을 택할 청원과 목사 임성옥의 경남노회에 이명청원은 허락하기로 결정하다.

전도국 보고에 의하여 광주 유안동교회에서 제주 여전도인 1인을 담당하겠다는 청원과 유안동교회에서 제주 선교사 윤식명의 사택수리비 40원을 연보하여 돕는 것을 기쁘게 받고 제주 남전도인 개선은 윤식명에게 위탁할 것과 제주를 위하여 권서인 1인을 파송하기를 맹현리에게 위탁하여, 성서공회에 교섭할 것과 제주 법환리에 전도인은 원용혁으로 월급은 15원으로 정하고, 강한준이 송금한 금전으로 시작하고, 보내는 대로 계속할 일과 전도국에 사무국을 설치할 것과 선교사의 본급은 매월 30원씩 지불할 것과 전도비 예산은 전도국, 사무국에 위탁하여 각지방 분담액을 수합하여 부족액이 있을 때에 각지방 시찰회에 통지하여 이미 정한 예와 같이 다시 연보하자는 것을 허락하다.

이태왕 전하 돌아가신 일에 대하여 추도회를 거행하기로 의결한 후, 간략한 순서로 거행하다.

수양회 준비위원의 보고에 의하여 인도할 선생 김익두가 오지 못할 때에는 선천 윤산온 목사를 청래하기로 결정하다.

해삼위(블라디보스톡)와 상해 전도를 위하여 연보할 일자는 부활주일로 정하고 광주나병원 연보는 4월말 주일로 정하기로 의결하다.

조사 월급을 매월 25원 이하는 허락하기로 결정하다.

신학준시위원의 보고에 의하여 남궁혁, 최흥종, 곽우영, 오석주, 강병담, 김한두, 김강 등 7인의 계속과 목치숙, 고려위, 강대년 등 3인의 입학을 허락하기로 결정하고, 성찬식을 행하기로 하고 폐회하다.

1919년 9월 9일에 전남노회가 제4회로 광주군 효천면 양림리 기념각에 모이니, 회원은 목사13인, 장로 27인이요, 임원을 선거하니, 회장에 노라복, 부회장에 이경필, 서기에 남궁혁, 부서기에 정태인, 회계에 이득주, 부회계에 강병담이더라.

피택장로 임만기, 한치순, 김태호, 양민주, 김문삼, 조의환, 이기홍 등을 장립하니라.

전북노회 강도사 백용기의 이명증을 접수하다.

각 지교회의 부동산 증명에 관한 일은 규칙위원에게 맡겨 심사하고 바로잡기로 가결하다.

규칙위원이 규칙을 개정보고하여 채용하였는데, 노회 추계 통상회는 매년 9월 첫째 주로, 춘계 통상회는 매년 2월 셋째주 수요일로 정하고 각 지교회의 부동산 등기는 마땅히 지교회 공유재산으로 등기하되 교회의 대표자 장로 이하 제직 5인 이상이 연명하여 등기할 것과 또 조직하지 못한 교회는 기타 임원이 이를 행할 것이라 한다.

임사부 보고에 의하여 순천읍교회, 무안 성남리교회, 장성 소동리교회에 장로 각 2인씩, 곡성 도리실교회, 강진 영풍교회, 영암 묘효동교회, 골말교회, 개동리교회에 장로 각1인씩 택함을 허락하고 선교사 타마자 외 조사 고려위, 이주상과 같은 지역 대선 지방의 조사 변창연, 노성빈과 동역자 배유지의 지방조사 이계수와 노라복의 지방조사 최종열 등에게 학습문답권을 인정허가하고 나주군 상촌등 네 교회 당회장 유내춘의 사면청원은 허락하고, 장성군 하나리 등 세 교회에서 백용기를 선교사 남대리와 동사목사(협동목사)로 청빙함은 허락하기로 결정하다.

신학준시위원은 강도사 백용기의 인격과 신학지원자 허화준의 입학허락을 보고하다.

노회는 의정한 순서대로 백용기에게 목사로 임직하는 안수식을 행하다.

전도국은 제주전도에 대하여 예산금액은 1,150원으로 정하고 수입방법은 광주지방이 550원, 목포, 순천 두 지방에는 각 300원씩으로 정하였고, 선교사 윤식명은 매년 1개월간씩 광주, 목포, 순천, 세 지방에 윤회 근무하게 하되 금년에는 목포에서 부흥전도를 하기로 하였고, 제주 윤식명 지방 사경회 때에는 본 전도부장 이경필로 시찰 겸 도와주게 하였고, 선교사 월급은 매년 1월부터 50원씩 지급하기로 하고, 전도부인 택하는 일은 윤식명에게 위임하였고, 윤식명이 청구하는 대정읍 전도에 대하여는 본 전도부에서 10원을 지급하여 당분간은 셋집을 얻어 전도하게 한 일을 보고하여 채용되다.

헌의에 의하여 고 구보라와 배유지 부인의 추도회를 베풀다.

주일학교부 보고에 의하여 소아회와 주일학교를 각 교회가 반드시 설립할 것과 학생은 반을 나누어 교수하되, 매 반에 15인 이하로 하고, 주일학교에서 연보를 하여 월보를 사서 사용하게 하기로 결정하다.

1920년(경신) 2월 25일에 전남노회가 제5회로 목포 양동예배당에 회집하니, 회원은 목사 12인, 장로 21인이더라.

진흥회 위원은 총회에서 선정한 3인 외에 4인을 회장이 택하지 아니하기로(*주: 4인을 자벽하기로) 결정하고, 이기풍, 양경팔, 백용기, 김창국으로 선정하다.

기독신보는 전부 순국문으로 편집하여 달라고 본노회 신문위원에게 맡겨 신보사에 청원하기를 결정하다.

목사가족구조부는 보고에 의하여 본노회규칙 제29조 제2항에 의하여 매년 2월 제2주일에 연보하기로 정하되, 올해는 해당 기일이 지났으니 금년만 한하여 7월 제1일로 정하여 수합하기로 결정하다.

3월말 주일에 특별구제연보하기로 결정하다.

만국주일학교 대표 4인 택하는 일과 그 여비 마련할 일은 각지방 시찰부에 위임처리하게 하다.

피택장로 김선규, 조치연, 이계수, 김역평, 오자화, 한익수, 한태원, 오석계 등의 장립됨을 각 시찰이 보고하다.

신학준시부 보고에 의하여 신학지원자 김정선, 이병열, 허화준, 정영호 등의 입학과, 신학재적생 남궁혁, 강병담 등의 계속을 허락하다.

임사부 보고에 의하여 순천읍교회에 이기풍을 선교사 고라복과 동사목사로 청빙하는 것과, 순천읍교회 목사 정태인의 사임 청원과 보성군 무만동교회에 정태인을 담임목사로 청빙하는 것과, 장성 하나리, 소도리두 교회에서만 백용기를 청빙하는 것과, 여수읍교회, 광양읍교회에 장로 각 2명, 대장교회, 고흥군 주교연교회, 화순군 동복교회, 품평교회에 장로 각 1명씩 택할 청원은 허락하고, 목포 양동교회 목사 이경필의 해임 청원에 대하여 해당 교회 모두가 유임을 원한즉 교회의 형편을 생각하여 보류하게 하되, 교회와 협의하여 2개월간 이 목사를 휴양하게 한 후 시무하게 하고, 전북 군산 개복동, 구암리 두 교회에서 제주 선교사 윤식명을 해당 교회 담임목사로 청빙하는 일에 대하여는 목포, 제주 두 시찰부에 위임 처리하게 하되 윤 목사가 전임되는 때는 선교사 택하는 일을 전도국에 위임 처리하게 하기로 결정하다.

진흥부 보고에 의하여 총회 진흥위원의 제정 표준대로 각 교회가 실행하기로 하고, 어느 지방 어느 교회를 불문하고 부흥회나 전도회를 열기 위하여 강사를 청할 때는 진흥회에 의뢰하되 그 비용은 해당 교회나 지방이 부담하고, 총회 진흥위원의 연구방침과 본 위원의 연구방침을 각 교회가 실행하기로 결정하다.

전도부 보고에 의하여 제주 선교사 이전식에 전북노회 목사 이창규를 추천하고 회장에게 위탁하여 전북노회와 마로덕에게 교섭하게 하기로 결정하다.

교역자 봉급에 관한 특별위원 보고에 의하여 목사는 50원으로, 농업급 기타 일을 하지 않고 교역에 전무하는 조사는 매월 40원을 지급하되, 단 농업에 종사하는 조사는 형편대로 하기로 결정하다.

수양회 준비위원은 강사를 초청하기 어려워 가을 시기에 준비하기로 보고하다.

1920년 9월 4일에 전남노회가 제6회로 목포 양동예배당에 회집하니, 회원은 목사 14인, 장로 29인이오. 임원을 선거하니 회장 이기풍, 부회장 이경필, 서기 오태욱, 부서기 김창국, 회계 백용기, 부회계 오영식이더라.

피택장로로 장립받은 자가 9명이더라.

임사부 보고에 의하여 광주북문내교회에서 북문외교회를 분립하게 하고, 선교사 도대선지방 조사 이도경, 남대리지방 조사 정순모, 손창욱 등에게 학습내용권을 인허하고, 장성군 삼동면 소룡리교회에 백용기를 선교사 도대선과 동사위임목사로 청원하는 것과, 무만동교회, 함평군

수정리교회, 해남군 고장리교회, 홍촌리교회, 무안군 덕산리교회에 장로 각 1명씩 택함을 허락하고, 목포 양동교회 목사 이경필 사임에 대하여는 허락할 수 없으니 본지방 시찰부에 위탁하여 교인과 목사와 장로의 책임을 들어서 권면하기로 하고, 장성군 하노리(하라리)교회에서 목사 백용기에게 권면하여 다음 봄 노회시까지 시무하게 하여 달라는 서류에 대하여는 본지방시찰부에 위탁하여 양방을 시찰하여 피차에 교회를 유익하게 하도록 하기로 결정하다.

헌의부 헌의에 의하여 예배당을 신령한 일 외에는 사용하지 말것과 매년 총계는 각시찰회가 각당회까지 수합하여 법대로 작성하여 노회에 보고하게 하기로 결정하다.

학무부는 장래사업에 대하여 각학교 교장은 매년 5월말 현재사항을 본노회장에게 보고할 것과 총회 제8회 회록 25항 제3조에 의하여 사범강습소를 시설하여 교원을 양성함을 청구하여 채용되다.

전도부는 명년 예산은 1,280원으로 정하고, 수입의 분할은 광주지방에 350원, 봉선교회에 300원, 목포지방에 320원, 순천지방에 310원으로 정함을 보고하여 결정하다.

신학준비위원 보고에 의하여 신학생 곽우영, 남궁혁, 최흥종, 조상학, 등의 계속 수학에 대하여 추천서를 보내고, 신학지원자 손장욱, 정순모에게는 명년 봄에 입학하기를 허락하고, 별도 신학생은 이경필, 윤식명으로 정하다.

진흥부가 진흥방침에 대하여 각구역에서 전도대를 조직할 것과 교인들이 진흥회를 위하여 지금부터 마칠때까지 합심 기도할 것과 진흥비용에 대하여는 10월 제3주일에 각교회가 특별연보할 것과 특별찬양대와 특별전도지를 사용할 것 등 12조를 제의하여 채용되다.

규칙중 노회 기일을 변경하여 가을노회는 매년 9월말 주일전 토요일 오후 8시로 개정하고 봄 일자는 매년 가을노회에서 형편을 따라 정하기로 결의하다.

본노회의 사무가 미진됨을 인하여 경성에서 계속 회집하여 결정하기로 하고 정회하다.

1920년 10월 6일에 전남노회 속회로 경성 안동예배당에 회집하니 회원은 목사 11인, 장로 6인이더라.

제주전도사업에 대하여 연보하는 미국 하와이 강한준과 광주교회 집사 박재화의 연보 200원과 무명씨의 200원 연보한 일을 기독신보에 게재 널리 알리기로 결정하고 백용기 목사와 장로 홍우종에 위탁 교섭하게 하다. 제주전도사업을 시찰하기 위하여 본노회 전도부장 백용기를 파송하기로 결정후 폐회했다.

1921년(신유) 1월 28일에 전남노회가 제7회로 광주군 양림리 기념각에 회집하니 회원은 선교사 5인, 목사 3인, 장로 16인이더라.

피택장로 김원숙, 장창화의 장립됨을 광주 지방시찰에 보고하다.

주일학교부와 진흥부가 협동하여 각교회의 진흥 형편을 보고하고, 금년 2월 25일 주일학교 강습소를 광주교회 내에 개최하니 각교회는 합당한 자를 택하여 보낼 것과 각교회 각교회 주일학교 부근에 어린이회를 다수 설립할 것을 제의하여 가결하다.

신학준시위원 보고에 의하여 배순홍, 한송규, 강대연, 한태선, 정순모, 양욱 등의 입학과, 재적생 남궁혁, 고려위, 김정선, 조상학, 오석계, 강병담, 조의환, 정영호, 곽우영, 최양국 등의 계속 수학을 허락하고, 신학준사 최흥종, 김영식을 시취하여 강도사로 인허하고, 최흥종은 광주 북문외교회에서 선교사 노라복과 동사위임목사로 청빙하므로 허락하기로 결정하다.

학무부 보고에 의하여 강진군 성전면 영풍리교회에서 청원한 토지 사건은 노회에서 간섭할 것 없이 해당 교회의 명의로 소유 증명을 제출하여 보존하기로 결정하다.

임사부 보고에 의하여 장성군 신호리교회에 장로 1명 택할 것과, 조사 김세열에게 학습문답권을 허락하기로 결정하다.

전도부 보고에 의하여 제주도 법한리 전도인 김윤식이 포와도(하와이)
거주하는 강한준에게서 받은 325원 사건에 대하여 먼저는 전도인의 실
수함을 책하고 또는 해당 지방전도목사가 그 사실을 본 전도국에 보고
하지 아니함은 과실인즉 노회 서기로 하여금 노회의 명령으로 근책서를
발송하기로 결정하다.

본노회 규칙을 개정하기 위하여 규칙위원에 위탁하다.

제주도교회에서도 1920년도부터 성탄 연보를 본노회 전도국에 수납함
이 가하다 하여 이를 서기로 통지하게 하다.

총회의 배정을 인하여 전남노회에 부담된 감사연보금 800원을 4지방에
분배하되 광주지방에 300원, 순천지방에 200원, 목포지방에 200원, 제
주지방에 100원으로 결정하다.

노회가 정한 순서에 의하여 광주 남문외예배당에서 강도사 최흥종을 목
사로 장립하고 안수례를 행하고 이어서 위임식을 행한 후 폐회하다.

1921년 3월 20일에 전남노회가 임시회로 목포 양동예배당에 회집하니 회원은
선교사 3인, 목사 1인, 장로 8인이더라.

김영식의 목사 장립 사건 외에 당면한 일을 더 처리하기로 결정하다.

강도사 김영식을 해남지방 9교회에 선교사 맹현리와 동사전도목사로
청빙함을 허락하고 목사로 장립하기로 결정하다.

광주 송정리와 조산 두 교회에서 목사 백용기를 선교사 남대리와 동사
목사로 청빙하는 일은 허락하고, 백용기의 지금 시무하는 소룡리교회에
문의할 일은 광주지방 시찰에게 위탁하기로 결정하고, 광주 북문외교회
에서 장로 2인 택함을 청원하는 것은 미진한 일이 있어 해당 지방시찰에
게 위탁처리하게 하기로 결정하다.

제주도 법환리에 토지와 가옥을 매수한 일은 전도국에 위탁하기로 결정
하다.

강도사 김영식을 정한 순서에 의하여 목사로 임직하는 안수식을 거행한
후 폐회하다.

1921년 6월 29일에 전남노회 제8회로 광주 양림리기념각에 회집하니, 회원은 선교사 9인, 목사 8인, 장로 35인이오.

임원을 선거하니, 회장 이경필, 부회장 최흥종, 서기 강병담, 부서기 김강, 회계 오태욱, 부회계 오석계더라.

신학준시부 보고에 의하여 금년 신학졸업생 남궁혁, 곽우영은 강도사는 아니되었으나 직접 목사로 장립하기로 작정하고 명년도 별도 신학생은 정태인, 임정찬으로 정하고 신학지원자 김재선, 이기성, 정기신, 고시중 등의 입학을 허락하고 신학재적생은 각시찰부에 위탁 시취하여 계속 수학하게 하기로 결정하다.

피택장로로 장립된 자는 이윤삼, 구경모, 강문수, 최정범, 최정의, 조사홍, 문상현, 김상순 등이더라.

임사부 보고에 의하여 선교사 타마자, 지방조사 고려위, 강사홍, 김충성, 박봉수, 허화준, 한종구, 이병열, 강대연 등에게 학습문답할 권을 허락하고, 고흥읍교회와 광주 북문외교회에 장로 각 2인씩과, 광주 송정리교회, 보성군 평촌교회, 무만동교회, 강진군 영풍교회에 장로 각 1명씩 택하는 것과, 담양읍 개동, 풍월, 오룡 등 교회가 연합하여 담양읍에 당회를 조직하기 위하여 장로 2인을 택함을 허락하고, 광주 금정교회에서 남궁혁을 노라복과 동사목사로 청빙하는 것과, 여수, 장천, 봉양, 우학리 등 4교회에서 곽우영을 변요한과 동사목사로 청빙하는 일과, 장성군 하라라, 조롱, 광주 송정리, 조산 등 4교회에서 백용기를 도대선과 동사목사로 청빙하는 것은 허락하고 목포북교동 하영술이 목포당회를 대하여 기소한 안건은 서식 불완전함으로 반려하고, 신학생과 장로의 자격에 대하여

신학생은

1. 신학교 규칙을 준수하되 성경학교 2개년 이상 수업자
2. 담배를 끊은 자로 할 것과

장로는

1. 성경학교 3년 수업증이 있거나 동등한 학식이 있는 자
2. 담배를 끊은 자와 성경 교훈에 위반된 영업을 아니한 자
3. 연령은 30세 이상으로 하되 특별한 자격이 있는 자는 25세 이상으로 노회의 허락을 얻은 자
4. 상회에 총대가 될만한 자격이 있는 자
5. 이미 장로된 자라도 담배를 끊지 아니한 자는 노회에 총대됨을 얻지 못함이라고 정하기로 결의하다.

노회는 이미 정한 순서에 의하여 남궁혁, 곽우영을 목사로 임직하는 안수식을 행하다.

목사가족구조부 보고에 의하여 목사지방에는 5원씩, 조사지방에는 2원 50전씩, 목사나 조사가 없는 지방에는 2원씩 연보하기로 정한 대로 실행하기로 결정하다.

신문위원 보고에 의하여 이번 노회 회원 전부가 신문위원이 되어 각교회 제직과 교우들 권면하여 다수 구독하여 열람하게 할 의무를 부담하기로 결정하다.

선교사 교섭위원이 선교사회에서 예배당 건축기본금 5,000원을 준비할 터이니 노회서도 5,000원을 준비하여 합계 10,000원을 적립하고 그 이자로 연약한 교회당 건축비를 보조하기로 하오니, 본노회에서도 5,000원을 준비하기를 바라오며, 사경회와 성경학원 위원에 대하여는 각 시찰구역내 위원 3명씩 두고 선교사와 협의하여 당분간 성경고시를 선교사회에서 택하는 시기에 선교사가 전임하고, 조선인으로 택할 때에는 노회위원과 협의하게 하고, 점점 노회에서 제반 경비를 부담하는 동시에 전부 노회가 관리하게 하자는 의향이 있음을 보고하매, 노회는 채용하고, 예배당 경비 기본금 변비방책연구위원 4인을 선택하다.

주일학교 위원 보고에 의하여 금년 10월에 경성에서 개최하는 주일학교

대회에 본노회는 강습생 4인 이상을 파송하되, 여비는 각시찰에 맡겨 담당하게 하고, 본노회 내에 주일학교 전임 위원 4인을 두되, 그 경비의 3/4은 선교사회에서, 1/4은 노회에서 부담하되 그 금액을 조선교역자의 봉급 3/100의 연금으로 충당할 일과, 주일학교 경비를 위하여 각교회가 1년에 1주일을 택하여 의연금을 요청할 것과, 각지방 대사경회를 이용하여 주일학교 강습회를 열 것과, 각군 혹은 교통편리한 처소에 소강습회를 열고, 그 부근 각주일학교 교사급 임원 전부를 강습하게 할 것과, 주일학교 임원은 주일학교에 관한 서적을 구독하게 하기로 결정하다.

진흥부는 각교회가 위하여 기도할 것과, 금년에도 진흥주일(10월 제3주일)을 택하여 연보할 것과, 주일학교를 위하여 활동할 것, 각지방 진흥표를 작성하여 총회진흥위원에게 보내게 함을 보고하여 채용되다.

전도부는 제주 전도 상황이 잘된 것과, 사숙 설립을 위하여 특별위원 3인을 택한 것과, 금년 예산은 1,000원을 정한 것과, 강한준이 부탁한 기도실 매수의 일은 윤식명에게 위탁함을 보고하다.

제주 삼양리 예배당 건축비를 위하여 노회 당석에서 연보한 금액은 23원 30전이더라.

1921년 9월 10일에 전남노회가 평양부 성경학교에 속회하니 회원은 선교사 4인, 목사 8인, 장로 7인이더라.

제주 전도목사 윤식명의 위치 변경과 학교 청원 사건은 전도부에 위임하고, 김연성이 목포 당회에 대하여 송사한 사건(하영술의 사건까지)은 목포시찰회에 위임하고, 교역자의 봉급 1/3 수합위원 4인을 선정하다.

선교사 구례인이 정태인 일에 대하여 임시노회를 순천에 소집하기를 청원하매 허락하기로 결정하고, 또 구례인이 기독청년회를 면려청년회로 변경하라는 서류는 남궁혁, 김강, 두 사람에게 위탁하여 검사한 후, 총회에 보고하게 하기로 결정하다.

전북노회에서 윤식명을 청빙하는 사건은 제주시찰에 맡겨 시찰후 보고하게 하고, 전북노회에서 김영식을 청빙하는 사건은 허락하기로 결정하고, 전도연보 800원은 3지방에 분배하기로 결정하다.

1921년 10월 14일에 전남노회가 임시회로 숭일학교에 회집하니 회장의 인도로 개회한 후, 목사 최흥종을 시베리아 선교사로 총회에서 청빙하는 것과 윤식명을 전북노회에서 청빙하는 것은 허락하고, 목사 정태인을 고흥에서 청빙하는 사건에 대하여 순천에 임시노회 소집을 불허하고, 특별위원 6인을 택하여 파송하기로 결의하다.

제주 전도사 윤식명을 대신하여 이경필로 선정하다.

1921년 10월 24일에 특별위원회가 순천선교사 변요한 집에 모여 임시회장 곽우영의 인도로 개회하고 정태인을 고흥군 읍 등 3교회에서 청빙하는 일을 허락하기로 결정하니라.

1922년(임술) 전남노회가 제9회로 목포 양동예배당에 회집하니, 회원은 선교사 8인, 목사 7인, 장로 28인이더라.

신학졸업생 조의환을 문답 후 강도사로 인허하다.

임사부 보고에 의하여 김응규를 목포에서 청빙하는 것과 광양군 신황리 등 3교회에서 조의환을 선교사 노라복과 동사목사로 청빙하는 것과, 강진군 병영 등 3교회에서 김성식을 위임목사로 청빙하는 것과, 광주 금정교회 피택장로 최병준의 장립 청원과, 금정교회의 장로 1인 추가 청원과, 목사 백용기의 사면 청원은 허락하고, 김윤삼은 그 아들을 불신자와 결혼시킨 이유로 그 지방시찰회에 맡겨 치리하게 하기로 결정하다.

전도부는 제주 모슬포 사추(私嫠) 비용 청구 사건에 대하여는 해지방 전도목사 이경필로 광주, 순천, 목포 3지방에서 임의로 모집하게 한 일과, 사추 비용 부족액 48원은 타마자가 담당한 일과, 강한준이 전도비 보내지 아니한 일을 회계 타마자로 직접 문의하여, 보내지 아니하는 경우에는 광주 봉선리교회 전도인 원용혁으로 계속 시무할 일과, 봉선리교회의 청원에 의하여 불신자에게 전도하게 함을 허락한 일을 보고하여 채용되다.

광주지방 시찰을 남평교회에 장로 2인 택할 청원에 대하여 허락함을 보고하다.

주일학교 위원은 정선유가 노회 주일학교 전임위원으로 지난 해 10월 1일부터 시무함을 보고하다.

신학준시위원은 신학지원자 이도종, 최종화, 합격됨과, 서과조는 정치 예배 모범 권징조례를 열람한 후 허락할 것과, 재적생 조상학, 강병담, 이영희, 한태선 등은 각시찰회에 위탁하여 살펴 보기로 함을 보고하여 채용되다.

노회는 강도사 조의환을 목사로 임직하는 안수식을 행하다.

목포교인 김광삼이 박순경을 송사하는 일은 해지방시찰에게 위임하기로 결정하다.

조산 송정리 당회권은 선교사 남대리에게 위탁하다.

1922년 4월 20일에 전남노회 임시회로 광주 숭일학교에 모여 임시회장 노라복의 기도로 개회하니, 회원은 선교사 7인, 목사 2인, 장로 5인이었다.

광주 금정교회 목사 남궁혁의 사면 청원과, 그를 대신해 김창국을 노라복과 동사목사로 청빙하는 것과, 광주 북문외교회에서 이창규를 배유지와 동사목사로 청빙한 것은 허락하기로 결정하다.

1922년 6월 28일에 전남노회가 제10회로 목포 양동예배당에 모이니 회원은 선교사 11인, 목사 11인, 장로 37인이요,

임원을 선거하니 회장 곽우영, 부회장 강병담, 서기 김강, 부서기 오태욱, 회계 오석계, 부회계 강익수러라.

경기충청노회 목사 최영택, 전북노회 목사 김응규의 이명증을 받아 회원으로 환영하다.

금년 총회부터 10당회에 총대 1인씩 될 것을 광고로 받다.

임사부 보고에 의하여 전북노회로부터 반려된 이창규 목사 청빙 서류를 광주 북문외교회로 보낼 것과, 광주 북문외교회에서 목사 최영택을 배유지와 동사목사로 청빙하는 것과, 장성 역전교회에서 목사 백용기를 그 지방 선교사 도대선과 동사목사로 청빙하는 것과, 강대연, 오태욱 두

조사에게 학습문답권 청원과, 강진군 성동리교회에 장로 2인 택할 청원과, 함평읍교회, 대월교회에 장로 각 1인씩 택할 청원과, 순천군 청룡, 석곡 두 당회의 합병 청원은 다 허락하고, 순천지방에서 노회 분립 청원은 받아 분계위원을 선정하게 하고, 화순군 동복 칠정리교회에서 장로 2인 청원하는 것은 해지방시찰부에 위임하기로 결정하다.

노회분립 분계위원의 보고에 의하여

1. 명칭은 전남노회, 순천노회로
2. 지방은 전남노회는 제주, 목포, 광주 3시찰구역으로, 순천노회는 순천시찰 구역으로 정하고, 소유물 전부는 전남노회에 귀속하게 하기로 결정하다.

목사가족구조비를 총노회비에 첨가하여 수합하기로 가결하다.

신학준시위원 보고에 의하여 황보익, 송주일의 입학을 허락하고, 재학생은 해지역목사가 살펴본 후 준시위원에게 통지하면, 준시위원장은 노회 서기에게 통지하여 추천서를 교부하게 하기로 결정하다.

전도부는 내년 예산을 1,260원으로 정함을 보고하다.

학무부 보고에 의하여 각학교에서 불신자라도 약간 받아 교육할 것과, 각학교 각반에서 매월 성경을 교수할 것과, 예배당에서는 부득이한 경우 외에는 교수하지 말 것과, 그학교 관리하는 교회와 그지방 조사는 항상 학교 형편을 살필 것과, 학교 책임자는 교인으로 하기로 결정하다.

주일학교의 방침은 대략 지난회 소보와 같고, 매년 2회 이상 시상식은 소수 집회의 주일학교라도 반드시 실행하게 할 것과, 진흥회는 각교회가 해지방시찰회와 선교사회와 합동하여 유익하도록 실행하기를 제의하여 채용되니라.

조선 모든 경내에 수용되는 약품 모루히네를 각 菜種(채종) 상인으로 판매하지 말고, 각도(各道) 자혜의원에서 각기 의사에게 적당히 발매하기를 총회에서 헌의하여 총독부에 제출하게 하기로 결정하다.

1922년 9월 11일에 전남노회 제10회 계속회가 경성부 인사동 승동예배당에 회집하니 회원은 목사 5인, 선교사 3인, 장로 6인이더라.

황해노회에서 제주전도사업을 정지하는 일에 대하여 전북노회와 협의하기 위하여 본노회장, 서기, 전도국원을 협의위원으로 선정하다.

목포교회에서 영암군 곤종면 동호리교회를 일본인 설립교회와 연합함이 합당한가 질문하는 일은 해지방시찰회에 맡겨 처리하게 하기로 결정하다.

고려위의 신학 입학을 허락하고, 서기로 추천서를 교부하게 하다.

제주 성내교회는 조직노회까지 전남 장로가 관리하기로 결정하다.

1923년(계해) 1월 30일에 전남노회가 제11회로 광주 금정예배당에 모이니 회원은 선교사 8인, 목사 5인, 장로 25이더라.

주일학교부 보고에 의하여 총회 제11회 회의록 제32항 제3행부터 제8행까지 채용하되, 연보한 후 실행하기로 결정하다.

〈참조〉 제11회 총회록 적요

1. 주일학교 연합회 경비 모집 방법은 매년 6월 제1주일에 장년부, 유년부가 합하여 연보할 것.
2. 각노회 내에 권장위원 1인씩 둘 일.
3. 노회는 신학교에 청원하여 각주일학교 권장위원 둘 일을 위하여 특별한 사범과를 경영할 사업이더라.

목포지방시찰회에서 청원하는 영암군 곤일종면 도호리 거주하는 일본인 太田藤助는 일본 신후(고베)신학교 졸업생으로 이력서와 목포 일본인 교회 목사 筑紫益人의 증명서가 있어 오른쪽 거주지에서 전도하게 하자는 일은 신학준시부에 위임하다.

신학준시부 보고에 의하여 이영희, 오태욱의 신학 계속과 깅정기의 신학 입학을 허락하고, 일본인 太田藤助의 일은 총회 규칙에 의하여 1학기간 평양신학교에 가서 공부 후에 허락하기로 결정하다.

임사부 보고에 의하여 유내춘을 선교사 남대리와 같이 향사리교회에서 시무하게 할 일과, 영암읍교회, 광주 향사리교회에 장로 각 1인 택할 것과, 나주읍교회 장로 이계수의 사직 청원을 허락하고, 목사 백용기의 청원은 광주지방시찰회에 위임하고, 나주군 반남면 상촌교회를 영암군 금정면 용산교회와 분립하자는 청원은 광주와 목포 두 지방시찰부에 위임하기로 결정하다.

전도부는 봉성리교회에서 제주전도사업을 중지하는 일에 대하여 서기로 해교회에 편지하여 아무쪼록 계속하기를 권면하고, 또 김창국, 타마자 두 사람을 그 당회장과 원만히 교섭하여 전도사업을 임의로 행하되 성탄일 연보는 마땅히 본전도국에 송치하게 할 일을 보고하다.

전남노회 재단법인에 대하여 타마자, 김창국, 김강 등을 선택하여 전부 위임하기로 결정하다.

1923년 7월 3일에 전남노회가 제12회로 광주 북문외예배당에 모이니 선교사 9인, 목사 7인, 장로 27인이요,

임원을 선거하니 회장 오태욱, 부회장 김응규, 서기 강호연, 부서기 정순모, 회계 맹현리, 부회계 김면수더라.

제주 전도상황 보고를 들은 후 그 자리에서 위하여 연보한 금액이 80원 10전이더라.

피택장로로 안수식을 받은 자는 맹하술, 박춘봉 등이더라.

광주, 목포 연합시찰의 보고에 의하여 나주군 상촌교회와 영암군 용산리교회의 분립을 허락하다.

규칙개정위원이 규칙개정 건을 보고하여 채용되니라.

신학준시부 보고에 의하여 평양에 이명한 신학생 고려위의 이명증서를 보내게 하고, 신학생 이기성, 김재선, 이영희 등의 계속 수학을 허락하고, 노회 당석에 참석한 신학생은 그후에 청원에 의하여 준시위원이 살

펴본 후에 계속을 허락할 것과, 노회서기는 노회일자를 본노회에 속한 신학생에게 통지하기로 결정하다.

임사부 보고에 의하여 제주 모슬포교회에 장로 2인과 순창군 피로리교회, 강진읍교회에 장로 각 1인씩 택할 것과, 제주산남지방 조사 원용혁에게 학습문답권을 허락하기로 결정하고, 목사 백용기가 금년 5월 15일부로 본노회 탈퇴 청원한 것을 7월 4일부로 취소 청원에 대하여는 절실히 자복한 즉 허락하고 회장이 권면과 시책하기로 결정하고, 백용기의 장성 역전교회 전도목사의 사직원을 허락하고, 장성읍 정선유 외 12인의 노회 탈퇴서는 노회에서 취급할 성질이 없으므로 기각하고, 그 외 청원한 5개안에 대하여는 특별위원 3인을 파송하여 조사하게 하기로 결정하다.

전도부 보고에 의하여 황해노회가 제주전도 폐지건과 전북노회가 제주산 지방에 대하여 원만히 해결되지 못할 때에는 총회에 청원하기를 총대에게 전권위임하기로 결정하고, 내년도 예산은 1,620원으로 정하고, 금년을 시작으로 세례인과 학습인을 합하여 연보할 표준을 삼기로 결정하다.

재단법인위원의 보고에 의하여 양식지 인쇄비용을 지불할 것과 재단법인 대표자를 광주, 목포에 각 1인씩 택할 것과, 재산 명록을 지금부터 준비할 것과, 총회때 타노회와 교섭하여 신청서를 작성하여 보내기로 결정하고, 인쇄비는 노회 회계로 지불하게 하고, 대표자는 목포에 최병호, 광주에 타마자로 선정하다.

주일학교 보고에 의하여 유급상무위원을 광주, 목포에 각 1인씩 두는 일은 주일학교부에 위임하기로 결정하다.

학무부는 금년에 미션회에서 결의한 여학교지정 인허준비 일에 대하여, 여학교지정 보다 남학교 지정이 더 필요하니 미션회에 교섭할 것과, 본노회에 속한 학교 성경교원을 성경지식이 있는 자를 채용할 것과, 본노회에 속한 학교 교원강습 일은 기존의 특별위원에게 문의하여 즉결을 바란다는 청원에 대하여, 지정학교 일은 선교사 교섭부로, 교원강습 일은 학무부에 위임하기로 결정하다.

1923년 9월 10일에 전남노회 총대회가 신의주 제일예배당에 모이니 회원은 목사 5인, 선교사 2인, 장로 4인이더라.

제주지방 전도사업에 대하여 전북노회에 교섭한 특별위원은 전북노회가 내년 가을까지 여전히 담당하여 보고, 그후는 형편에 의하여 좌우할 의향임을 보고하다.

본노회 재단법인 사건에 대하여 각교회가 1원씩 지출하여 경비를 사용하기로 작정하고, 재단법인 성립위원은 타마자로 선정하여 전권을 위임하고, 재단법인에 관한 규정은 전위원 타마자, 김창국, 김강 3인에게 위임 제정하게 하기로 결정하다.

2. 교회의 조직

1918년 장성군 보생리교회에서 이재현을 장로로 장립하여 당회를 조직하고, 그후 목사 백용기, 선교사 도대선, 장로 김문삼이 시무하니라.

장성군 소룡리교회에서 백용기를 청빙하여 선교사 남대리와 동사목사로 시무하게 하니라.

장흥군 도청리교회에서 장천오를 장로로 장립하여 당회를 조직하니라.

보성군 무만리교회에서 김일현을 장로로 장립하여 당회를 조직하였고, 그후에 강문수가 장로로 계속 재직하니라.

고흥군 옥하리교회에서 박용섭, 육치숙을 장로로 장립하여 당회를 조직하였고, 그후에는 목사에 정태인, 이기풍, 장로에 박무웅, 신영창 등이 이어서 시무하니라.

순천군 읍교회에서 정태인을 목사로 청빙하여 시무하였고, 그후에는 목사 이기풍, 곽우영, 장로에 김억칭, 오영식, 최정의 등이 이어서 봉직하니라.

순창읍교회가 설립되고 먼저는 마을 주민 이사라와 함북지경에서 전도를 듣고 믿었으며 백병택은 광주병원에서 전도를 듣고 믿은 후에 열심히 힘을 다해 전도한 결과로 교회가 성립되어, 초가집 7간을 매수하여 예배당으로 사용하였고, 선교사 타마자와 조사 고려위, 김세열, 이영희 등이 계속 시무하니라.

화순군 석고리교회가 설립되다. 먼저 타마자 선교사와 전도인의 전도로 인하여 신자가 많이 생기므로 교회가 성립되었고, 그후 선교사 원가리, 배유지, 도대선, 조사 김병렬, 유기섭, 양윤묵 등이 이어서 시무하였다.

보성군 봉갑리교회가 설립되다. 먼저 선교사 타마자와 전도인 박낙현 등이 전도하여 신자가 점점 증가하므로 90원을 출연하여 예배당을 건축하니라.

영암군 교동리교회가 설립되다. 먼저 선교사 남대리가 조사 강익수를 파송 전도하여 신자가 증진되매 예배당을 매수하였으며, 그후에는 선교사 유서백과 조사 조명선, 신도일, 이기성, 김정관 등이 이어서 시무하니라.

제주 삼양리교회를 설립하다. 먼저 독노회에서 파송한 전도목사 이기풍이 전도하여 윤보원, 윤옥경, 문만여, 박춘선 등이 믿고 따르며 박춘선 집에서 기도회를 모이더니, 전라노회에서 파송한 전도목사 최대진이 와서 전도한 결과, 이선일, 오주병, 신평석, 문명옥 가족이 서로 연계되어 믿고 따랐는데, 오준병이 자기 집을 예배당으로 제공하여 모였으며, 그후 윤식명, 김창국 등이 이어서 시무하니라.

제주도 세화리교회가 설립되다. 먼저 한동리에 사는 부상규가 목포 의사에게서 복음을 듣고 믿은 후, 부산에 가서 선교사 왕길지에게 학습을 전수하고 산지포 목사 이기풍에게서 세례를 받고 귀가하여 인근에 전도하여 신자를 얻어 교회가 시작되었고, 황해노회에서 파송한 전도목사 임정찬이 와서 전도할 때 부상규집에서 모여 예배하니라.

고흥군 유둔리교회가 무만리교회에서 분립되다. 먼저 마을 주민 송춘경은 무만리교회의 영수인데, 60세 노인으로 병석에서 방문한 사람에게 간절히 전도하기를 일삼았고, 임종시 자기 아들 사원에게 주님을 믿으라 유언하였더니, 그후 사원이 그 동지자 3,4명과 더불어 주를 믿은 후 열심 전도하였고, 강은혜는 노년 과부로 그의 신앙생활을 인하여 그후 신지구에게 무한한 핍박을 받더니, 그후에 신지구가 회개하여 주께 돌아와 교회 분립에 협력하여 자택에서 임시로 회집 예배하더니, 교회가 점차 발전하여 초가 8간을 매수하여 예배당으로 사용하더니, 머지않아 20평 예배당을 새로 짓고, 선교사 안채륜, 구례인과 목사 정태인과 조사 육치숙 등이 이어서 시무하니라.

1919년 광주군 북문안교회에서 예배당을 금정에 이전 증축한 후 북문외로 교회를 분립하였고, 목사에 남궁혁, 김창국, 장로에 김강, 황상호, 장맹섭 등이 이어서 봉직하였다.

장성군 신호리교회에서 김명안을 장로로 장립하여 당회를 조직하였더니 그후 타처에 이거함을 인하여 당회가 폐지되었다.

여수군 장천리교회에서 조의환, 이기홍을 장로로 장립하여 당회를 조직하였고, 그후 목사에 곽우영, 조의환, 장로에 박경주가 봉직 시무하였다.

광양군 신황리교회에서 박희원, 이우권을 장로로 장립하여 당회를 조직하였고, 그후 목사 조의환, 조상학 등 시무하였다.

순천군 대치리교회에서 김현중을 장로로 장립하여 당회를 조직하였고, 선교사 고라복이 시무하였다.

영광군 법성포교회가 설립되다. 먼저 선교사의 지방전도인과 성서공회 권서가 이곳에 내왕하며 복음을 전파한 결과 여러 명의 신자를 얻어 청년회관을 빌려 예배하다가, 그후 김동주 집에 모였다.

장흥군 지천교회가 설립되다. 먼저 선교사 맹현리와 조사 김주환과 전도인 김성빈 등의 전도로 임기현, 임문수, 김병균, 이장신, 김영현, 주남기 등 6사람이 주를 믿어 가옥을 빌려 예배하다가 120원을 연보하여 초가 3간을 매수하여 예배당으로 사용하였고, 교역에 종사한 자는 선교사 조하번, 조사 최병호, 장천오, 서광조, 신도일 등이다.

해남군 예락리교회가 설립되다. 먼저 김인찬, 김권선 등이 우수영교회에 다니면서 이 마을에 전도하여 신자가 점차 증가하매 예배당을 매수하여 모이더니 교회가 성립되었고, 선교사 맹현리와 조사 정관빈, 조병선, 정관진, 정인배, 손정현 등이 이어서 시무하였다.

제주도 내도리교회가 설립되다. 먼저 전북노회에서 파송한 목사 김창국의 전도로 안치덕, 박연일이 주를 믿은 후 서로 전도하여 신자가 증가하매, 예배당을 새로 짓고 조사 김재선과 전도인 이덕운과 목사 이창규가 계속 노력하였다.

고창군 무장리교회가 설립되다. 먼저 선교사 도마리아 양과 전도인 이도숙 등이 전도하여 신자가 늘어 교회가 성립되었고, 그후 선교사 이아각과 조사 박순홍, 김종인 등이 이어서 시무하였다.

순천군 평중리교회가 설립되다. 먼저 김성규가 믿고 전도하여 주를 따르는 자가 많으므로 이사하여 예배하다가 옛 면사무소를 빌려서 모였으며, 그후 96원을 연보하여 땅 300여평과 초가 4간을 매수하여 예배당으로 사용하였다. 선교사 변요한과 조사 문보현이 교회를 인도하였다.

순천군 마륜교회가 월곡리교회에서 분립되었다. 먼저 오곡리에 사는 정현례 부인이 매곡리 선교사의 부인에게서 전도를 듣고 믿은 후, 월곡리교회에 다니며 예배하면서 인근에 전도하였고, 전도인 김정하가 이 마을에 다니며 자기 집에서 집회하고 전도하므로 박래향, 박인열, 박상열, 박철수 등이 신종한 후 박인열 집에 예배처소를 정하고 분립하였더니, 머지않아 교인과 지방유지의 찬조로 100원을 모아 가옥을 매수하여 예배당으로 사용하였다.

광양군 학동교회가 설립되다. 먼저 지절교회 독실한 신자 구경지가 이 마을에 이주한 후 박노주와 더불어 합심 전도하여 예배당 3간을 짓고 수십명의 교우가 예배하였는데, 선교사 노라복, 영수 구경지, 집사 박노주, 이석용이 교회를 인도하였다.

1920년 광주군 요기리교회에서 김응선을 장로로 장립하여 당회를 조직하였고, 그후 목사 백용기와 장로 장창화 등이 재직하여 이어서 시무하였다.

광주군 송정리교회에서 김원숙을 장로로 장립하여 당회를 조직하였고, 그후 목사 백용기, 유내춘과 장로 박춘봉이 이어서 봉역하였다.

장성군 소롱리교회에서 정도명, 최한익, 성재원 등을 장로로 장립하여 당회를 조직하였고, 선교사 도대선과 조사 이계수, 김방호가 차제 시무하였다.

영광군 무영교회에서 이 마을에 이주한 장로 오태욱을 본교회 장로로 위임하여 당회를 조직하였고, 그후 목사는 선교사 배유지, 남대리, 이아각과 장로 조두현, 편진옥 등이 이어서 시무하였다.

해남군 원진교회에서 예배당을 동창리로부터 다시 원진에 이설하였고, 그때 선교사 맹현리와 조사 마서규, 김달성 등이 이어서 시무하였다.

고흥군 신평리교회에서 오석주를 장로로 위임하여 당회를 조직하였고, 그후 목사 정태인, 장로 박수홍이 공직하였다.

장성군 두월리교회가 설립되다. 먼저 장병식, 장기수 두 사람이 입석교회에서 와서 영신교회에 다니며 이 마을에 전도하여 신자가 늘어가게 되므로 예배당을 새로 짓고 교회가 성립되고, 선교사 도대선과 조사 고신중, 박정필, 홍우종 등이 재직 노력하였다.

광주군 북문외교회가 금정교회에서 분리하여 별도 설립되다. 북문안교회가 예배당을 금정에 이전 건축함을 인하여 교회를 분립하였다.

장성군 화평리교회가 설립되다. 먼저 권윤석이 청운교회에 내왕하면서 전도하여 김상규, 김양중, 김변수 등이 서로 주를 믿었고, 현지 보통학교 교원 중 한 사람은 황해도에서 온 신자인데, 권윤석 등과 동심 협력하여 교회가 설립되었고, 선교사 도대선이 와서 김상규 집에 예배 처소를 정하였다가 그후 최윤호의 집에 이전하였다.

고창군 대덕리교회가 설립되었다. 먼저 선교사 남대리와 장로 오태욱이 법성포에서 전도하다가 돌아가는 길에 이 마을에 신자 한 사람이 있다 함을 듣고 방문할 때, 마을 사람에게 전도하여 신자 약간 명을 얻고 권서인 성재원을 파송하여 인도하게 하므로 교회가 성립되었고, 그후 선교사 이아각과 영수 나상희가 시무하였다.

화순군 원리교회가 설립되다. 먼저 선교사 노라복과 도대선, 조사 최원갑 등이 차례로 전도하여 교회를 설립하고 인도하였다.

화순군 백암리교회가 설립되다. 먼저 선교사 타마자와 전도인 김태진이 전도하여 신자가 점차 증가하매 최병환 집에서 모여 예배하였으며, 그후 선교사 원가리, 배유지, 도대선과 조사 김태진, 이우열, 유기섭, 양윤묵 등이 차례로 시무하였다.

무안군 자라리교회가 설립되다. 먼저 선교사 맹현리가 조사 마서규를 파송하여 전도하므로 교회가 설립되고, 그후 선교사 민도마가 조사 김주환을 파송하여 교회를 인도하였다.

해남군 의야리교회가 설립되다. 먼저 선교사 맹현리가 전도인 김정윤을 파송하여 3개월간 전도하므로 배창구, 정자성 등이 주를 믿고, 조사 이경일이 인도함을 인하여 교인 4,50인이 모여 예배하였다.

진도읍교회가 설립되다. 처음에 현지 청년들이 주를 믿고 교회를 설립하고, 선교사 맹현리가 전도인을 파송하여 협력 전파한 결과 60여명의 신자가 남동에 전셋집을 빌려 예배하다가, 합심 연보하여 200원으로 8간 초가를 매수하여 예배당으로 사용하였다.

순천군 사룡리교회가 설립되다. 먼저 조사 김영진의 전도로 장상수 외 몇 사람이 믿었으나 예배할 장소가 없었는지라. 장상수가 생활이 곤란한 중에 있을지라도 그 땅 100여평과 초가 4간 약 150원의 가치되는 것을 교회에 공헌하므로 집회하게 되었으며, 선교사 변요한, 조사 문보현, 집사 장상수, 심원제 등이 교회를 인도하였다.

보성군 벌교리교회가 무만리교회에서 분립되다. 먼저 무만리교회가 이 마을에 교회를 설립하였고 전도에 힘썼으나 결과를 얻지 못하였더니,

선교사 구례인과 목사 이기풍, 정태인 등이 무만리교회 남녀신자중 전도에 능력있는 자를 찾아 전도대를 조직하여 벌교 청루로 사용하던 빈 야옥을 빌려서 1주일간 대전도의 결과로 남녀 5,60명의 신자를 얻어 해 지방 청년회관에서 임시예배하다가, 교우 일동과 무만리교회의 주선으로 합력 연보하여 8간 초가를 매수하여 모여 예배하므로 무만리교회에서 분립하였다. 조필형, 황자윤, 김용국 등이 교회 분리에 커다란 노력을 하였던 것이다.

고흥군 대덕리교회가 주교교회에서 분립되다. 먼저 백상래, 백형월, 남상복, 김동영, 양회수, 남상대, 정창섭 등이 면려청년회원으로 주교교회에 와서 예배하면서, 주교교우들과 협동하여 이 마을에 전도하여 약간의 신자가 있으므로 초가 8간을 매수하여 예배당을 건설하고 주교교회에서 분립하였다.

광양군 오사리교회가 설립되다. 먼저 선교사 노라복이 전도대 박희원, 정자삼, 장현중 등을 파송하여 복음을 전할 때, 최아현이 도를 물어 신앙을 갖게되고 전도하므로 신자가 많이 생겼더니, 그후에 최아현이 점차 타락하고 교회가 부진하므로, 선교사 노라복이 조사 박희원을 파송 거주하며 시무하게 하였다.

광양군 대인도교회를 설립하다. 먼저 이영국은 현지 노인인데, 전도인에게 도를 묻고 신심이 일어서 비단 자기만 믿을 뿐 아니라 타인에게 즉시 전도하였고, 신황리교회 등의 내조와 조사 서병준의 2년간 시무로 교회가 성립되었다. 독실한 신자 과부 임씨는 자기의 3간 가옥을 예배당으로 공헌하였으며, 선교사 노라복과 집사 정충헌, 정시운 등이 교회를 인도하였다.

광양군 금호도교회가 설립되다. 먼저 심성수, 장학천 등이 대인교회 조사 서병준에게 전도를 듣고 있을 때, 장학천은 3부자의 가족 권속이 대부분 입교하여 자기의 집에서 예배하다가 머지않아 해당 가옥을 전부 예배당으로 공헌하엿으며, 선교사 노라복, 집사 장학천이 교회를 인도하였다.

1921년 장성군 율곡리교회는 변창연이 다른 곳으로 이주해 가므로 인하여 당회가 폐지되었다.

나주군 내산교회에서 정순모를 장로로 위임하여 당회가 조직되었다.

제주도 금성리교회에는 전북노회에서 파송한 전도목사 김창국이 와서 시무하였다.

광주군 월성리교회에서 구경모를 장로로 장립하여 당회를 조직하였다.

광양군 웅동리, 담거리, 지랑리, 원당리, 황죽리, 지계리 등 6교회에서 연합하여 조의환을 목사로 청빙하여 시무하게 하였다.

여천군 복흥리교회가 설립되다. 먼저 선교사 남대리와 조사 강사흥, 김현수, 김종인, 이도숙, 김판대의 전도로 교회가 설립되고, 영수 오창언, 김내성 등이 교회를 인도하였다.

영광군 지양리교회가 설립되다. 먼저 현지인 조우형이 광주병원에 입원하였을 때 전도를 듣고 믿은 후에, 귀가하여 자기 집 1동을 예배당으로 공헌하고 열심히 전도하여 교회가 설립되었고, 선교사 남대리, 이아각과 조사 이도숙, 김정인 등이 시무하였다.

순창군 봉산리교회가 설립되다. 먼저 고창에 사는 김경호가 이 마을 처가에 왔다가 전도하여 송판종 가족과 추병환이 믿고, 송판종 집에 모여 예배하였고, 선교사 도대선과 김경서가 교인들과 열성으로 전도하여 가옥을 매수하여 예배당으로 사용하였다.

무안군 복길리교회가 설립되다. 먼저 이 마을 사람 이채가 경성 유학 시절에 믿고 종교교회에서 세례를 받고 귀가 하여 전도하므로, 신자가 많이 생겨 30여명이 모여 예배하여 합심 연보하여 6간 가옥을 매수하여 예배당을 사용하더니, 머지않아 비좁아 2간을 증축하였고, 선교사 유서백, 민도마와 조사 강익수가 인도하였다.

화순군 학천리교회가 설립되다. 먼저 선교사 노라복과 조사 최원갑이 전도하여 설립되었다.

보성군 장동교회가 설립되다. 먼저 전도인 박낙현의 전도자를 얻었고 교회가 핍박중에서 성립되었다.

제주도 용수리교회가 설립되다. 먼저 전남노회에서 파송한 목사 윤식명의 전도로 이명춘, 이봉춘 두 가족과 김기평, 홍성칠 등이 신종하여, 이봉춘은 예배당 부지 60평을 기부하고 교인은 60원을 연보하여 예배당을 짓고, 그후에는 목사 이경필, 영수 이명춘이 전도하여 인도하였다.

여수군 서교회가 설립되다. 먼저 주영수의 전도로 천사언 외 몇 사람이 믿고, 예배당을 건축할 때 신자나 불신자 합하여 연금이 195원이 되다. 선교사 변요한과 조사 주영숙이 교회를 인도하였다.

여수군 봉전리교회가 설립되다. 먼저 김영진, 주영숙 등이 전도로 교회가 설립될 때 강민수가 각 방면으로 노력하였고, 예배할 처소가 없이 어려운 지경에 있다가 열심 연보하여 초가 3간을 매수하여 예배당으로 사용하였고, 선교사 변요한과 조사 주영숙이 시무하였다.

보성군 칠동교회가 설립되다. 먼저 선교사 구례인이 조사 지원근을 현지에 파송하여 복음을 전함에 최기춘, 조학송, 이용근 등이 신종하여 마을 서당을 임시 예배처소로 사용하다가 초가 8간 예배당을 건축하였다.

고흥군 관리교회가 설립되다. 먼저 선교사 안채륜과 조사 정태인, 육치숙 등이 집집마다 개인전도할새, 마을 사람 박창규가 신종하고 그 외 여러 사람의 신자가 생겨 교회가 성립되고, 선교사 구례인, 조사 이형숙이 교회를 인도하여 점차 발전되었다.

고흥군 내본리교회가 설립되었다. 먼저 선교사 구례인과 조사 오석주, 육치숙 등이 이 마을에 여러날 전도한 결과 여러 사람이 믿고 따르므로, 고흥읍교회에서 매월 1일 예배를 담임 인도하였고, 그후에는 전도인 김석하와 지방교역자들이 출연하여 6간 초가를 매입하여 예배당으로 사용하였고, 이형숙이 조사로 시무하였다.

고흥군 동정리교회가 신평리교회에서 분립하다. 먼저 현지주민 김치곤, 정익원, 최자신, 최관숙 등이 믿고 신평리교회를 다니더니, 이 해에 선교사 구례인과 조사 오석주가 내조하며 전도하여 6간 예배당을 건축하고 분립하였다.

광양군 원당리교회가 설립되다. 먼저 선교사 노라복과 정자삼, 정영호, 박희원 등이 현지에 와서 전도한 결과, 이보석과 그 자매 이보홍, 장상순 등이 신종하여 이보석 집에서 반년간 예배하다가 교인들이 합심 연보하여 4간 예배당을 짓고, 그후에 조의환, 조상학이 목사로 시무하였다.

광양군 광포리교회가 설립되다. 먼저 순천 선교사와 동행 3,4 명이 내도하여 복음을 전하고서 한태현 외 몇 사람이 신종하여 정운만 집에서 1년간 집회하고 있는 중, 이양권이 와서 인도하였고 사숙교사 김성봉이 열심히 교수하여 교회에 막대한 유익이 되었으며, 선교사 노라복과 집사 정운회, 한대현이 교회를 위하여 노력하였다.

1922년 진도군 분토리교회는 장로가 휴직됨을 인하여 당회가 폐지되었으며, 그후에는 선교사 맹현리와 조사 최병수가 시무하였다.

장성군 읍교회가 선교사와 협력하지 못할 일이 생겨 신도가 타락되며 학교가 폐지되었더니, 선교사 도대선, 조사 고시중이 열성을 다하여 권면하며, 광주에서 이주한 문태원이 협동 노력한 결과 교회가 다시 진흥되었다.

담양읍교회에서 강사흥, 문남선, 허화준, 송흥진 등을 장로로 장립 당회를 조직하였다.

광주군 금당리교회가 고시중을 장로로 장립하여 당회를 조직하였고, 그후 선교사 도대선과 조사 변창연, 박정필, 홍우종 등이 나중에 시무하였다.

제주도 세화리교회에서 현지인 최문환이 신종하고, 60원으로 3간의 초가를 매수하여 예배당으로 기부하니 이때부터 예배당을 현지에 이전하여 세화리교회라 칭하게 되었으며, 목사 이경필과 영수 부상규가 전도하여 교회를 위하여 노력하였다.

제주도 부재리교회가 설립되다. 먼저 모슬포 신자 최정숙이 이도종을 전도인으로 파송하였고, 전남노회에서 파송한 목사 이경필이 광주 봉선리교회에서 파송한 전도인 원용혁과 광주부인전도회에서 파송한 김경신과 협동 전도하여 교회가 성립되었다.

광주군 향사리교회가 북문외교회에서 분립하다. 지리상 형편과 거리의 관계로 모임의 편익을 위하여 분립하게 되었고, 당시에는 목사 유내춘이 봉직 시무하였고, 그후 목사 김영식과 영수 최석현이 교회를 인도하였다.

광주군 내방리교회가 북문외교회에서 분립하다. 먼저 내방리에 거주하는 이춘삼, 이춘화 형제가 믿고 북문외교회에 다니며 예배하더니 선교사 서로득이 김기석으로 주일학교를 설립하고 인도하게 하매, 신자가 점차 늘어 교회를 분립하게 되었고, 목사 유내춘과 선교사 남대리, 영수 이춘삼이 교회를 인도하였다.

장성군 역전교회가 설립되다. 먼저 목사 백용기가 전도하여 남녀 수십명의 신자를 얻어 자택에서 예배당을 정하고 예배하더니, 교회에 분쟁이 일어나 1년간 폐지되었다가, 목사 이영희와 선교사 도대선이 동사로 전도에 노력한 결과 교회가 점차 발전하고, 그후에 조사 고시중이 교회를 인도하였다.

제주도 두모리교회가 설립되다. 먼저 전남노회에서 파송한 목사 윤식명이 전도인 원용혁, 김진배, 김진성 등으로 전도하여 양중향 부인과 양인규, 양의규, 고태행 등이 믿고, 같은해 초가 2동의 5간 예배당을 건축하였으며, 그후 목사 이경필과 영수 고봉행이 전도하여 교회를 인도하였다.

해남군 연당리교회가 설립되다. 먼저 이 마을에 사는 조영환이 대구지방에서 방황하다가 복음을 듣고 믿은 후, 고향에 돌아와 유년주일학교를 설립할새 경비부족으로 인장 조각하거나 이발 등으로 수입된 금액을 가지고 무산아동의 학비를 공급하고, 주일학교 경비를 보충하며 가정과 관청 사람들의 핍박이 심하나 개념치 않고 강태행 집에서 남녀 아동

40여명을 모집 교수하며 열심 전도하니 신자가 많이 생기는 중, 기석현, 김진성, 윤판길, 임홍진, 정사팔, 박경진 등이 신종하여 교회가 성립되었고, 선교사 맹현리와 조사 정관진이 교회를 인도하였으며, 그후에 교회가 퇴보하였다가 박옥추, 서병렬, 박종현, 김태용 등이 서로 이어서 믿고 교인이 합심 연보하여 97원으로 예배당을 건축하였고, 조사 정관진, 마서규, 김정윤 등이 이어서 시무하였다.

강진군 만덕리교회가 설립되다. 먼저 김두찬이 주를 믿고 벽화동과 선장리 두 교회를 다니며 예배하더니 이 마을에 전도하여 신자가 증가되매 3간 예배당을 건축하여 교회가 설립된 후, 선교사 유서백, 조하파, 조사 오채규, 신도일 등이 교회를 인도하여 전도에 종사하였다.

나주군 등수리교회가 설립되다. 먼저 서관서가 과리교회로 다니다가 이 마을에 신자가 증가되매 따라 예배당을 새로 짓고 모여 예배하니 교회가 성립되었고, 선교사 남대진, 배유지와 조사 김정순, 이계수 등이 이어서 시무하였다.

제주도 성읍리교회가 설립되다. 먼저 목사 이기풍과 전도인 김홍연, 이득방의 전도로 정학석, 이학인, 강홍보, 강광은, 김보배, 강남서, 양번수, 윤삼룡, 천아나 등이 신종하여 천아나는 초가 6간을 공헌하므로 기도회를 시작하였으며, 이해에 교우가 출연하여 15간 예배당을 증축하였으며, 황해노회에서 파송한 전도목사 임정찬이 전도 사업에 다년간 노력하였다.

제주도 법환리교회가 설립되다. 먼저 목사 이기풍이 전도하였으며, 그 후 전남노회에서 파송한 목사 윤식명이 김진성, 원용혁, 김나홍, 천아나로 협력 전도하여 신자가 점차 증가하므로 교회가 완성하였고, 특히 하와이에 사는 제주도 출신 강한준이 전도인을 세워 전도하므로 교회가 더욱 발전되었으며, 마을 사람 신매선 집에서 모이더니 이해에 강한준의 기부금 325원으로 82평의 기지와 2동 6간의 초가를 매수하여 예배당으로 사용하였고, 목사 이경필과 영수 강운석이 교회를 인도하였다.

광주군 비아리교회가 설립되다. 먼저 조사 고시중의 전도로 약간의 신자를 얻어 계리 유병식 집에서 모이다가 이 마을에 예배당을 짓고 이전하여 모이니 교회가 완성되었고, 선교사 도대선과 조사 박정필이 시무하였다.

광주군 금곡리교회가 설립되다. 먼저 선교사 타마자와 조사 이주상과 전도인 정나선 등의 전도로 신자가 점차 증가하여 교회가 시작되었고, 장로에 변창연이 이주하여 교회를 인도하였다.

고흥군 송정리교회가 죽교교회에서 분립하다. 먼저 우둔교회 신자 황순명이 자기의 종형 황의순에게 전도하여 죽교교회에 왕래하면서 예배하더니, 이해에 유둔, 죽교 두 교회에서 합력 전도의 결과 신자가 증가하여 초가 8간의 예배당을 짓고 분립하였으며, 선교사 구례인과 조사 정기신이 교회를 인도하였다.

고흥군 화전리교회가 화덕교회에서 분립하다. 먼저 죽교교회 신자 박홍준의 전도로 강사문, 김봉조, 김병조, 박재일, 김채수 등이 신종하고 화덕리교회에 다니며 예배하더니, 선교사 구례인이 조사 파송하여 내조하므로 신자가 다수 증가하여 초가 8간 예배당을 건축하고 분립하였으며, 조사 정기신이 시무하였다.

고흥군 천등리교회가 설립되다. 먼저 선교사 안채륜과 조사 오석주, 육치수 등이 이 마을에 와서 마을 서당을 임시 전도소로 정하고 천여명씩 모여 전도한 결과, 많은 사람의 신자를 얻었고 금산 신평교회에서 매주일 내조하였으나 머지않아 집회가 폐지되었더니, 1921년에 이장우, 유종화 등이 주를 믿고 고흥읍교회에 다니며 이 마을에 열심 전도하므로 김사윤, 김용수가 이어서 신종하여 김용수 집에서 예배하였는데, 교우가 합심 연보하여 82원 50전으로 예배당 12평을 건축하였고, 선교사 구례인과 목사 오석주가 동역으로 시무하였다.

보성군 오성교회가 설립되다. 먼저 선교사 구례인, 조사 황보익, 육치숙, 한익수와 전도인 신성일 등이 현지에 내도하여 전도하므로 수십인이 신종하더니, 머지않아 타락하고 박남수만 견신 분투하더니 지방교역자의 내조와 교우의 열성으로 8간 예배당을 건축하였고, 조사 정기신, 육치숙 등이 차제로 시무하였다.

1923년 광주군 중흥리교회는 이해에 시작하여 북문외교회와 연합하여 목사 최영택, 이수현의 치리를 받았고, 장로 최병준이 조사로 시무하였다.

제주도 금성리교회에 전북노회에서 파송한 목사 이창규가 왕래해 전도할새 이덕년은 영수로, 이규황, 김도원은 집사로 시무하였다.

영광군 법성포교회는 예배당을 새로 짓고, 선교사 남대리, 이아각과 전도인 김판대, 노성빈, 편종옥, 김양보 등이 계속 전도하며 교회를 인도하였다.

보성군 반석리교회가 설립되다. 먼저는 선교사 타마자와 조사 박낙현이 전도하여 신자가 점차 증가하여 80원을 연보하여 예배당을 건축하였다.

나주군 송촌교회가 설립되다. 먼저 선교사 남대리가 조사 손장욱, 윤윤호 등을 파송 전도하여 교회가 설립되었고, 그후 선교사 민도마와 조사 박화윤이 계속 시무하였다.

영암군 용산리교회가 설립되다. 먼저 조사 조명선의 전도로 오중삼 외 여러명이 신종하고 상호 전도하므로 교회가 설립되었으며, 선교사 조하파와 조사 김정관이 교회를 인도하였다.

제주도 고산리교회가 설립되다. 먼저 용수리 김기평이 이 마을에 복음을 전파하였고, 광주 양화 상인 박재하가 1년간 김진배를 파송 전도한 후, 목사 윤식명, 전도인 원용혁, 김신경이 계속 전도하여 신자가 점차 증가하여 강명수 집에 기도회로 모이더니, 금년 가을에 추산옥이 기지와 초가 3간을 290원에 매수하여 교회에 기부하여 예배당으로 사용하였고, 그후 목사 이경필이 교회를 인도하였다.

함평군 가덕리교회가 설립되다. 먼저 여신도 김씨가 향교리교회에 왕래하면서 이 마을에 전도하여 김봉관, 양회덕 등이 신종하였고, 조사 서성일의 전도로 양해성, 임란수 등이 서로 이어서 신종하며 용성리교회에

다니다가 교인들이 합심 연보하여 가옥을 매수하여 예배당으로 사용하
게 되었고, 선교사 유서백, 민도마가 이어서 교회를 인도하였다.

3. 전도

1917년 본노회가 분립된 후 전라노회에서 전담하여 관리하던 제주전도사업을
    나누어 본노회는 산남지에 모슬포를 중심으로 하고, 목사 윤식명, 이경
    필을 계속 파송하여 전도하므로 교회를 신설하였고, 순천노회가 분립
    한 후로 연합전도국을 설치하여 유지 진행중이었다.

1918년 광주군 봉선리교회에서 원용혁을 제주에 파송하여 5년간 전도하게 하
    고, 그후에는 김재진을 파송하여 계속 전도하였다.

1919년 광주군 북문안교회에서는 청년전도회를 조직하여 전도사업에 활동하
    였다.

1922년 함평군 내교리교회에서는 여전도회를 조직하여 전도인을 세워 전도에
    종사하였다.

1923년 제주도 모슬포교횡체서 부인전도회를 조직하고 순번을 따라 교체하여
    열성 전도하므로 부인 야학까지 설립되었다.

4. 환란

1918년 9월 2일에 제주도 법환리교회에서 전도에 종사하는 목사 윤식명이 원용
    혁, 김진성, 김나홍, 천아나로 더불어 현지에 전도하러 나오는 도중에,
    수많은 태을교도들이 소리를 지르며 돌로 매장하자는 소리를 지르며
    각기 목봉으로 무수히 폭행하였다. 김진성은 다행히 피신하여 중문리
    천재연 폭포에 들어가서 간신히 목숨을 건졌고, 김나홍, 천아나는 한
    두차례 목봉을 맞고 피신하였으며, 윤식명, 원용혁 두 사람은 중상하여

졸도하니 상처가 생기고 피를 많이 흘린지라. 중문리 주재소 경찰과 면 직원 모두가 밤중에 현장에 도착하여, 두사람을 맡으며 서귀포 소천의 원에 입원시켜 1개월간 치료후에 간신히 거동하게 되어 모슬포로 오는 배안에서 목포 수비대에게 나포되어 압송중에 있는 태을교도 60명을 만나게 되매, 윤, 원 두 사람은 자기의 고통중이었음에도 불구하고 구 구절절히 그 교도들에게 전도하니, 그중 전날 자기의 난폭한 행동을 뉘 우치고 감동되어 눈물을 흘리는 자도 있었으며, 이를 목격한 순차 박덕 우는 믿기로 작정하였다. 그후에 치료가 불완전하므로 목포병원에 와 서 완치되었으나 결국 윤식명은 오른쪽 팔뚝이 병신이 되고 원용혁은 머리가 병신되어 항상 마비되니, 이 일은 제주에 교회 설립된 후 초유의 핍박이었다.

1919년 화순군 칠정리교회(동복읍교회)에서는 3.1운동 사건으로 교회가 3년간 대핍박을 받았다가 그후 다시 흥왕하게 되었고, 장성군 소룡리교회도 그 운동으로 인하여 송두일, 조병권 등이 수감되었으므로 환란과 핍박이 심하였다.

1921년 장성군 영신교회에서는 신자가 500여명에 달하더니 울산 김학규 3형제 의 핍박을 인하여 400여명이 타락하였다.

5. 교육

1918년 완도군 관산교회에서는 남녀 학생을 예배당에서 교수하더니, 교실을 건축하고 학교를 확장하였다.

무안군 성암교회에서 남녀 소학교를 설립하여 교회에 유익됨이 많더라.

광주군 요기리교회에서 여신도 선신애가 학교 건축에 대하여 커다란 금 전과 밭 3두락을 기부하였다.

1920년 함평군 용성리교회에서 소학교를 설립하여 교회에 커다란 유익이 있었다.

순창군 금성리교회에서는 종래 경영하던 학교를 새롭게 확장하여 기독

영흥학교라 부르고, 박대권, 손귀남, 이영휴 등이 교수하므로 교회를 유익케 하였다.

1921년 순창군 읍내교회에서는 여자 야학을 경영하다가 신명여자의숙으로 변경하여 방영숙이 교수에 노력하므로 점차 발전되었다.

나주군 방산리교회에서는 경영하던 학교에 교사를 새로 짓고, 여자부를 새로 모집하여 남녀학교를 유지하였다.

장흥군 지천리교회에서는 소학교를 설립하여 많은 유익이 있었다.

여수군 봉전교회에서 사숙을 설립하고, 순천군 신평리교회에서는 남녀 사숙을 설립하고, 고흥군 관리교회에서는 여자 사숙을 설립하여 다수의 학생을 교육하므로, 교회에 막대한 유익이 되었다.

지난해 폐지되었던 순천 매산학교가 다시 금년에 개교하게 되매, 남녀 학생이 다수 응모하여 영재를 교육하므로 교회 발전에 막대한 효과를 주었다.

1922년 광주군 향사리교회에서는 주일학교를 기초로 하여 배영학교가 설립되어 교실을 새로 짓고 많은 학생을 교육하였으며, 담양군 읍교회에서는 광덕학교를 설립하여 남녀 80여명씩 교수하고, 무안군 복길리교회에서는 소학을 설치하여 교회 전도에 많은 도움이 되었다.

6. 진흥

1918년에 나주군 대안리교회에서는 6간 예배당을 증축하고 그후 180원으로 종각을 건축하였으며, 순창군 반월리교회에서는 선교사 도대선의 진실과 성실한 공직으로 교회가 진흥되고, 어린이 신창윤의 신앙 기초와 모본으로 교회가 더욱 발전되었다.

1919년에 광양읍교회에서는 조사 조상학이 왕래하여 교회를 인도할새 교우가 점차 진흥하여 성황을 이루었으며, 그후 교사 오석주가 시무할새 교인이 천여원을 연보하여 반 서양식 22평의 예배당을 건축하고, 선교사 고라복은 300원을 연보하여 교역자의 사택 5간을 건축하였다.

고흥군 주교교회에서는 신도가 증가하여 200여명이 모이게 되므로 8간의 예배당을 건축하였고, 화덕, 송천, 화전 등 3교회로 분립되었다.

1920년 영광군 무령교회에서는 1,800여원을 연보하여 연와제 12간 반의 예배당을 새로 짓고, 영광군 서문정교회에서는 6간의 예배당을 증축하였으며, 광주군 북문외교회에서는 1,000여원을 연보하여 기와집 36간 예배당을 새로 지었고, 그후에 1,000여원으로 반 서양식 18간을 증축하였다.

1921년 장성군 월평교회에서는 비신자 김주환의 방해로 교회가 분쟁하다가, 이해에 교회가 진흥되어 100여명에 달하였다.

1922년 광주군 봉선리교회에서는 목사 김익두를 좋게 여겨 부흥사경 중에 60여명의 신자가 대감동을 받아 결심자가 70여명이고, 교역자를 위하여 100여원을 연보하였다.

담양읍교회에서는 교회가 발전되어 100여명의 신자가 연보한 500여원과 선교사 타마자의 연보로 반양식 2층 36평의 예배당을 건축하였다.

여수군 우학리교회에서는 안규봉이 논 1두락은 교회, 논 2두락은 교육 기본금으로 납부하고, 그 부인은 거액의 종 1개를 기부하였으며, 종래 마을 사람들이 설립한 마을계에 신자들이 관계되는 부분을 되돌려 교회에 부속하게 하였으니, 논 1두5승락, 밭 1석락, 산림 1만여평, 학교 교실 4간과 그 부지등이었다.

순천군 월곡교회에서는 조동식이 130원을 출연하여 예배당 8간을 건축하였다.

1923년에 제주도 부재리교회에서는 270원을 연보하여 예배당을 건축하였고, 제주도 중문리교회에서는 임수가는 예배당 기지 90평을 기부하므로 8간의 예배당을 건축하였다.

강진군 서산교회는 교회설립 후로 점차 발전되어 50호 마을 내에 40호가 믿었는데 김성칠은 시계 1개, 김영근은 2개년간 조사의 식비를 담당하고, 한동준은 소유 토지 7두락 중 2두락을 교회에 기부하였다.

광주군 중흥리교회에서는 16간 함석제의 예배당을 건축하고, 머지않아 8간을 증축하였다.

제주도 성내교회에서는 반 서양식 52평의 예배당을 새로 지었다.

7. 이단

1918년 광주군 송정리교회에서 2년간 이단의 교파가 침입하여 교회에 많은 해
　　독을 주었다.

1923년 장성군 월평교회에서는 조선예수교자치교라는 명칭과 집사교라는 것
　　이 백용기, 정선진, 손동선 등의 주창으로 발생되어 당시 부근 일대의
　　교회를 소란하게 하고, 교인 정판성 외 부인 2명이 배교하였더니, 머지
　　않아 자치 주창하던 자들이 오해를 깨닫고 노회에 자복하므로 자연히
　　해산되었다.

　　무안군 남성리교회에서는 안식교로 인하여 집사 정경선이 배교하였다.

　　강진군 서산리교회에서도 안식교인 유혹으로 몇 명의 신자가 타락되어
　　교회가 일시 분쟁하였다.

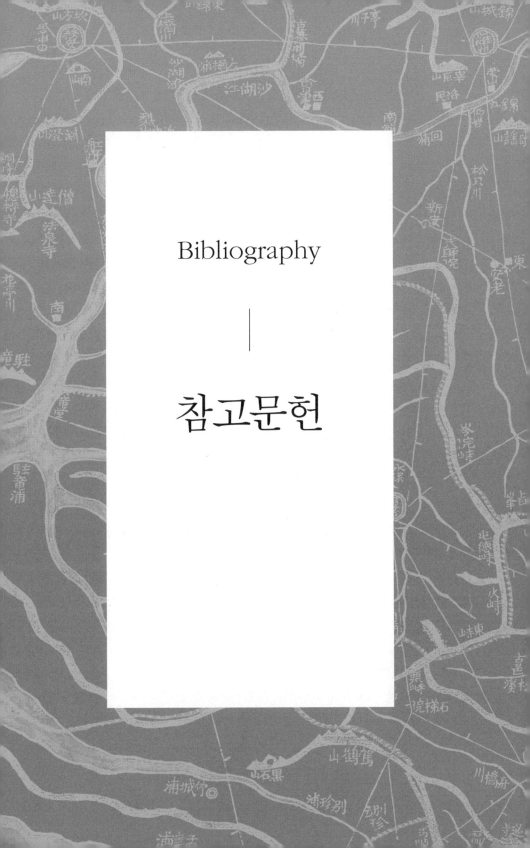

Bibliography

참고문헌

Bibliography
참고문헌

단행본

강민수, "호남지역 장로교회사 – 1938~1954년의 전남노회 사역 중심으로", 한국학술정보, 2009.

강태국, "나의 증언", 성광문화사, 2000.

고무송, "전라도 러브 콘서트", 2017, 드림북.

광주기독병원선교회, "제중원 편지 1", 피디아이, 2015.

광주기독병원선교회, "제중원 편지 2", 피이다이, 2018.

기성역사편찬위원회, "간추린 한국성결교회사", 기성출판부, 1994.

김기홍, "낙도선교", 바나바, 1996.

김수진, "광주 전남지방의 기독교역사", 한국장로교출판사, 2013.

김수진, "호남선교 100년과 그 사역자들", 고려글방, 1992.

김승태, "한말 일제강점기 선교사 연구", 한국기독교역사연구소, 2006.

김승태, "식민권력과 종교", 한국기독교역사연구소, 2012.

김양호, "목포 기독교 이야기", 세움북스, 2016.

김양호, "전남 기독교 이야기 1", 세움북스, 2019.

김영재, "한국교회사", 합신대학원 출판부, 2014.

뉴스마, "영혼까지 웃게 하라", 홍성사, 2008.

로이스 스와인하트, "조선의 아이 사랑이", 살림, 2010.

마르다 헌트리, "새로운 시작을 위하여", 쿰란출판사, 2009.

문순태, "성자의 지팡이", 다지리, 2000.

메리 스튜어트 윌슨 메이슨, "베스와 맨튼, 애양원.

미네르바 구타펠, "조선의 소녀 옥분이", 살림, 2009.

박선홍, "광주 1백년", 심미안, 2012.

박화성연구회, "제6회 소영 박화성 문학페스티벌", 박화성연구회, 2012

백춘성, "천국에서 만납시다", 대한간호협회 출판부, 1996.

백춘성, "시온의 빛고을 광주", 교음사, 1999.

서종옥, "전라도를 섬긴 황해도 여의사", 전라남도의사회, 2019.

소심당 간행위원회, "소심당 조아라장로 희수기념문집", 광주, 1989.

소재열, "호남선교이야기 1892~2005", 말씀사역, 2004.

소피 몽고메리 크레인, "기억해야할 유산", CTS기독교TV, 2010.

소향숙 외, "서서평 선교사의 섬김과 삶", 케노시스, 2014.

송현강, "미국 남장로교의 한국선교", 한국기독교역사연구소, 2018.

신호철, "양화진 선교사", 양화진선교회, 2004.

안영로, "나의 달려갈 길을 마치고", 쿰란출판사, 2007.

양국주, "그대 행복한가요?", 서빙더피풀, 2016.

양국주, "도마리아, 조선에 길을 묻다", 서빙더피풀, 2015.

양국주, "바보야, 성공이 아니라 섬김이야", 서빙더피풀, 2012.

양국주, "살아있는 성자, 포사이드", 서빙더피풀, 2018.

양국주, 제임스 리, "선교학개론", 서빙더피풀, 2012.

양국주, "여전도회, 하나님의 나팔수", 서빙더피풀, 2015.

양국주, "전라도 하나님", 서빙더피풀, 2019.

양참삼, "조선을 섬긴 행복", 서빙더피풀, 2012.

애너벨 매이저 니스벳, "미국남장로교 선교회의 호남 선교 초기 역사", 경건,
        2011.

여성숙, "꿈의 주머니를 별에다 달아매고", 한산촌, 2000.

유화례, "한국선교와 전라도 선교의 어머니, 유화례", 쿰란출판사, 2013.

이기섭, "거지대장, 닥터 카딩턴", 좋은씨앗, 2019.

이덕주, "광주 선교와 남도 영성 이야기", 진흥, 2008.

이해준, "역사 속의 전라도", 다지리, 2006.

임준석, "천국소망 순교신앙", 쿰란출판사, 2016.

임희모 외, "서서평 선교사의 통전적 선교의 다양성", 학예사, 2015.

조지 톰슨 브라운, "한국 선교 이야기", 동연, 2010.

존 탈미지, "그리스도를 위해 갇힌 자", 경건. 2003.

차종순, "양림동에 묻힌 22명의 미국인", 호남신학대학교 45주년 사료편찬위
　　　원회,

타마자, "한국 땅에서 예수의 종이된 사람", 한국장로교출판사, 1998.

한국기독교역사연구소, "믿음의 흔적을 찾아", 한국기독교역사연구소, 2013.

한국기독교역사연구소, "조선예수교장로회사기 상권/하권", 한국기독교역사
　　　연구소, 2005

한국기독교역사연구소, "한국기독교의 역사 1", 기독교문사, 2011.

한국기독교역사연구소, "한국기독교의 역사 2". 기독교문사, 2010.

한국기독교역사학회, "한국기독교의 역사 3", 한국기독교역사연구소, 2013.

한남대학교교목실, "미국남장로교 선교사 열전", 동연, 2016.

한인수 편저, "한국 초대교회 성도들의 영성", 경건, 2006.

한인수, "호남교회 형성인물", 경건, 2008.

한인수, "호남교회 형성인물 2", 경건, 2005.

한인수, "호남교회 형성인물 3", 경건, 2010.

교회(노회)사 자료집

광주산수교회 60년사, 2014.

광주서현교회 90년사, 1998.

광주서현교회 100년사, 2012.

광주제일교회 90년사, 1994.

광주제일교회 100년사, 2006.

광주제일교회 110년의 발자취, 2016.

광주중앙교회 70년사, 1987.

광주 YWCA 85년, 2007.

남평교회 103년사, 2014.

미국남장로회 내한선교사 편람, 인돈학술원, 2008.

수피아 백년사, 2008.

양림교회 100년사(1), (2).

영광읍교회 90년사, 1995.

영광대교회 100년사, 2009.

전남노회 75년사, 대한예수교장로회전남노회, 1993.

전남노회 105년사, 대한예수교장로회전남노회, 2016.

전남노회 노회록 제1집 (1947~1980년), 한국기독교장로회전남노회, 1986.

화순중부교회 110년사, 2017.

선교학술지

"호남교회춘추" (2007년 봄호 ~ 2019년 가을호).

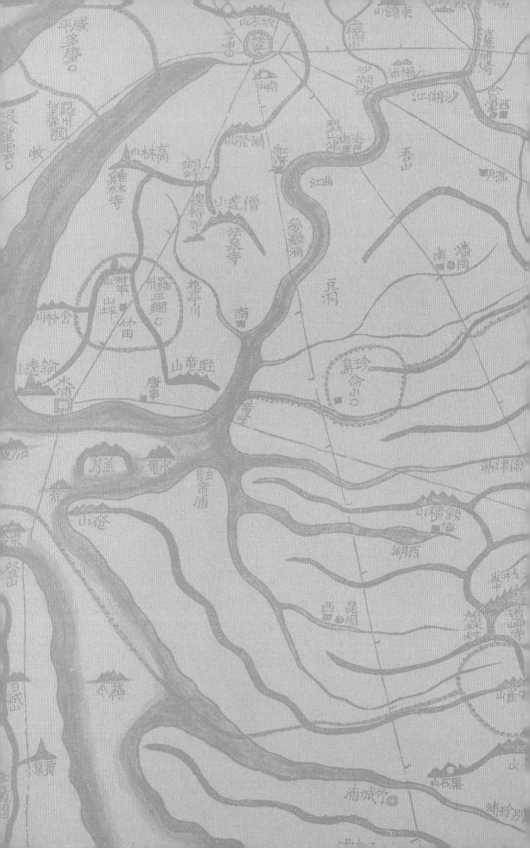